ABANDON ET ADOPTION

DIRIGÉ PAR BRIGITTE TRILLAT

« Je répète que je suis votre mère
vous mets au nombre de ceux que mes
entrailles ont faits miens. Cela se voit souvent,
l'adoption rivalise avec la nature ; d'une
semence étrangère, le choix produit pour nous
comme un rejeton naturel. Vous ne m'avez
jamais coûté de maternelles douleurs, et
pourtant je vous témoigne une maternelle
tendresse. »
Shakespeare, *Tout est bien qui finit bien* (acte I,
scène 3).

AUTREMENT : 4, RUE D'ENGHIEN, 75010 PARIS.
TÉL. : (1) 47.70.12.50. FAX : 47.70.97.52

Abonnements au 1er janvier 1992 : L'abonnement peut être souscrit auprès de votre libraire, ou directement aux Éditions Autrement, 4, rue d'Enghien, 75010 Paris, (CCP Paris 1-198-50-C). Le montant de l'abonnement doit être joint à la commande. Un délai d'un mois est nécessaire pour la mise en place de l'abonnement, plus le délai d'acheminement. Pour tout changement d'adresse, veuillez nous prévenir avant le 15 du mois et nous joindre la dernière étiquette d'envoi. Un abonnement commence avec le numéro du mois. Tarifs par série : « Monde » (7 N°/an) : 550 F (étranger : 650 F). « Mutations » (7 N°/an) : 600 F (étranger : 700 F). « Mémoires » (7 N°/an) : 650 F (étranger : 770 F). « Morales » (4 N°/an) : 315 F (étranger : 370 F). « Sciences en société » (4 N°/an) : 380 F (étranger : 480 F). **Vente en librairie exclusivement. — Diffusion/distribution** : Éditions du Seuil.

ENFANT JOYAU, ENFANT FARDEAU

Accepter d'entrer dans l'univers de l'enfance abandonnée et de l'adoption, c'est pénétrer dans un monde de souffrances et d'attentes, mais aussi d'espoir et d'amour.

Attente des derniers mois de grossesse non désirée, déchirure de la séparation sans retour, mais ultime geste d'amour de celle qui savait qu'elle ne pouvait pas, en cet instant, lui donner plus que la vie.

Souffrances de ceux qui attendent parents et affection.

Souffrances des couples stériles, et attente de ceux qui deviennent des postulants à l'adoption ; attente de l'agrément, attente de celui qui sera leur enfant.

C'est aussi s'immiscer dans un monde de secrets ; anonymat de celle qui accouche sous X, secret de ses origines pour l'enfant et les parents adoptifs ; secret du placement pour ceux qui ont signé l'acte de remise de son enfant en vue de son adoption, secret de son adoption pour l'enfant, désormais très rare ; et le secret des secrets, le géniteur. C'est accepter de découvrir que les frontières de la maternité et de la parentalité peuvent être repoussées aux extrêmes. Car si en droit français, est mère celle qui accouche, est-elle mère celle qui abandonne à la naissance celui qu'elle a porté ou le délaisse dans une institution ou une famille d'accueil ? Est-elle considérée comme mère celle qui, sans avoir procréé, le devient par adoption ?

Abandonner et adopter sont deux démarches contradictoires qui modifient parenté et filiation, soit en la refusant, soit en la construisant. Toutes deux remettent en cause le fondement de la famille et de sa constitution qui peut reposer non sur les liens du sang, mais sur l'amour et le social.

Ces deux sujets fascinent et déchaînent facilement les passions. Pourquoi ?

Parce que nous avons tous craint d'avoir été abandonnés ; car nous avons tous eu peur que nos parents ne soient pas nos « vrais » parents.

Dans toutes les sociétés occidentales aujourd'hui, l'enfant est par BRIGITTE TRILLAT

Chargée d'études au Centre de droit de la famille (Lyon III). Assistante à l'École de notariat de Paris. Journaliste.

un « must », enfant-joyau, bien et « emblème » d'un couple qu'il prolonge. Aussi l'abandon est-il devenu tout à fait inconcevable et même insupportable. Ce désir d'appropriation de l'enfant nous éloigne de plus en plus de la situation qui prévaut dans les civilisations dites pré-industrielles. Là, ni bien ni lien du couple, l'enfant appartient au groupe et circule. C'est « une éthique globale de l'échange, du don entre familiers, par rejetons interposés », comme l'écrit Suzanne Lallemand.

Et nous avons oublié l'enfant-fardeau, celui de la misère et de l'illégitimité, de l'ère anté-contraceptive, abandonné dès la naissance.

Bâtard et abandonné, victime de la double transgression, celle de l'illégitimité et de ce qui est considéré comme « un acte contre nature », l'abandon. Cet enfant, rejeté avant même de naître, est le bouc émissaire par excellence. Exclu de la cité, il cristallise toutes les peurs sociales. Mais pourtant le retour en triomphateur du destructeur de la paix retrouvée, de celui par qui le mal arrive, est à l'origine de bien des mythes, dans toutes les civilisations, que ce soit le sauvetage de Moïse, le retour d'Œdipe, ou de Romulus et Rémus...

La situation actuelle du tiers monde semble rappeler celle de l'Europe du XIXe siècle : enfants errants, institutions de charité à l'organisation carcérale pour les recueillir ; mais il faut se garder de comparaisons hâtives car le contexte économique et social est très différent. Quant aux nombres avancés, ils sont parfois hallucinants : 30 millions d'enfants dans la rue au Brésil... Et encore, bien des pays laissent leurs statistiques dans l'ombre.

L'abandonné de la misère a pratiquement disparu en France. Depuis l'apparition de la contraception, l'abandon à la naissance est devenu résiduel. Par contre l'abandon de fait, dans les institutions ou en famille d'accueil, qui résulte d'un comportement de délaissement de la part des parents, est, lui, en augmentation. Conséquence de la crise, effet pervers des allocations de parent isolé, qui encourage une jeune femme à garder son enfant pen-

dant trois ans, les recueillis temporaires le sont, de plus en plus, à long terme. Si effectivement près de 500 000 enfants bénéficient du concours apporté par l'Aide sociale à l'enfance, ils ne sont pas pour cela adoptables, contrairement à la rumeur colportée depuis quelques années !

En passant de la dénomination d'Assistance Publique à celle d'Aide sociale à l'enfance, le dinosaure a-t-il fait peau neuve ?

Depuis près de trente ans, s'affrontent à son sujet les thèses sur la violence institutionnelle à enfant, de pourvoyeuse pour les parents adoptifs ou de sauveuse pour ceux qui sont maltraités, placés « en garde », après décision judiciaire. Depuis la décentralisation, des situations très différentes semblent être apparues d'une DDASS à l'autre. Alors, si blocage il y a, d'où vient-il ? Ni rose, ni noir, l'article de Pierre Verdier expose phase par phase l'emballement de la machine et s'achève sur une pointe d'optimisme. Cette fin de siècle verrait-elle « l'émergence d'une parole de l'enfant » ? Car qui est-elle cette arlésienne entourée d'éducateurs, assistantes sociales, psychologues, psychiatres, personnel administratif... qui ne cessent de parler en son nom et de son intérêt ?

De ce système, les DDASS sont donc la pierre d'angle et jouent le rôle délicat d'intermédiaires entre les enfants abandonnés et les parents adoptifs. L'inadéquation entre le nombre des pupilles, qui ne cesse de baisser (autour de 9 à 10 000 aujourd'hui), et celui des postulants à l'adoption n'ira que croissant. Fin 1985, sur 10 400 pupilles, 8 800 avaient plus de quatre ans. Le rêve d'un petit greffon, blondinet de surcroît, n'est plus que folle utopie. Et parmi les nouveau-nés abandonnés à la naissance, certains souffrent de handicaps physiques ou mentaux.

Aussi, bien des familles se tournent-elles vers l'étranger. Ce mouvement est apparu au début des années 1970, en pleine guerre du Vietnam et après celle du Biafra. Par tiers-mondisme et humanisme, ces adoptions internationales étaient animées par le désir d'aller « sauver » un enfant de la guerre ou de la famine. Aujourd'hui, autant d'enfants étrangers que de Français sont adop-

tés chaque année.

L'adoption a donc changé de visage. « C'est une ouverture sur la tolérance et l'amour, antichambre d'une société multiraciale et pluriculturelle, qui est là pour démontrer que le racisme est une aberration ethnologique » comme nous l'affirma Emmanuel Yon, marocain, adopté depuis 23 ans.

En traitant de l'adoption à l'étranger, nous avons fait le choix de ne pas parler des déviances du désir d'enfant à tout prix, de ceux qui sont prêts à « acheter » un enfant, en faisant fi des voies légales, en France ou à l'étranger, et donc des filières qui le permettent.

Nouvel objectif, nouveau visage, nouvelle dimension...

Nous sommes désormais très loin de cette adoption, fruit du génie du droit romain, filiation fictive, créée par jugement et ainsi légitimée par le corps social. Destinée, à l'origine, à permettre le maintien du culte des ancêtres en l'absence de descendance, oubliée durant tout le moyen âge, elle réapparaît à la Révolution française sous la forme d'un contrat ; contrat entre l'adoptant qui devait avoir plus de cinquante ans et l'adopté majeur pour pallier l'absence d'héritiers. Après les deux guerres mondiales, l'objectif sera de résoudre l'immense problème de l'enfance abandonnée. La devise n'est donc plus de donner un enfant à une famille, mais une famille à un enfant.

Dans le cas de l'adoption de l'enfant du conjoint, de plus en plus fréquente, elle apparaît comme une technique juridique qui permet de recréer une famille.

Depuis quatre ans, on ne peut plus aborder l'adoption sans la lier aux procréations assistées. En effet, bien des couples stériles espèrent procréer grâce aux nouvelles techniques médicales. Et, las de l'acharnement thérapeutique, se tournent vers l'adoption. Et que faire de ces centaines de milliers d'embryons congelés : les jeter, les donner à d'autres couples stériles ou les faire adopter ? Dans ces deux éventualités, il faudra les considérer comme des personnes humaines potentielles.

A quand le meilleur des mondes... possible ?

1

L'ENFANT ROI, L'ENFANT FARDEAU

Moïse, Œdipe, Romulus et Rémus... A l'origine des mythes de notre civilisation, un enfant abandonné et voué à la mort renaît et devient roi. Ambivalence de l'image que la société lui offre. Est-ce le destin de ceux qui errent dans les pouponnières de France et d'ailleurs, sur les trottoirs de Rio... éternelle attente.

La tentation de comparer l'Europe d'hier et le tiers monde d'aujourd'hui est forte ; c'est, certes, la misère plus que l'illégitimité qui est la cause de cet acte contre nature.

Qui abandonne encore en France à l'ère de la contraception ?

Rejetées, culpabilisées, ces femmes restent dans l'ombre. Ne faudrait-il pas déculpabiliser l'abandon ? N'est-ce pas une remise en vue de son adoption ? Ultime don d'amour que fait une femme à son enfant lorsqu'elle est consciente qu'elle n'est pas moralement et économiquement capable de l'assumer.

NINA REVIN

HISTOIRES SANS NOM

INSTANTS D'ABANDON... BRISES DE MORT ET D'AMOUR. LISEZ.

« Le petit Ludovic attend sa maman à la caisse centrale, au rez-de-chaussée du magasin. »

Le petit Ludovic n'a pas encore pleuré. Mais n'en est pas loin.

Un instant, il a voulu toucher les voitures. A lâché la main de maman. S'est retrouvé tout seul.

Et si maman, elle l'avait fait exprès. Et qu'elle ne vienne pas le chercher ?

Ça y est, il pleure.

La main de la dame dans ses cheveux, celle qui parle dans le micro. Elle a le sourire plein de rouge à lèvres. Peut-être qu'elle l'emmènera chez elle si sa maman ne vient pas.

Et si elle avait oublié qu'il était avec elle, qu'elle rentre à la maison en croyant qu'il est en vacances chez sa grand-mère ? Mais papa dira : « Où est Ludovic ? »

Et si elle l'avait vendu à la dame du micro ? Elles feraient toutes les deux semblant pour qu'il ne soit pas trop triste.

De penser à ça, ça fait vraiment pleurer.

Mais faut qu'elle vienne vite parce qu'en plus il a très envie de faire pipi et il n'y a qu'à elle qu'il peut le dire. Alors si elle ne vient pas il fera pipi dans sa culotte ou se retiendra si fort qu'il éclatera près de la dame au micro.

« Le petit Ludovic attend sa maman à la caisse centrale au rez-de-chaussée du magasin. »

2

J'ai mal partout.

Je veux retrouver ma mère. Mais c'est trop tard.

Elle m'a abandonnée sans jamais signer de papier. J'ai traîné d'année en année, de nourrice en foyer, à porter son nom.

Je veux retrouver ma mère pour la tuer.

Je veux tuer ma mère. Pourquoi n'ai-je pas pourri dans son ventre ?

J'ai pourri hors de son ventre. A vivre en veilleuse, au minimum. A me garder pour elle.

Elle m'a écrit dix-huit lettres. Dix-huit en vingt ans. Elle les envoyait toujours au même foyer, qui faisait suivre. « Ma fille, disait-elle, tu es ma fille. Un jour sûrement... Je ne veux pas que tu te sentes abandonnée... Ta maman qui t'aime. » Il y a toujours eu ces trois trucs-là qui m'enchaînaient à elle.

Je n'ai jamais poussé. Ma mère, ta fille n'a pas d'âge, rien derrière elle, rien devant.

Elle m'aimait, je la hais.

Elle est morte, si j'en crois ce papier. Elle est morte et je n'ai même pas pu la tuer. Me libérer.

Qu'est-ce que je fais de toi, ma mère morte ? Tu pèses toujours autant sur mes épaules. Il n'y a que toi que je puisse aimer.

3

La serviette autour du cou, assis les deux pieds au sol, les yeux tournés vers la porte, ils attendent.

Ils attendent calmement, ils attendent bruyamment, selon le jour, selon le temps. Ils attendent le repas.

Ils guettent le bruit du chariot, le crissement des roues sur le lino.

Après ce repas-ci, ils attendront l'heure des visites. Alors ils attendront *leur* visite, qui viendra, ou pas.

Immobiles ils ne sont guère. Pour meubler l'attente, ils tissent toute une toile d'activités. S'affairent.

Après les visites, après le déchirement, ils attendront encore un repas, et plus tard, au coucher, ils attendront demain.

Ils ont tous les âges, ils attendent la fin de la séparation. Ma maman, mon papa, ma maison. Leur vie est rythmée comme une cadence. Enfants de foyer, ils attendent sur trois temps, repas-repas-repas.

Ils, silence, attendent silence. Silence de leur histoire. Blanc. Dans les bureaux innombrables on travaille « pour eux ». Pour l'instant, ils attendent.

Et quand ils n'attendent plus, autour d'eux, on tremble. Il faut les rattraper, les secouer, leur redonner le goût de demain, de l'attente. Sans rien pouvoir promettre. Attendez, attendez, ça ne peut que passer.

4

Ils sont venus hier avec leur sourire un peu tendu de ceux qui ont besoin d'être rassurés. C'était la première fois qu'ils le voyaient. Ils ont quêté de l'aide et ils l'ont reçue, un peu bourrue bien sûr, rude. Mais ce n'est pas un boudoir pour parents émotifs, ici, c'est une pouponnière.

Elle a pleuré. Ils se le sont passé, l'ont regardé sous toutes les coutures. Lui les mangeait de ses yeux incompréhensibles de bébé.

C'est toujours le même tableau. Comme la nuit de noces d'un mariage arrangé, les époux curieux et gênés. Mais ici ils sont trois, et les parents adoptifs sont prêts à toutes les concessions. Le bébé donnera son avis plus tard, bien plus tard.

Ils sont revenus aujourd'hui, lui ont apporté des vêtements, ont pris quelques photos. Ils étaient plus à l'aise, le bébé a souri. Ils lui ont donné le biberon, elle a changé ses couches.

Demain ils l'emmèneront pour la journée. Et ainsi de suite. Départ « échelonné » pour qu'ils aient, tous les trois, le temps d'apprendre gentiment à se connaître.

Moi, dans tout ça, j'attends que le bébé soit parti. Je leur donnerai le cahier où j'ai noté tout ce qu'il a fait pendant six mois. Les six mois où je l'ai fait pousser huit heures par jour. Dans le cahier il y a des photos de lui et même de moi. Se doutent-ils que ça me fait un peu mal de le voir partir ? Maintenant qu'ils s'en aillent tous les trois. J'ai hâte que ce soit fini. Qu'il soit parti ailleurs vivre sa vie.

5

Pour elle, la vie a mal commencé. Dès qu'elle est née, sa mère l'a jetée dans la cuvette d'un wc. Un monsieur qui voulait pisser a vu sa tête qui surnageait. A sursauté, n'a pas hésité à la repêcher avant de se soulager. Puis l'a emmenée au commissariat du quartier. D'où on l'a dirigée sans tarder vers la grande pouponnière des Enfants assistés.

Une enquête serrée a permis de retrouver la jeune accouchée. On l'a conscientisée, culpabilisée après l'avoir arrêtée. Et la mère assassine n'a pu que donner son nom à ce bébé.

Elle n'a hélas pas pu le récupérer, vu qu'elle ne pouvait s'en occuper. N'était pas sûre de vouloir, de pouvoir l'aimer. Elle n'en a pas parlé. Ça se voyait, pensait-elle, qu'elle n'en voulait pas de ce bébé.

La petite a traîné dans la pouponnière pendant plus d'une année. Maintenant elle est placée dans une famille agréée. Elle y restera sûrement jusqu'au début de sa scolarité. Après, qui sait ?

Moralité : Bébés, si vous voulez être adoptés, ne sortez pas d'une mère abandonnée, qui ne sait à quel saint se vouer, qui aura essayé de vous tuer. Car à celle-là on vous enchaînera.

6

Devant le guichet une femme pleure. Elle sait que son enfant est passé par ici il y a deux ans. Elle l'a abandonné à sa naissance mais elle aimerait tellement savoir ce qu'il est devenu. Oui, elle sait, il a sa vie à lui, il a un autre nom. Mais elle voudrait être rassurée. Savoir si tout va bien pour lui. Pourrait-elle au moins voir le directeur ? Et l'endroit où il a dormi ?

Maintenant c'est un homme, un homme jeune qui frappe de ses deux poings sur ce maudit guichet usé. Ses parents adoptifs le lui ont dit : c'est ici qu'ils sont venus le chercher il y a vingt ans passés. Il voudrait voir la maison. Peut-il connaître le nom de ses parents naturels ?

Après quelqu'un viendra pour retrouver la trace d'un fils, d'un frère.

Ils passent tous à ce même guichet. Questionnent, insistent. Guichet du secret. Dehors ils se retrouvent plus démunis qu'avant. Ils savent maintenant qu'ils n'ont pas le droit de demander à savoir.

Derrière le guichet on ne les regarde même plus vraiment. On répond non à presque tout. On les oublie dès qu'ils s'en retournent. Qu'ils cherchent ailleurs !...

7

Mon père n'est pas mon vrai père.

Ma mère n'est pas ma vraie mère.

Et moi je ne suis pas leur vrai fils.

Ça veut dire quoi ?

Ça veut dire que depuis 15 ans ils me logent, ils me nourrissent, me font une vie agréable.

Et ça veut dire en plus qu'ils m'aiment ! Et pas à moitié.

Ils ne m'ont jamais caché qu'ils m'avaient adopté. Mais n'ont pu m'en dire plus. Ne savent pas d'où je viens, de quel ventre je suis sorti. Ils acceptent le secret. Non parce qu'il les protège — ce sont des gens intelligents, ça aussi ils l'ont vu. Si je leur demandais de m'aider à retrouver ma mère, sûrement ils m'aideraient. Mais je n'ose pas. Je ne veux pas changer de parents, je veux juste savoir. Je les aime tous les deux. Je voudrais que le nom de ma mère me soit connu depuis toujours. J'ai l'impression que je vivrais mieux si je savais ce nom.

Je sais aussi que c'est impossible et je porte ce secret comme une tare. Il me manque un morceau de moi.

Il va falloir que je continue à vivre comme ça, sans savoir. Il faut que j'arrête de me poser la question. J'y arriverai sûrement quand je serai grand...

8

Je m'appelle Juliette parce que j'ai été trouvée dans une poubelle de la rue Joliot-Curie. Je le sais parce que les nourrices chez qui j'étais placée ont su me le dire. Elles sont deux, ces nourrices, et je continue de les voir.

Aujourd'hui, je suis mariée et j'attends un enfant. A cause de ce bébé, j'ai voulu savoir par où j'étais passée. Je savais, toujours par mes nourrices, que j'étais restée un an dans une pouponnière. On recherchait ma mère. Alors j'ai voulu voir, bien sûr, cette pouponnière. Bête curieuse que je suis, j'ai voulu la visiter.

Je rêvais d'un nid douillet où les bébés roucouleraient.

Je me suis trouvée face au vide. Un nid aseptisé. Une grande salle pleine de lits, de femmes affairées et de cris. Au fond de la pièce, au-dessus de ces quarante lits, une grande rosace comme dans les églises. Le plafond est très haut. J'étais accompagnée de la responsable et je n'ai pas pu parler avec les femmes qui s'occupaient des bébés. J'étais sûre qu'aucune n'avait le temps de bercer, de cajoler. J'aurais voulu leur demander, qu'elles me rassurent.

Je suis face à ce vide d'une année. Et quelle année ! M'a-t-on aimée dans ce lieu ? Il a beaucoup changé depuis, paraît-il, *en mieux*.

Je pensais me retrouver. Me voilà plus perdue que jamais.

Mon bébé, il le sera, cajolé.

Ne connaîtra jamais cet endroit — fasse le Ciel !

9

Rachid aura quatre ans au mois d'août. Et pour l'instant son histoire a tout l'air d'un horrible sac de nœuds. Aïda, sa mère, quitta mari et appartement quand il avait six mois. Elle n'avait pas de travail. Pourtant ils réussirent à vivoter pendant quelques mois, en allant à droite, à gauche chez des amis. Mais vite Aïda s'est fatiguée, et crut bien faire en plaçant Rachid dans une pouponnière de la DDASS. Par malchance, elle dut se tromper dans les papiers et signa un acte d'abandon. Un an se passa presque. Quinze jours avant que Rachid « passe adoptable », des amis s'avisèrent de la méprise et Aïda récupéra son fils. Il n'allait pas bien. La vie à deux dans ces conditions était un peu compliquée. Par le biais d'une association, Aïda trouva, en lointaine banlieue, une famille qui accepta de prendre Rachid « en nourrice ». Les premiers temps, tout alla pour le mieux : Aïda très présente, l'enfant qui reprenait peu à peu goût à la vie. Puis Aïda eut un travail ; plus occupée, elle vint moins souvent, et puis se contenta de téléphoner. Mais un beau jour elle décide de revoir Rachid, va dans la lointaine banlieue et trouve la maison fermée. Plusieurs fois elle refait le voyage ; porte close toujours. Elle apprend qu'à l'école on ne l'appelle plus par son vrai nom : il est devenu Robert Quelquechose. Aidée par l'association, Aïda en appelle à un juge pour enfants qui décide que la famille nourricière doit remettre l'enfant à sa mère. Résultat nul. C'est donc la brigade des mineurs qui ira reprendre Rachid à cette famille d'accueil. Et le mettra en institution ASE, puisque Aïda ne peut pas se charger de lui. Mais là au moins on l'appellera Rachid — pas Robert, et Aïda viendra le voir, n'est-ce pas ?

10

J. P. a fugué. Il est parti ce samedi matin à l'école en nous disant « A tout à l'heure ! » et il n'est pas revenu. Son instituteur affirme qu'il a bien quitté la classe à 11 h 30, mais que ses notes de la semaine étaient catastrophiques. J. P., du haut de ses neuf ans, n'a pas dû avoir envie d'affronter sa mère, et nous, gens du foyer ASE où il est placé temporairement ; il a dû fuir. Sa mère est là, au foyer, qui l'attend pour qu'ils passent ensemble ce qui reste du week-end.

J. P. est parti assez loin et le monde est plein de traîtres. Il a trouvé refuge chez la mère d'un ancien copain d'école à l'autre bout de Paris. Pour être sûr de ne pas se tromper, il a consciencieusement suivi les trajets de deux autobus. La dame nous a aussitôt avertis et J. P. s'est vu ramené au foyer. Sa mère était partie pour le punir. Une de moins à affronter.

Face à nous il a craqué, il nous a traités de vampires, sans expliquer pourquoi ; il était trop malheureux, préférait mourir ou être un vrai orphelin plutôt que rester comme ça.

J. P. est issu d'un viol. Il a été élevé par ses grands-parents et n'a retrouvé sa mère que l'an passé. Depuis il a fugué sept fois. Et à chacune de ses fugues correspond une tentative de suicide de sa mère. C'est pourtant elle qui a voulu ces retrouvailles.

De sa fugue d'aujourd'hui J. P. a retiré un moment de plaisir, de jouissance. C'est quand il a jeté son cartable dans la Seine, du haut d'un pont. Et les mauvaises notes avec. Et les ennuis ?

ISABELLE MAURY

ON « ABANDONNE » EN FRANCE

EN FRANCE, ENCORE MILLE ENFANTS ABANDONNÉS PAR AN À LA NAISSANCE. PAR QUI ?

Dépêche A.F.P. 30 mai 1987

« "J'ai cru que c'était un chat." Hervé Vautier, un officier de marine de trente-huit ans, a découvert, vendredi matin, peu avant sept heures, un nouveau-né abandonné sur un tas de sable, près de son domicile de Plougastel-Daoulas.

"Je sortais de mon jardin pour me rendre à mon travail quand sur un tas de sable à côté de la maison, j'ai aperçu un pull bleu marine et j'ai eu l'impression de le voir bouger, raconte M. Vautier. Je me suis alors penché sur le paquet croyant découvrir un petit chat mais c'est une tête de bébé qui est apparue dans l'encolure", poursuit-il, en avouant avoir eu un choc.

L'enfant de sexe masculin est bien conforme et né à terme. Vêtu d'un babygros bleu, d'une culotte et portant des chaussettes, il n'a pas le cordon noué et sa taille est entourée d'un bandage. Selon le docteur Dejacques, le médecin qui l'a examiné le premier, l'enfant est né quelques heures avant sa découverte ; il faisait froid et sa température est descendue à vingt degrés.

Une enquête menée par les gendarmes de Plougastel-Daoulas et la brigade des recherches de Brest est en cours pour déterminer les circonstances de cet abandon et l'identité de la mère.

Un abandon de nourrisson avait déjà eu lieu sept mois plus tôt dans la région, ont indiqué les gendarmes de Brest qui n'ont pas encore retrouvé la mère. »

DEUX NOUVEAU-NÉS ABANDONNÉS PAR JOUR

Déposés dans une poubelle, sur un banc de métro, les marches d'une église, dans une cave, un ascenseur, au bord d'une grotte, ces enfants que le hasard sauve de l'infortune, ont droit régulièrement à quelques lignes dans la presse. A moins qu'ils ne décrochent la une comme la petite Violette, il y a quelques mois, fleur de béton d'une ZUP picarde, recueillie par un clochard et dont l'aventure s'est soudain muée en un conte de fées pour adultes nostalgiques. Un conte où l'enfance est sauvée *in extremis*, la générosité du pauvre récompensée, le malheur battu en brèche. L'acte d'abandon fut oublié. Comme racheté. De la mère on ne sut rien.

Ces nourrissons rescapés ne dépassent pas, semble-t-il, une cinquantaine de cas, par an, en France (enfants vivants, s'entend).

Les abandons dans la nature, pour spectaculaires qu'ils soient, ne représentent donc qu'une minorité de cas parmi les mille cinq cents enfants abandonnés, recensés pour l'année 1986 par le ministère des Affaires sociales : les orphelins sans famille, les enfants remis en vue de leur adoption, ou pour lesquels une décision judiciaire a été prononcée. Soit en raison de mauvais traitements ou d'indignité parentale (déchéance), soit en raison d'un délaissement avéré (déclaration judiciaire d'abandon). Cette dernière situation concerne surtout les enfants placés dont les parents se sont désintéressés depuis plus d'un an et qui vont se trouver de ce fait adoptables.

La répartition annuelle des cas d'admission en qualité de pupilles de l'État donne une idée assez précise de ce que représente l'abandon des enfants en France à l'heure actuelle. On compte, en ce qui concerne les remises volontaires, 657 enfants (36 %) de filiation inconnue ou non établie et 207 enfants (11 %) à filiation existante par un ou les deux parents. 224 enfants (12 %) orphelins, 12 enfants (0,6 %) déclarés abandonnés du fait d'une déchéance parentale et 658 enfants (36 %) pour lesquels une décision judiciaire d'abandon a été prononcée.

La majorité des enfants abandonnés est donc constituée à égalité d'enfants reconnus délaissés par leurs parents et d'enfants confiés à la naissance en vue d'adoption ou simplement trouvés et remis aux services de l'Aide sociale à l'enfance.

Près de sept cents enfants sont inscrits chaque année, nés de filiation inconnue ou non établie. La formule renvoie la plupart du temps à des mères célibataires qui, à la naissance, ne reconnaissent pas légalement leur enfant, à celles ensuite qui choisissent d'accoucher sous X (elles donnent trois prénoms à l'enfant qui n'aura en principe pas la possibilité de les retrouver plus tard) et enfin aux femmes qui laissent leur nouveau-né dans un lieu public où il sera retrouvé et remis éventuellement aux services de protection de l'enfance. La personne qui trouve l'enfant a la possibilité juridique de le garder et d'entamer si elle le souhaite une procédure d'adoption au bout de trois mois. La remise aux services de l'Enfance n'est donc pas une obligation comme on le croit trop souvent.

Deux enfants naissent ainsi chaque jour que leur mère n'élèvera pas, qu'elle le confie ou qu'elle laisse le sort décider de leur avenir.

A l'heure de la régulation des naissances, de la contraception libre, de l'avortement légal, ces deux enfants portés jusqu'au bout puis abandonnés, dessinent un paysage anachronique. Qu'est-il donc arrivé à leur mère ? Que sait-on de ces femmes dont le message commun est un long silence, une exigence d'absence ?

« Ce qui leur est arrivé ? Souvent cette triste mésaventure d'être abandonnée par un homme », répond Simone Chalon, responsable d'une œuvre d'adoption privée, la Famille adoptive française. Depuis quatorze ans, elle reçoit dans son petit bureau de Boulogne-sur-Seine des femmes enceintes qui débarquent à bout de souffle, en bout de course. Venant chercher un appui, une aide face à une mise au monde qu'elles appréhendent, un enfant qu'elles ne peuvent ou ne veulent pas élever.

LES MÈRES QUI ABANDONNENT... DES VISAGES DIVERS

Certaines, rassurées par la promesse d'aides financières aux mères seules, vont décider de garder et d'élever l'enfant, d'autres s'y refuseront. Nombreuses sont aussi les adolescentes qui se retrouvent piégées par une grossesse dont elles réalisent l'existence une fois les délais légaux de l'IVG dépassés.

A moins que, terrorisées à l'idée d'avouer la « faute » à leurs parents, elles ne se taisent. Jusqu'à ce que la réalité de leur état s'impose à la vue. Parmi ces jeunes filles, des victimes de rapports incestueux, de viols. Une adolescente de quinze ans se réveille, un tampon sous le nez. Elle ignore qui est le violeur. Enceinte de quatre mois, elle n'a rien voulu dire. Une autre, venue avec sa mère. Elle a déjà accouché de deux enfants conçus avec son propre père. Au troisième, la mère menace le père : « Ou je te dénonce, ou tu laisses ta fille abandonner l'enfant. » Ce qui fut fait.

Ces adolescentes pour la plupart accoucheront sous X. Avec le ferme espoir pour la famille que tout cela laisse le moins de trace extérieure possible.

La discrétion la plus absolue, c'est aussi ce que recherchent les femmes venues de l'étranger, pays du Maghreb surtout, portant le fruit d'un amour interdit parce que hors mariage.

A Paris, une accouchée sous X sur deux est d'origine maghrébine, qu'elle vienne de l'étranger ou soit née et habite en France.

A Paris, le service de l'adoption à l'Aide sociale à l'enfance recevait jusqu'à l'année dernière une trentaine de ces femmes par an, en provenance des pays du Maghreb. Souvent issues de milieu aisé, bien informées sur les procédures françaises, elles arrivent quelques jours ou quelques semaines avant l'accouchement. Puis repartent une fois l'enfant confié.

Grave aussi le cas des jeunes Maghrébines de la deuxième génération qui se trouvent contraintes à abandonner un enfant illégitime.

On ne peut cependant enfermer les mères abandonnantes dans des catégories de « population à risque » tant la réalité se présente plus diversifiée et inattendue.

Quand elles s'assoient, enfin, ces femmes fatiguées, culpabilisées, et qu'elles racontent, leurs récits ne mettent pas forcément en scène le destin trop classique des cas sociaux.

Qui aurait cru que ce grand nom de France, cette jeune femme de noble extraction, tombée amoureuse d'un homme marié, préférerait à l'IVG, l'abandon anonyme de son enfant ? Dans quel tiroir classer cette mère de famille enceinte pour la troisième fois et dont le mari ne veut plus entendre parler d'enfant ? Craignant que la situation ne se détériore, que cet enfant non désiré ne soit une future victime de sévices, elle accouchera sous X et confiera son enfant à l'adoption. Cette jeune étudiante de dix-huit ans qui se tord de douleur et dont la mère appelle le médecin : la colique néphrétique se transforme en un beau bébé, pas vraiment désiré, qui sera confié. Cette femme de quarante-cinq ans qui n'a plus ses règles et croit son retour d'âge arrivé : quand elle se rendra compte qu'elle est enceinte, il sera trop tard pour l'interruption de grossesse et elle accouchera sous X.

ACCOUCHER SOUS X

« Parmi les jeunes femmes qui nous confient leur enfant, explique Simone Chalon, environ une sur quatre le reprend avant les trois mois. » Accueillies, soutenues par les services d'Aide sociale à l'enfance ou par les œuvres privées, les femmes enceintes désireuses de confier leur enfant ne sont pas pour autant sorties d'affaire. A celles qui fuient un milieu familial, qui sont sans ressources, les maisons maternelles offrent un refuge possible, quand elles y trouvent de la place.

Dans ces établissements où séjournent des femmes enceintes ou avec leur jeune enfant, l'arrivée d'une femme qui, elle, n'a pas l'intention de garder le sien, n'est pas toujours bien vue. Ainsi cette mère de dix-sept ans qui désire confier son bébé dans les semaines à venir. Elle demande, un jour, à la directrice, la permission de sortir avec un ami. Celle-ci accepte mais à condition qu'elle prenne l'enfant avec elle, pensant sans doute stimuler la fibre maternelle. La jeune femme sortira avec le bébé et le laissera un peu plus tard sur la voie publique. Il sera retrouvé le lendemain par les services de police et remis à la mère.

Pour celles qui vont accoucher sous X, l'accueil dans les maternités tourne parfois à la farce, voire au cauchemar. Des cliniques ignorent la procédure de l'accouchement anonyme. Certains membres du personnel ne manquent pas de montrer leur réprobation en mettant la parturiente en quarantaine.

A Paris et dans quelques départements comme l'Ille-et-Vilaine, l'Aide sociale à l'enfance développe depuis quelque temps des actions d'information auprès des maternités et tentent d'intervenir et d'aider les femmes dès la grossesse. Afin qu'elles aient vraiment le choix et puissent, si elles décident de confier l'enfant, le faire dans les meilleures conditions possibles. « Je me bats pour que ces femmes soient traitées dignement, qu'elles soient respectées et comprises dans leur désir de rendre leur enfant heureux, dira Simone Chalon, avant d'ajouter : Bien des femmes m'ont avoué : "si je n'avais pas eu votre adresse, j'aurais accouché seule et posé mon enfant là où quelqu'un aurait pu le ramasser." »

La femme qui accouche sous X n'a pas droit aux allocations habituelles de grossesse et d'aide à l'enfance. Rien n'est prévu. Malgré cela, les services de l'ASE tentent d'aider les plus déshéritées.

Andréa, vingt et un ans, n'a pas oublié. Une mémoire qui trébuche sur la chronologie des événements mais s'arrête pile un 12 février, la naissance de son fils.

Lorsque son premier enfant est né, elle avait seize ans. Avant ? Une famille de six enfants, tous placés. La mère meurt d'une crise cardiaque quand Andréa est « toute petite ». Placement en nourrice à l'âge de quatre ans. Son père la viole l'année de ses dix ans pour recommencer quatre ans plus tard en la kidnappant d'un foyer d'accueil. Il la met sur le trottoir, là où depuis des années il « gagne sa vie ». La jeune fille tente de s'échapper, son père la retrouve et la « dérouille ». La seconde tentative de fuite sera la bonne.

Puis Andréa rencontre un homme, qu'elle aime, un Africain. elle est bientôt enceinte mais ne dit rien. Son ami ne veut pas d'enfant. « Plus tard, après la naissance et l'abandon, il a regretté. » Le temps de sa grossesse, elle le passe en maison maternelle. Elle a pris sa décision, elle ne veut pas garder l'enfant : « J'avais seize ans, rien à moi, pas de travail, je ne pouvais pas, ça aurait fait un enfant malheureux. » Andréa accouche sous X. « Je n'ai pas voulu le voir, j'avais trop peur du contact. Je lui ai donné deux prénoms, un français, un africain. » L'enfant est adopté à six mois par un couple mixte.

L'œuvre privée à laquelle elle a confié l'enfant lui donne des nouvelles quand elle le souhaite. Elle téléphone souvent. « Je sais qu'il est bien élevé. Je me serais sentie coupable si je l'avais gardé. »

A dix-neuf ans, Andréa rencontre l'homme qu'elle a épousé depuis et avec qui elle a conçu une petite fille, âgée aujourd'hui de quinze mois. Vivant à trois dans un minuscule studio, le couple n'a pas les moyens de déménager. « Quand l'assistance sociale est venue se mêler de nos affaires, j'ai dit : ma fille, je la garde. »

Andréa veut six enfants et trouver un travail où elle s'occuperait de personnes âgées. Son fils, elle ne regrette pas de l'avoir confié. Elle dit simplement : « Je sais qu'il est bien costaud, bien joyeux. A seize ans, qu'est-ce que je pouvais faire avec cet enfant ? »

ISABELLE MAURY

Journaliste

L'« X » INOUBLIABLE

MARYSE A « ACCOUCHÉ SOUS X », IL Y A ONZE ANS. ELLE DEVAIT ME RACONTER SON HISTOIRE. AU DERNIER MOMENT, ELLE S'EST RAVISÉE ET A PRÉFÉRÉ TÉMOIGNER À TRAVERS UNE LETTRE. DÉTRESSE D'UNE FEMME TERRIBLEMENT SEULE QUE PERSONNE N'A VÉRITABLEMENT SECOURUE AU MOMENT OÙ IL LUI FALLAIT ASSUMER SON CHOIX AU RISQUE DE VOIR SA VIE S'ARRÊTER LÀ ?

Par l'intermédiaire d'une amie, je fis la connaissance d'un de ses cousins ; nous nous sommes fréquentés un moment et nous avons décidé de vivre ensemble. Je redoutais le moment où il faudrait l'apprendre à ma famille. C'était les vacances, mes parents se trouvaient à l'étranger. J'ai pris mes affaires et je suis partie. A leur retour, je leur ai expliqué que la vie menée jusqu'à présent était très dure et que je désirais vivre un peu. Cela n'a pas été sans mal. J'ai bravé tout le monde. Ils m'ont prévenue que, dorénavant, je ne faisais plus partie de la famille. Tant que je vivrais avec cet homme qui ne leur plaisait pas. Chez eux, ce ne sont pas des choses qui se font.

De ce jour, je n'ai plus eu de famille : ni père, ni mère, ni frère, ni sœur. Aucun d'eux ne désirait me voir. Jusqu'à ce jour, ils ne savent rien de moi, ils m'ignorent. Lorsque j'ai été enceinte, malgré les contraceptifs, il était trop tard pour une IVG. Cela ne plaisait pas à mon ami. Un matin, il est parti avec nos économies. Je me suis retrouvée seule.

J'ai eu peur, très peur. Je n'avais personne à qui me confier, ma collègue qui m'avait présenté mon ex-ami était allée vivre dans sa province. J'étais seule, vraiment seule, personne à qui parler, personne à qui demander conseil. J'avais peur d'assumer mes responsabilités : payer un loyer (représentant la moitié de mon salaire : 2 500 F) ; EDF-GDF ; habillement-nourriture-soins pour un adulte et un bébé à venir ; meubler cet appartement qui ne l'était que très peu, j'ai eu *peur*.

Un jour, en feuilletant un magazine, j'ai lu un article traitant de l'adoption d'enfants confiés à la DDASS. Je ne sais comment le courage m'a pris (car il en faut) ; maintenant encore je me le demande. Je suis allée à l'Assistance Publique. Je maudis ce jour. J'ai rencontré une personne très gentille et charmante qui m'a posé quelques questions, je répondais sans m'entendre, c'est affreux, j'avais l'impression de me condamner à quoi... ? A l'époque je ne le savais pas, maintenant je sais. Je me condamnais à une vie de remords et de honte. Mon dossier fut ouvert sous X, à la maternité également, je crois. Au fur et à mesure que les mois passèrent, la crainte m'envahit, j'ai voulu plus d'une fois en finir avec cette vie. Les gens autour de moi souhaitaient savoir quel prénom aurait cet enfant.

Je n'achetais aucun vêtement ni nécessaire pour lui. J'essayais de vivre en ignorant sa présence. Il était difficile de le faire, cet être en moi commençait à bouger au fil des mois. Cet être qui m'appartenait (pour le moment). Et puis, le jour que je redoutais tant est arrivé ; bizarrement, je ne voulais pas que cet enfant me quitte, il était à *moi*. Je savais que d'ici quelques heures, il ne le serait plus. A la maternité, j'étais une future mère parmi tant d'autres. Mon assistante sociale est arrivée, m'a encouragée, la peur devait se lire sur mon visage, et elle me promit d'assister à l'accouchement — ce qu'elle fit. Il m'a fallu préparer un papier sur lequel je portais les prénoms destinés à cet enfant.

L'accouchement s'est mal passé. J'ai failli avoir une césarienne car les forces me manquaient ou, plutôt, je ne voulais par leur *donner ce bébé*. Et puis tout a été vite, mon enfant *m'a quittée*, et j'ai perdu connaissance. Je ne l'ai pas vu, je ne l'ai pas eu dans mes bras, sur mon ventre. Je suis certaine que si j'avais pu l'avoir, j'aurais changé d'avis. Je ne l'aurais pas confié à la DDASS si seulement j'avais pu le serrer contre moi.

Quand je me suis réveillée, je pleurais, les larmes coulaient sans que je puisse les retenir. Une infirmière, au courant sans doute, m'a demandé si j'aimerais voir *mon bébé*. Quand il est arrivé, il était en couveuse. *Je ne pouvais le tenir là encore.* Je me suis remise à pleurer, ma tension a baissé, l'enfant est parti et j'ai perdu connaissance. *Je ne l'ai plus revu.*

Le lendemain, une dame de l'état civil est passée, m'a demandé si je voulais toujours confier l'enfant. J'ai confirmé, j'étais dans un état second, elle a rempli les feuillets roses sur lesquels le prénom servait de nom et le second prénom de prénom — la partie PÈRE/MÈRE était barrée d'un trait.

Les seules visites que je reçus furent celles de mon assistante sociale et de la dame de la DDASS qui s'était occupée du dossier. Elle me disait de reprendre courage, que l'enfant serait bien traité, qu'il me fallait recommencer à vivre.

Cela ne m'a pas été possible. Aujourd'hui encore, j'y pense. J'essaye de revoir ce bébé entrer dans cette pièce sombre, il était sur le ventre. Je crois qu'il était beau. Combien de fois ai-je souhaité avoir sa photo, à défaut de pouvoir le voir, combien de fois ai-je souhaité l'avoir contre moi pour le tenir dans mes bras ?

J'ai souhaité la mort le jour où je me suis rendue pour la première fois à la DDASS, afin de leur demander d'accepter : l'*abandon de mon enfant.* Je n'aime pas ce mot, mais c'est ce que j'ai fait, sauf que mon enfant (lors de ma décision) n'était pas né. Je suis persuadée que jamais je n'aurais fait une telle chose si mon enfant avait eu quelques mois ou quelques années. Non, jamais je n'aurais dû faire un tel acte. Plus le temps passe, au lieu d'oublier, plus je me rends compte de l'énormité de la chose.

A ma sortie de maternité, on m'a demandé où se trouvait l'enfant, il m'a fallu mentir et dire qu'il était décédé. Au bureau, ce fut la même chose.

J'ai jeté tous les vêtements portés durant ces neuf mois. J'ai cru ainsi tirer un trait. Ma santé ne s'améliorait pas, j'ai perdu quinze kilos environ. A ce jour, je ne les ai pas repris, je suppose que c'est trop tard. Il n'y a pas un jour où ma pensée n'est pas pour cet enfant.

Les années ont passé, bientôt onze ans.

J'ai refait ma vie et mon mari souhaite un enfant. Je n'en veux pas. Il ne sait pas ce qui s'est passé, pour lui aussi j'ai perdu mon enfant à la naissance, mais mort-né. Peut-être aurait-ce été mieux ? Pour ma conscience sûrement, mais pour cet enfant, après tout il avait le droit de vivre.

(Témoignage recueilli par Isabelle Maury.)

AGNÈS LAURY

LE DON D'ABANDON

TU AS QUATORZE ANS, ET JE SAIS QUE LE JOUR EST PROCHE OÙ JE DEVRAI RÉPONDRE À LA QUESTION QUE TU ME POSERAS : « POURQUOI M'AS-TU ABANDONNÉ ? » SANS DOUTE AURAS-TU PEUT-ÊTRE AU FOND DU CŒUR LE REGRET NON FORMULÉ DE CE QUI AURAIT DÛ ÊTRE, DE CETTE HISTOIRE QUE NOUS AURIONS PU VIVRE ENSEMBLE. JE TENTERAI DE T'EXPLIQUER ALORS QU'IL EST DES ACTES QUE LA MORALE RÉPROUVE ET CONDAMNE, ET QUI RESSEMBLENT POURTANT À DES ACTES D'AMOUR. JE TE DIRAI QU'ABANDONNER EST PARFOIS LE SEUL MOYEN DE LAISSER VIVRE. PEUT-ÊTRE COMPRENDRAS-TU, PEUT-ÊTRE PAS...

MAIS JE FRÉMIS AUJOURD'HUI À L'IDÉE QUE NOUS AURIONS PU ÊTRE MÈRE ET FILS. NOUS NOUS SERIONS ABANDONNÉS MUTUELLEMENT AU FIL DES JOURS, DES ANNÉES, DANS UN NON-AMOUR LATENT, JAMAIS FORMULÉ, JUSQU'À L'EXPLOSION INÉVITABLE QUI NOUS AURAIT BRISÉS TOUS LES DEUX. C'ÉTAIT À MOI DE FAIRE UN CHOIX. MOI QUI N'ÉTAIS PAS BEAUCOUP PLUS « ÂGÉE » QUE TOI. ENVERS ET CONTRE TOUS, J'AI CHOISI. POUR TOI ET POUR MOI. MOI QUI AI SU AVANT TOI QU'IL EST MOINS TERRIBLE DE S'INVENTER UNE MÈRE QUI AURAIT PU ÊTRE QUE DE RENIER LA MÈRE QUI A ÉTÉ. COMME MOI, IL FAUDRA BIEN QUE TU ASSUMES CETTE RÉALITÉ. TES RÊVES T'APPARTIENNENT.

Si j'ai pu, à quelques moments de ma vie, éprouver le secret désir de conserver, comme un souvenir vibrant, l'amour d'un homme au plus profond de mes entrailles, si j'ai parfois désiré être enceinte comme le prolongement d'une communion, jamais je n'en ai souhaité la concrétisation. Je suis une femme, c'est un choix de la nature, je ne serais jamais mère, c'est mon propre choix. Malheureusement, ce choix ne nous est permis que depuis peu de temps. Il aura fallu des années de luttes, de désespoirs, de cris de révolte, pour que la société ose enfin admettre qu'une femme qui naît ne sera pas automatiquement une mère qui fera naître.

Puisque nous avons été nanties du don de procréation, il est grand temps de proclamer que c'est à chacune d'entre nous qu'il appartient, librement, et en toute conscience de cause et surtout de conséquences, d'assumer ou de rejeter ce terrible pouvoir. La première chance de vivre que l'on donne à un enfant est celle de le désirer. L'amour maternel n'est que le prolongement naturel de ce désir. Je crois qu'il existe encore — hélas — une confusion dans l'esprit et le cœur de la femme amoureuse, entre son désir d'être enceinte et celui d'avoir un enfant. Je n'explique pas autrement les abandons de nouveau-nés à notre époque, ou pire, l'abandon moral quand l'enfant a cessé d'être l'objet de l'amour.

NI FILLE... NI FEMME... NI MÈRE

Dès le premier jour, j'ai refusé mon enfant du hasard. Or, le refus était encore un luxe. N'ayant pas les moyens matériels pour me rendre en Angleterre, où l'on s'était rendu compte, un peu plus tôt que chez nous, que l'avortement peut aussi sauver deux vies, il ne me restait qu'à recourir aux soins, pour le moins hasardeux, de la faiseuse d'anges, avec tous les risques que cela comportait. J'avais dix-neuf ans et je ne voulais pas mourir. J'étais donc contrainte de donner la vie dans le seul but de préserver la mienne. Puisque j'avais voulu être une femme libre, je me retrouvais mère à perpétuité. A la fois coupable et victime.

Je n'avais pas été fille, je n'étais pas encore tout à fait femme, et je me devais déjà d'être mère. Cette idée de *devoir* m'était insupportable. Je n'ai jamais pu imaginer d'amour autre que spontané. Comment « dire » l'angoisse de voir son ventre grossir malgré tout, de le sentir palpiter quand le cœur n'y est pas ? Je haïssais déjà cette proéminence grotesque qui déformait un corps que je commençais à peine à découvrir. J'en voulais à l'enfant de s'accrocher, de ne pas comprendre, de ne pas s'évaporer. J'en voulais au monde entier de considérer avec sérénité que l'erreur peut être humaine. J'allais mettre au monde une erreur. Donner la vie dans ces conditions ressemble à donner la mort.

On s'agitait beaucoup autour de moi. On me consolait, on me conseillait, on me protégeait, on cherchait à me faire accepter, à me persuader, à me convaincre : « *Vous changerez d'avis quand il sera né ; une mère aime toujours son enfant.* » Une mère, oui. Pas une femme. Quant à changer d'avis... Mon refus n'était pas un avis mais un état d'âme. Mon refus, c'était moi. Il est vrai que j'aurais pu tenter de me raccrocher à cette petite bouée vagissante. Un enfant m'eût consolée de bien des choses. Sauf d'être mère.

L'enfant est né. Jamais le mot *délivrance* n'a eu autant de signification que ce jour-là. Nous étions libérés, il ne nous restait plus qu'à être libres. Je me suis réveillée après mon accouchement comme après une opération. On venait de m'enlever « quelque chose » qui me faisait souffrir. C'était fini. Je me sentais mieux, je pourrais bientôt repartir. Autour de moi, des femmes repartaient déjà. Mais pourquoi emportaient-elles ce « quelque chose » avec elles ? Il y en avait même qui souriaient. Je regardais, je réalisais, je fermais les yeux, folle de rage impuissante. Je ne voulais pas voir, pas savoir, oublier, ne plus être. Mais ils étaient là, tous, pour me rappeler à l'ordre des choses. Je ravalais mes larmes.

Quand l'infirmière m'a mis l'enfant dans les bras, j'ai regardé cette petite chose rouge et ridée, avec ses petits doigts qui cherchaient à agripper le vide. Je n'ai ressenti que de la crainte. Une crainte viscérale. Cet enfant, c'était moi. Chair de ma chair. Comment faire pour me retrouver tout entière avec cette part de moi-même que l'on venait de m'extirper. J'avais réellement l'impression que je venais d'être amputée. Cet enfant ne m'apparaissait pas comme quelque chose en plus, mais comme quelque chose en moins. Un moi que je voulais oublier. Puis, il y a eu un petit incident. L'infirmière, affolée, m'a repris l'enfant précipitamment, et m'en a remis un autre : *« Ils se ressemblent tous, comment les reconnaître ? » « Celui-là, c'est bien le vôtre »*, m'assura-t-elle. Si elle le disait... J'ai tout de même regardé le numéro qu'il portait au poignet. En effet, c'était bien le mien.

AVOIR DIT « MAMAN »... PAR HABITUDE

Je venais de donner la vie, ça n'avait été qu'un mauvais moment à passer. Je me devais maintenant de donner ma vie. Quelle vie ? Comment se donner quand on n'est pas ? J'ai exprimé mon premier refus sans y penser. « *Je refuse d'allaiter mon enfant.* » C'était mon premier cri, à moi. Ce cri exprimé en lettres rouges sur une pancarte accrochée aux barreaux de mon lit, bien en évidence, pour que, d'un seul coup d'œil, les vraies mères puissent constater mon indignité.

Sans doute pensait-on que cette mise à l'écart honteuse pourrait ranimer une fibre maternelle récalcitrante. On ne ranime pas ce qui n'existe pas. J'acceptais cette solitude. Il m'arrivait de regarder avec curiosité, et parfois admiration, une mère donnant le sein à son enfant. C'était un très beau spectacle mais je ne voulais pas y participer. Je refusais obstinément de jouer à la maman.

Je n'avais pas encore une idée très précise de la façon dont j'allais exprimer mon refus total et définitif d'être mère. L'abandon m'apparaissait encore comme un acte monstrueux, couleur d'Assistance publique. J'avais dans la tête des images de murs nus et gris, de petits visages tristes penchés sur des soupes froides. Et, planant au-dessus des petits martyrs, l'ombre de la mère criminelle, marquée à jamais au fer rouge de son indignité.

Assistance publique ou pas d'assistance du tout ? Mauvaise conscience ou inconscience ? Être responsable ou aimer ? Devoir ou vouloir ? Être en paix avec les autres ou en paix avec moi-même ? Je choisis d'être en paix avec moi-même. Il me restait à assumer mon état de monstre et à affronter les autres. Consciente qu'il n'y aurait pas d'écho, je hurlerais quand même. C'était l'histoire d'un enfant et d'une femme qui commençait, et qu'importe si les autres s'obstinaient à y voir l'histoire d'une mère et de son fils.

Je ne crois pas que le fait d'abandonner un enfant puisse être considéré comme un acte de lâcheté. Prendre une telle décision demande beaucoup plus de courage, à mon sens, que décider d'élever un enfant « quand même ». J'ai abandonné mon enfant pour nous donner à tous les deux une chance de vivre. « *Un enfant n'est pas un jouet* » m'a-t-on dit un jour. Justement. Je ne voulais pas le « casser ». Faire un enfant est l'acte le plus important qui puisse se faire. Non pour l'acte en lui-même mais parce qu'on y engage sa propre vie.

Ont-elles vu, ces mères bien pensantes qui se sont déclarées écœurées par la mal-mère que je suis, le regard de détresse de certains enfants élevés sans amour ? Quand ce ne sont pas les odieux sévices corporels lorsque la femme frustrée prend le pas sur la mère qui ne sait plus jouer son rôle. L'amour maternel n'est pas une vocation naturelle, mais un état d'âme permanent. L'amour maternel ne s'invente pas, ne s'improvise pas, ne se justifie pas. Il est un jour et pour toujours. C'est ainsi que je le conçois, moi qui n'ai jamais dit *maman* autrement que par habitude.

J'aurais pu me sacrifier. Il eût suffi pour cela d'un peu de volonté, de beaucoup de courage et de rancœur dissimulée sous un brin de vanité. Digne aux yeux des autres, personne n'aurait songé à sonder mon cœur. J'aurais pu accomplir mon devoir maternel. D'autres font bien leur devoir conjugal ! Mais si l'on peut se tromper soi-même, il est impossible de tromper un enfant. L'enfant se reconnaît dans les yeux de sa mère. Il peut s'appeler amour ou résignation. C'est le premier regard qui compte. L'amour-sacrifice réclame autant qu'il peut donner. Que celle qui n'a jamais entendu cette phrase terrible me démente : « ... *Après tout ce que j'ai fait...* » Il n'y a pas de récompense au bout du chemin de l'amour maternel, car il n'y a jamais de « bout du chemin ». Toutes les vraies mères savent cela.

D'ABORD NAÎTRE À SOI-MÊME

Je n'ai pas abandonné mon enfant à la naissance. C'est aujourd'hui mon seul remords. L'enfant s'habitue avant que d'aimer — ou de ne pas aimer. Totalement dépendant, il n'a d'autre ressource que de prendre la main qui se tend et de se regarder dans des yeux qui le reconnaîtront. Je recherchais désespérément la mère qui pourrait avoir pour lui cette main-là et ce regard-là. Je rêvais d'un foyer qui puisse l'accueillir. Un homme et une femme.

Mon enfant avait deux ans lorsque, je ne sais pour quelle raison absurde, j'ai tenté de faire mon devoir. Je me sentais très seule dans ce petit studio que je venais de louer. Sans doute fallait-il que je donne un sens à ma propre existence, que je « me vive » à travers « l'autre ». Je n'avais que l'enfant au monde. Je l'ai pris avec moi comme on prend un remède. Pour pallier ma solitude. L'enfant ne s'y est pas trompé. Les enfants ont sur nous l'avantage de ressentir les choses et les êtres avant que de pouvoir les exprimer.

Nous nous sommes regardés, nous ne nous sommes pas reconnus. Je voulais prendre, je ne savais pas donner. Je ne voulus pas faire semblant plus longtemps. Notre vie en commun était vite devenue impossible. Dès le début, l'enfant avait refusé que je le touche comme s'il savait que je pouvais lui faire du mal. Si je l'avais gardé quand même, je lui aurais fait du mal, en effet. Bien sûr, il n'aurait jamais eu de marques sur son corps, mais il est des cicatrices du cœur qui ne se referment jamais. Je le savais, j'avais la mienne.

Je suis repartie à la recherche de vrais parents. Je les ai trouvés. L'enfant était aimé, « adopté ». Je me suis enfuie.

Lorsque j'y pense aujourd'hui, je ne ressens que de l'amertume. Si j'avais eu le choix... Je ne pouvais éviter « l'accident », c'est ma seule excuse. J'ai minimisé les séquelles qui auraient pu en découler, c'est ce qui me fait dormir en paix. L'enfant est-il heureux ? Je ne sais pas. Le bonheur est une affaire personnelle.

Je ne sais pas quelle vie sera la tienne. L'essentiel, au bout du compte, n'est-il pas que tu vives ? Je garde au fond du cœur la satisfaction de ne pas t'avoir emmené avec moi sur le chemin pour le moins aventureux de ma propre re-connaissance. Je ne pouvais pas te reconnaître tant que je n'étais pas née. Aujourd'hui ? Je fais mes premiers pas, et qui sait ? Peut-être « grandiras-tu » plus vite que moi, et s'il t'arrivait de tomber sur la route, je saurai au moins que tu n'auras pas buté sur mes propres embûches. Ce n'est pas une plaidoirie, mais une évidence qui me rend sereine. (Texte paru dans Autrement, « Un enfant », n° 35, nov. 81.)

AGNÈS LAURY

Auteur de *Le Chiendent, Le Mal-mère, Le Cri du corps*, éd. Pauvert-Hachette (romans autobiographiques).

CATHERINE BONNET

CES FEMMES DANS L'OMBRE

VRAIES OU FAUSSES MÈRES ? LA LOI A RAYÉ LE TERME D'ABANDON POUR CELUI DE « REMISE EN VUE D'UNE ADOPTION ». MAIS A-T-IL DISPARU DES CONSCIENCES ?

Ouvrir un débat sur la maternité par des propos économiques peut sembler déplacé, mais examiner la répartition des dépenses montre une extrême inégalité des chances pour les femmes et les enfants à naître. Cette disparité nécessite une réflexion. Alors, parlons chiffres en premier :

1973, premier enfant né par insémination artificielle avec donneur : coût moyen pour aboutir à la conception d'un enfant, 20 000 francs, remboursé par la Sécurité sociale à 100 %[1]. Actuellement plus de 16 000 enfants sont nés ainsi en France et presque 2 000 naissances ont été dénombrées durant l'année 1986[2].

1982, naissance d'Amandine, premier bébé-éprouvette français : coût variable pour un enfant né par fécondation *in vitro* entre 150 000 et 450 000 francs selon les centres, également remboursé à 100 %. Cette technique est en pleine expansion puisque près de 1 000 enfants sont nés en 1986[2].

Depuis 1983, les mères porteuses font la une dans la presse : des enfants naissent... plusieurs dizaines... aucun chiffre n'est officiel... sauf le coût annoncé, 50 000 F à 500 000 F (pour les USA) par enfant, non remboursé par la Sécurité sociale !

Et la naissance de bébé après congélation d'embryons est attendue sous peu...

Face à la souffrance d'un couple infécond, les techniques de procréation artificielle ont fait depuis ces quinze dernières années un bond en avant. Médecins, chirurgiens et biologistes ont mis toute leur énergie pour remédier à la stérilité... Peut-être parce que la famille nucléaire a pris plus d'importance, peut-être aussi parce que l'infertilité devenant plus fréquente dans les sociétés modernes, elle guette plus d'individus.

Cette lutte pour les enfants du dernier espoir (IAD, FIV) est devenue actuellement une course à n'importe quel prix : en argent, certes, mais aussi en temps, en souffrance physique et psychique car les échecs à la procréation insupportent et le deuil à faire est difficile pour tout le monde.

Si tant d'acharnement, de courage et de générosité pouvaient être également investis auprès d'autres enfants, ceux qui sont portés dans le ventre de femmes qui ne désirent pas leur naissance et qui ont dépassé le temps possible d'interruption volontaire de grossesse.

Et ils sont pourtant nombreux. En effet, près de 1 000 enfants ont été, en 1986, remis à la naissance à l'Aide sociale à l'enfance en vue de leur adoption.

« REMISE »... OU ABANDON ?

Pourquoi un tel silence sur ces enfants qui vont eux aussi être confiés à des couples stériles ? Qu'ont-ils de différent des autres si ce n'est l'origine de leur conception... ?

N'est-ce pas choquant au moment où les procréations artificielles font la une des journaux et où sont valorisés les donneurs de gamètes humains (donneuses d'ovules, donneurs de spermatozoïdes) que soient reléguées encore dans l'ombre et le secret toutes ces femmes qui donnent leur enfant en vue d'adoption ?

Bien qu'une loi du 6 juin 1984 ait modifié les textes en supprimant le terme « abandon » et l'ait remplacé par celui de « remise en vue de son adoption », cet acte n'est pas encore valorisé aujourd'hui. Pour beaucoup de gens, il n'est pas toujours vécu comme un acte d'amour qu'une femme fait pour son enfant, mais comme un acte d'abandon.

Porteur d'ambivalence, le terme abandon n'arrive pas à être effacé des esprits. L'analyse étymologique montre un mouvement contradictoire : celui de « remettre à », « confier à », « donner à », mais aussi celui de « laisser », « jeter », « négliger ». Cette nouvelle législation, en modifiant la terminologie, a tenu à ne mettre en lumière que l'aspect valorisant et positif du terme abandon : celui de la remise, du don.

Malgré cela, il semble encore difficile à la société de pouvoir reconnaître à une femme enceinte au-delà de dix semaines le droit de dire qu'elle ne se sent pas capable d'assumer la maternité à venir, et qu'elle souhaiterait déléguer à d'autres son autorité parentale.

Un silence est aussi fait sur les femmes en situation d'interruption volontaire de grossesse dépassée... Combien sont-elles hors du cadre de la loi ? Leur nombre précis est ignoré, mais on sait que le Mouvement français du Planning familial en a comptabilisé 2 244 en 1985 et 2 352 en 1986[3].

Exclues de la loi, elles sont encore menacées de se voir appliquer l'article 317 du code pénal, si aujourd'hui elles venaient à le transgresser au-delà des dix semaines.

Certaines se dirigent éventuellement vers des pays qui connaissent des délais plus longs (22 semaines en Grande-Bretagne, 21 semaines en Hollande). Ces pays communiquent chaque année au

Mouvement français du Planning familial le nombre d'interventions effectuées chez des Françaises : 3 369 en Grande-Bretagne, 600 en Hollande, en 1985.

Et les autres... Que leur reste-t-il ? L'oubli et le secret...

Par contre, on proclame officiellement que 160 000 femmes ont interrompu volontairement leur grossesse en 1986 alors que 779 000 donnaient naissance à un enfant (soit une IVG pour 4,6 naissances)[4]. Ce Mouvement signale que 70 femmes sur 100 auront recours à l'avortement une fois au cours de leur vie[5].

On ne peut alors que s'étonner de l'écart qui règne entre :

— le droit pour les femmes de recourir à une contraception, autrement dit à désacraliser les cellules sexuelles en leur enlevant leur potentiel « enfant » ;

— le droit, en cas d'échec de la contraception, de recourir à l'interruption volontaire de grossesse et bientôt à la contragestion[6] ; l'embryon est là aussi évacué de son potentiel humain ;

— le droit de donner ses cellules sexuelles à d'autres individus pour leur permettre de procréer (donneurs de spermatozoïdes, donneuses d'ovules) ;

et tout cela, en toute liberté, et sans avoir à se cacher, ... et l'ombre et la honte dans lesquelles sont mises les femmes qui s'interrogent sur leur grossesse non désirée.

Si les centres de planning, d'IVG, de FIV, d'IAD sont reconnus, il existe par contre peu d'endroits où les femmes peuvent en cas d'incertitude et de détresse solliciter un accompagnement pour les aider à mûrir une décision aussi difficile que celle de renoncer à son droit parental dans l'intérêt de l'enfant[7].

SOUFFRANCES ; POURQUOI ?

Et quand ces femmes sortent de l'ombre pour venir accoucher, le plus souvent anonymement, elles sont accueillies en « maternité » dans des conditions ambiguës. Sous prétexte d'éveiller leur « instinct maternel », gestes et mots se répètent :

— contraindre une femme à accoucher « naturellement » alors qu'elle réclame une anesthésie afin de ne pas voir l'enfant qu'elle veut remettre en vue d'adoption ;

— contraindre une femme à prendre dans ses bras l'enfant malgré elle, alors qu'elle a préféré ne pas le voir pour ne pas s'y attacher et ainsi mieux en faire le deuil ;

— refuser à une femme de lui montrer son enfant quand elle le demande alors qu'elle pense qu'elle pourra mieux l'oublier si elle l'a vu au moins une fois ;

— contraindre une femme qui a décidé de se séparer de son enfant à le mettre au sein en espérant que l'allaitement déclenchera « l'instinct maternel » ;

— contraindre une femme à assister à l'émotion et la joie d'autres en les mettant dans la même chambre que de jeunes accouchées et leur bébé pour leur faire regretter ;

— être persuadé que c'est un devoir pour le personnel de forcer une femme à faire la connaissance de son enfant pour la faire changer d'avis et lui donner ainsi envie de le garder[8] ;

— accueillir, soigner de jeunes accouchées sous X en ne cessant de les entourer de commentaires désobligeants ou en les assaillant de questions indiscrètes ;

— ou les appeler d'emblée « mères »...

et bien d'autres situations où la femme et l'enfant ne sont pas respectés... Leurs interactions peuvent ainsi être distordues dès le début sous la pression de l'extérieur[9-10-11].

Les textes législatifs ne passent pas encore dans les mœurs car l'aspect positif et valorisant de la remise est nié. Le mot abandon avec l'ambivalence qu'il véhicule est encore bien présent. Ainsi cette décision si difficile que de se séparer d'un enfant porté dans son ventre, semble n'attirer que la réprobation... Remise oui, mais abandon, surtout... L'enfermement revient.

ENFERMEMENT ENCORE

Et il s'étend aux conditions précisées par la loi :

L'accouchement sous X qui enferme ces femmes dans un secret irréversible comparable au tour, aboli pourtant en 1904. Pourquoi lier secret et anonymat ? Certes l'anonymat est indispensable pour protéger la liberté d'une femme, mais comment pourra-t-elle vivre une vie entière avec un tel secret : « Le secret est pour la mère qui le porte comme pour l'enfant qui le cherche un poids et un remords. Le non-dit pèse plus lourd que le dit », comme le note Pierre Verdier[12].

Le fait de cacher un acte courageux annule sa valeur même. Pourquoi ne pas réfléchir davantage à une formule plus souple qui respecte la femme et l'enfant.

La durée du délai de réflexion, actuellement de trois mois. Mais que représente ce temps de trois mois ?

Un temps de repentir ? Bien souvent appelé délai de repentir, cette désignation traduit l'ambivalence de cette période de réflexion. Si l'on a recours au terme de repentir, cela sous-tend qu'il y a faute à renoncer à l'enfant. Dans ces conditions, peut-on affirmer que la femme choisit en toute liberté ?

Un temps de maturation ? Mûrit-on généralement une décision après en avoir posé l'acte ? Consent-on à un acte grave en y réfléchissant *a posteriori* pendant des mois ? Ce délai d'« après-coup » semble nier toute la possibilité de réflexion avant l'acte. Il annule la période d'attente naturelle qui existe avant l'accouchement et qui pourrait être la meilleure pour décider de l'avenir.

Un temps de deuil ? Trois mois semblent bien courts pour faire le deuil d'un enfant qu'on a porté et auquel on a renoncé, et surtout lorsqu'on n'a pas pu en parler.

Trois mois d'attente, de repentir, de maturation, de deuil... Pourquoi trois mois et pourquoi pas neuf mois tant qu'à faire ; et si ce n'était que quinze jours[12] ? Cette durée du délai mériterait une interrogation plus approfondie, car on ignore finalement le contenu de cette attente puisque les femmes n'ont le droit qu'au silence.

Et pendant toute cette période, l'enfant est déjà pénalisé car il est mis entre parenthèses. Même s'il est confié à une famille d'accueil ou à une pouponnière, il se trouve dans une situation quasi blanche de relations. Qui peut alors l'investir ? Et dans l'incertitude, l'enfant se carence pendant que des Congrès internationaux de psychiatrie du nourrisson argumentent sur l'importance de favoriser les premières interactions entre une mère et son enfant.

Les conséquences de cet enfermement peuvent être ressenties par les familles adoptives :

— carences affectives liées au délai d'attente administrative ;

— absence parfois totale de renseignements génétiques, médicaux, physiques ou psychologiques au nom du secret et qui pourraient souvent être donnés tout en préservant l'anonymat. Ce trou dans le passé de l'enfant peut être une gêne pour son avenir ;

— malaise pour informer l'enfant sur sa filiation. S'il est bien admis par les parents adoptifs de dire à l'enfant qu'il a été conçu par d'autres et qu'il est arrivé à leur foyer tel jour dans la plus grande joie, les circonstances de la remise de l'enfant sont souvent laissées dans l'ombre. Ils ne savent comment dénommer les géniteurs : « ta vraie maman », « ta maman de naissance » « ta première maman »... Le géniteur est peu évoqué. L'enfant peut percevoir l'ambivalence qui pèse sur ses origines : abandon ou remise valorisante ?

Moins la situation sera transparente, plus il sera difficile pour lui d'assumer ses origines biologiques différentes.

VRAIES OU FAUSSES MÈRES ?

Ambivalences, enfermement dans l'ombre pour ces femmes qui ont à prendre la décision de garder ou de remettre un enfant en vue de son adoption. Que cherche à éviter la société ?

Éviter de comprendre le problème de fond que leur situation fait surgir : le sentiment de non-maternité peut-il co-exister avec la présence d'un enfant dans le ventre ? Dans le ventre, dans les entrailles, dans l'utérus... Sont-elles donc mères lorsqu'elles sont enceintes ? Vraies mères ? Fausses mères ? Si l'instinct maternel n'a pas pu s'exprimer durant la grossesse, l'accouchement va-t-il enfin le libérer ?

La société y répond en les dénommant mères dès leur état de grossesse : fille-mère, mère célibataire, hôtel maternel, centre maternel... Pourquoi les étiqueter MÈRE déjà ? Le sentiment de maternité est-il nécessairement lié à l'augmentation du volume de l'utérus, au premier mouvement du fœtus, à l'expérience de l'accouchement ?

Que d'interrogations ! Questions tabous... Le droit français donne une prévalence à l'interaction biologique entre une femme et l'enfant qu'elle porte, puisque c'est la femme qui accouche qui est la mère. Et l'on s'accroche à la maternité utérine comme à une bouée de sauvetage.

Ces questionnements sont remis au grand jour avec l'apparition des nouvelles procréations !

— Des mères porteuses exhibent au public un ventre plein d'enfant qu'elles donneront à d'autres. L'utérus n'est plus qu'une machine.

— La technique des embryons congelés voient apparaître une maternité potentielle mise au congélateur. L'utérus est remplacé provisoirement par un appareil.

Et on oublie que la maternité « sociale » (mères adoptives) est vécue harmonieusement depuis longtemps.

On sonne l'alarme, la presse accuse la science : la maternité serait en danger. Le concept s'émiette, s'appauvrit, éclate. Aux yeux de tous, on s'aperçoit que le support biologique n'est peut-être pas nécessaire pour fonder le sentiment de maternité.

Ne faudrait-il pas reconnaître que le concept de maternité est en train d'évoluer et qu'il ne peut que s'enrichir des nouvelles techniques en montrant l'importance des liens du cœur et de la transmission de la parole ?

La maternité n'existe vraiment que lorsqu'une femme l'a désirée, parce qu'un homme l'a aussi désirée avec elle.

Ne serait-ce pas le moment de sortir de l'ombre toutes ces femmes qui, depuis des années, choisissent de transmettre leur maternité à d'autres par intérêt et amour pour l'enfant qu'elles portent ?

Si cet acte de don était reconnu et valorisé, peut-être alors que le géniteur sortirait de l'ombre. Si faute il y a eu, pourquoi faut-il en 1988 que seule la femme soit responsable d'un acte fait à deux et que des enfants aient à souffrir immédiatement ou ultérieurement en étant délaissés progressivement ?

CATHERINE BONNET

Psychiatre, psychanalyste. Enseignante au COPES et consultante aux CECOS. Effectue actuellement une recherche sur les problèmes des femmes dites abandonnantes, au titre de l'IDEF, financée par le ministère des Affaires sociales et de l'emploi.

1. *Le Monde* du 11-4-1986, « Un coût exorbitant ».
2. *Le Monde* du 5-5-1987, « Le parc des bébés éprouvettes ».
3. Dossier « Les exclues de la loi » édité par le Mouvement français du Planning familial.
4. Également 170 000 IVG face à 768 000 naissances en 1985, chiffres donnés par l'INED.
5. Dossier « Fécondité, contraception, avortement » édité par le Mouvement français du Planning familial.
6. La contragestion consiste à interrompre une grossesse précoce par l'ingestion d'un comprimé pour éviter la méthode instrumentale habituelle. Cette méthode va être commercialisée.
7. DDASS de l'Ille-et-Vilaine à Rennes et maternité de l'hôpital de Créteil.
8. Voir ci-dessus, « Le don d'abandon » d'Agnès Laury.
9. « Centres maternels, faut-il les brûler », *Enfants d'abord*, n° 10, mars 1986.
10. « Accouchement anonyme » de R. Geadah, in *Le secret sur les origines*, Éd. ESF, 1986, p. 107-110.
11. *Les jeunes mères célibataires : l'influence du milieu sur la décision de garder l'enfant ou de le faire adopter*, par Masse Jacqueline, Saint Arnaud Micheline, Brault Marie-Marthe, Les Presses de l'université de Montréal, mai 1981.
12. « Le secret de l'origine des pupilles de l'État » par Pierre Verdier, in *Le secret sur les origines*, Éd. ESF, 1986, p. 50.

MARTINE DUBOC

LES DÉLAISSÉS DE L'ABANDON

ÊTRE ABANDONNÉ DE FAIT EST BEAUCOUP PLUS DUR QUE D'AVOIR, UN JOUR, ÉTÉ ABANDONNÉ DE DROIT. ATTENDRE, ATTENDRE... DES PARENTS... MAIS QUELS PARENTS... ?

Corinne, trois ans et demi, observe attentivement Nancy, l'auxiliaire de puériculture, qui réalise devant elle la toilette ombilicale d'un nouveau-né. Corinne pose beaucoup de questions. Nancy lui répond le mieux possible... mais Corinne, d'un ton péremptoire, balaie toutes ses explications et crie « sa différence » : « Moi, j'ai pas de nombril. »

Affirmation d'un manque ? Rejet de l'image maternelle trop souvent absente ? Négation du lien originel ? Mais à quel prix ?

Corinne est arrivée à la pouponnière à l'âge d'un an, pendant une hospitalisation de sa maman, puis est repartie avec elle. Plus tard, elle sera accueillie chez une assistante maternelle ; mais cette dernière devra rapidement déménager et quitter la région, et Corinne reviendra à la pouponnière, peu avant trois ans.

La maman qui allait rarement la voir pendant le séjour nourricier réapparaîtra alors. Corinne la connaît peu, et se montre mal à l'aise en sa présence ; puis elle se détend peu à peu avec la complicité des auxiliaires de puériculture qui s'occupent d'elle.

La mère, apparemment soucieuse de « prendre un nouveau départ », parle de son prochain mariage, et rend souvent visite à Corinne. Elle lui promet même une jolie robe pour la cérémonie... mais personne ne viendra chercher Corinne le jour venu. Les semaines s'écouleront sans aucune nouvelle. Le silence de nouveau s'installe...

La maman n'est pas chez elle lorsque l'assistante sociale vient la voir. Elle ne répond pas aux lettres.

Deux mois plus tard, elle revient à la pouponnière. Elle insiste sur ses difficultés matérielles et veut changer le nom de l'enfant, le beau-père, que Corinne ne verra pas, l'ayant reconnue entre-temps. Le couple s'oppose à tout placement nourricier et veut « récupérer » Corinne. Mais Corinne répète avec insistance son nom et ne veut pas en changer.

Quelques visites... puis plus rien. La maman ne répondra même pas à la convocation du juge d'enfants.

Corinne a du mal à grandir : bien qu'elle ait une intelligence tout à fait normale, elle déclare souvent « Moi, trop petite », « Je sais pas », devant toute activité nouvelle, avant même d'essayer de la réaliser. Elle manque de confiance en elle, elle a des crises de cafard et de boulimie, dévorant alors avec avidité tout ce qu'elle trouve à manger...

A l'instar des enfants de sa chambre qui reçoivent la visite de leurs parents ou vont se promener avec eux, Corinne invente au fil des jours son « roman familial » : « La voiture de papa est cassée ; il ne peut pas venir » « Maman est malade » « Elle est venue dimanche »... et déchire la photo qu'une maman avait apportée à son fils dans la chambre.

Elle interroge avec inquiétude son éducatrice : « Dis, tu vas bientôt me trouver une nourrice ? »... ou demande un jour à une maman adoptive : « Tu prends Julien, tu peux prendre Corinne aussi ? »

Corinne partira, encore une fois, chez une assistante maternelle, mais en ne pouvant s'empêcher de demander le matin du départ : « Et l'autre maman ? » Corinne la reverra-t-elle ? Mais que pourra-t-elle en attendre vraiment ?

Sinon, en cas de désintérêt manifeste des parents pendant plus d'un an et sur requête de la DDASS, en application de l'article 350 du code civil, elle pourra être déclarée judiciairement abandonnée par le tribunal de grande instance, puis adoptée.

UNE VICTIME... CULPABILISÉE

Long parcours semé d'imprévus. Passé douloureux, tissé d'attentes déçues et de méconnaissances des besoins enfantins les plus élémentaires. Lendemains hasardeux.

Quelques mots d'enfant réunis grâce à la collaboration de l'équipe éducative qui entoure les enfants qui lui ont été confiés par la DDASS, de jour comme de nuit.

La vie quotidienne à la pouponnière s'efforcera alors de concilier différents paradoxes :

— *aider l'enfant à se sentir aimé et apprécié*, alors qu'il était peut-être jusque-là dans son milieu familial un enfant encombrant, gêneur, voire indésirable ;

— *lui permettre de se savoir unique au milieu des autres, et d'y trouver sa place ;*

— *favoriser et aménager les relations avec les parents, tout en protégeant l'enfant de leurs défaillances*, afin de sauvegarder les liens familiaux existant.

L'enfant qui arrive à la pouponnière va souvent très mal dans sa tête et dans son corps, et a été victime, de diverses manières, de l'incurie parentale (précarité extrême des conditions d'existence, négligences, mauvais traitements).

Les premiers moments passés auprès de lui seront consacrés au réconfort, à « l'apprivoisement »... Des habitudes se créent, des intérêts nouveaux apparaissent. Mais la prise de conscience du délaissement va être progressive : les contours des visages familiers s'estompent, les souvenirs se brouillent. Les plus grands tendent l'oreille lorsque la sonnette annonce l'arrivée des visiteurs. Ils reconnaissent les parents qui viennent voir régulièrement leurs enfants, les observent, s'approchent d'eux avec timidité ou audace. Ils attendent...

Mais les retrouvailles avec les leurs s'avèrent difficiles dès que le contact a été interrompu trop longtemps : absence de complicité et gestes maladroits (l'enfant se réfugie près de son auxiliaire de puériculture ou préfère jouer avec les copains), paroles trompeuses (« Je vais t'emmener bientôt »).

Le vécu de l'abandon s'installe alors insidieusement, mais de manière d'autant plus inéluctable que rencontres et séparations se succèderont de façon anarchique, laissant chaque fois l'enfant plus démuni et impuissant.

Il aura vite fait de se sentir coupable : c'est lui qui est mauvais puisqu'il a été séparé de ses parents ; d'où une grande insécurité et le sentiment de sa non-valeur.

L'enfant ne peut adresser aucun reproche à ses parents, mais les imite ou risquera de retourner toute la violence de l'abandon contre lui-même : il agresse, se déprime, et il a peur, plus que tout autre enfant, de ce qu'il ne comprend pas ou qui peut éventuellement le menacer (une modification de son environnement, un geste, un bruit, par exemple).

A moins que par crainte d'être abandonné de nouveau, il ne préfère prendre l'initiative de la rupture, en s'efforçant de pousser à bout les personnes auxquelles il commence à s'attacher.

Ceux qui ne peuvent parler exprimeront leur malaise à travers la somatisation, les difficultés des rythmies quotidiennes (variations de l'appétit, troubles du sommeil), une certaine apathie. Leurs symptômes seront peut-être plus discrets, mais il faudra aussi savoir les déchiffrer au plus vite pour y remédier.

LA POUPONNIÈRE, UN RELAIS

Que proposera la pouponnière pour apaiser la souffrance enfantine ?

La création de relations privilégiées, affectueusement mais non appropriatives, entre l'enfant et l'auxiliaire de puériculture particulièrement attentive ou attentif — les hommes pénètrent peu à peu à la pouponnière — à son bien-être et à ses besoins, et capable de proposer un modèle d'identification appréciable (« Je veux m'occuper des enfants comme toi »).

La réalisation de soins de qualité, dispensés selon le rythme personnel de chacun.

La médiation de la parole aussi : voix qui console, apaise et explique les situations angoissantes, voix qui interpelle, qui restitue à l'enfant son histoire et l'aide à trouver un sens à sa vie...

Auxiliaires de puériculture et éducatrices de jeunes enfants ne sont pas là pour prendre la place des parents, mais pour les relayer auprès de l'enfant, pendant un moment conflictuel de leur existence.

Les attentes réciproques seront donc exposées d'emblées, et la participation des familles à la vie de l'enfant sera souhaitée et encouragée.

Des réunions regrouperont régulièrement les représentants de la DDASS, les intervenants médico-sociaux connaissant la famille, le personnel de la pouponnière. Chaque situation y sera étudiée, tant du point de vue de l'enfant que de ses parents, des projets d'accompagnement élaborés avec eux, puis réévalués ultérieurement. Mais chacun des partenaires devra faire preuve de vigilance pour éliminer les risques d'incompréhension et de mésentente (défaut de coordination et lenteur de certaines décisions, retards dans les prises en charge, par exemple).

Enfants délaissés... Parents inconstants...

Le temps ne semble guère s'écouler de la même manière pour les uns et les autres. Mais les conséquences en seront souvent sous-estimées à court et à long terme.

Et ces rendez-vous manqués avec les familles, ces attentes imprévisibles vont aussi mettre à l'épreuve le personnel le plus compétent : sentiment d'impuissance, découragement, illusion de la réparation, qu'il faudra sans cesse démasquer, analyser ; pour que les mots, comme chez l'enfant, viennent au secours d'émotions trop fortement ébranlées.

Quand les parents, pour de multiples et complexes raisons qu'il ne s'agit pas d'étudier ici, s'éloignent, c'est le désir de vie de l'équipe éducative de la pouponnière qui va totalement soutenir l'enfant, l'aider à grandir et à devenir lui-même, le préparer à demain...

MARTINE DUBOC
Psychologue

FRANÇOIS CHARLES

TOUTE UNE VIE

ABANDONNÉ À LA NAISSANCE EN 1904, FRANÇOIS CHARLES A DEPUIS GRAVI TOUS LES ÉCHELONS DE L'ASSISTANCE PUBLIQUE JUSQU'AU MINISTÈRE DE LA POPULATION !

Je suis presque né avec le siècle. Lorsque ma mère me mit au monde en 1904, elle venait d'être abandonnée par mon père. Elle était institutrice, et le règlement de l'Instruction Publique, à cette époque très puritaine, interdisait à toute « fille-mère » d'enseigner. Elle se trouva donc confrontée à un choix cornélien, garder son enfant ou son poste. Abandonnée par mon père, elle m'abandonna à son tour. C'est donc l'État, gardien de la morale, qui fut le responsable de mon abandon !

Elle me donna comme prénom et nom les prénoms de mon père et grand-père, François Charles. Elle avait tenu à établir ainsi une filiation sentimentale. Elle ne me reconnut pas ; et c'est pour cette raison que l'Assistance Publique n'accorda pas à mes grands-parents, qui le désiraient, le droit de m'élever. Ma mère aurait pu passer outre et me laisser sous leur responsabilité ; j'aurais été ce qu'on appelait alors un enfant caché. Mais elle ne le fit pas.

L'Assistance Publique me plaça à la campagne. C'était la règle à cette époque et cela pour deux raisons ; les salaires de misère proposés aux nourrices étaient très inférieurs à ceux gagnés en ville, aussi seules les femmes des campagnes les acceptaient-elles ; et on appliquait cette pensée rousseauiste selon laquelle seule la nature, vierge et pure, pouvait permettre aux enfants abandonnés, et donc enfants du péché, de s'insérer et en quelque sorte de se racheter.

Mes parents nourriciers étaient fort pauvres, mais c'étaient de très braves gens. Ils me considérèrent comme leur propre fils. Je n'ai connu ni les coups ni la faim ; et comme je n'ai pas été abêti par un travail harassant comme tant d'autres pupilles, j'ai pu suivre une scolarité normale et même brillante puisque je fus reçu premier du canton au certificat d'études !

C'est à l'âge de quatre ans lors de l'inscription à l'école que j'appris que j'étais « un enfant de l'Assistance ». Ce fut un choc terrible. J'adorais mes parents nourriciers, mais en gardant ma vache, je ne cessais de penser à ma mère, à ma VRAIE mère !

Comment était-elle ? Où habitait-elle ? Pensait-elle à moi comme je pensais à elle ? Était-elle malheureuse de m'avoir abandonné ? Et si elle m'avait totalement oublié ? Tout enfant abandonné nourrit les mêmes obsessions sur ses origines.

Fortement soutenu par mon instituteur, j'aurais pu continuer mes études. Déguenillé, sans le moindre sou en poche, j'ai préféré renoncer à ce rêve plutôt que de pénétrer dans un monde où, côtoyant des étudiants fortunés, j'aurais été humilié. Je me suis donc gagé chez un patron. Mais j'avais une instruction supérieure à celle de mon entourage, d'autres aspirations ; je n'arrivais pas à accepter ma situation et j'étais malheureux à la campagne. L'inspecteur de l'Assistance, qui était mon tuteur, m'avait pris en affection. Il comprit mon désarroi et me fit entrer dans l'administration à l'Assistance comme gratte-papier. J'étais sauvé !

Ce n'étaient pas des dossiers sans nom, sans âme que je voyais défiler toute la journée, mais des enfants abandonnés. Ils étaient nus, affamés de racines, d'amour et de futur. J'ai alors compris que je me devais de leur consacrer ma vie. J'ai préparé avec acharnement les concours internes ; je devins inspecteur, puis gravissant tous les échelons je terminai directeur général.

Durant toute cette existence passée au service de l'Assistance, je n'ai cessé de répéter inlassablement que c'est dans l'adoption que tout enfant abandonné peut trouver son salut. Et aussi étonnant ou paradoxal que cela puisse paraître dans la bouche d'une personne qui elle-même a été abandonnée, je pense que dans certains cas il est de l'intérêt de l'enfant de faire admettre à la mère qu'il est de son devoir de s'en séparer.

Je suis donc un militant de l'adoption. C'est une forme supérieure d'intégration socio-familiale pour « ces morts civils ». Je reprendrai ce propos de Proudhon « l'adoption est une naissance civile », je dirai même une renaissance !

J'ai moi-même participé à 500 adoptions.

Dans l'absolu, pour avoir aidé tant de pupilles qui tentaient de percer le secret de leurs origines, je serais pour la suppression de l'accouchement sous X. Mais j'ai vu tellement d'infanticides... Ne nuirait-on pas davantage à l'enfant que l'on aurait voulu protéger en le vouant à un quasi-sacrifice ?

Et j'ai eu cette chance, cette joie exceptionnelle que peu de pupilles ont pu avoir, connaître mes origines. Je passerai sur les conditions rocambolesques dans lesquelles j'ai retrouvé ma mère, mais j'ai cru défaillir lorsqu'un jour dans les couloirs de l'Assistance une jeune fille s'approcha de moi : « Je suis une de tes cousines ; viens, ta mère t'attend ! »

(Propos recueillis par Véronique Jacquelot-Motte, journaliste. Texte établi par Hélène Dupont.)

FRANÇOIS CHARLES

A publié à la Pensée Universelle : *Un escargot de Bourgogne sans coquille*, 1979 ; *Caro*, 1981 ; *Les orphelins de mères vivantes*, 1982.

LETTRE DU CHILI

DEPUIS DIX ANS, UNE JEUNE FEMME, AU CHILI, RECUEILLE DES ENFANTS TROUVÉS OU AMENÉS PAR LEURS PARENTS. UN TÉMOIGNAGE BRUT.

Il est impossible de ne pas réagir devant l'angoisse des autres, surtout lorsqu'il s'agit d'êtres sans défense, injustement frappés dans leur vie. Mes « premiers enfants » arrivèrent en même temps que la fête des mères... Ils étaient là, avec dans leurs yeux une expression mêlée d'espoir et d'interrogation qui semblait dire : « Où sommes-nous encore ? Est-ce le bout du chemin ? » Je me suis sentie minuscule devant cette immense responsabilité, mais leurs petits corps agrippés à moi en quête de chaleur me rendirent tout mon courage et je réalisai qu'en cet instant précis, sans que je les aie procréés, ces enfants abandonnés m'appartenaient et j'étais tout pour eux. L'amour fut le pilier essentiel, car c'est une tâche ardue de créer la confiance là où tant de désillusions se sont accumulées.

Mais très vite se posèrent de façon cruciale des problèmes d'alimentation, de vêtements, d'éducation, et j'ai commencé à frapper à toutes les portes de mes proches. Une majorité d'entre eux m'apporta de l'aide, mais sans cesser de me répéter des mises en garde : « Tu ne pourras pas continuer plus d'un mois ! Tu es folle ! Quelle idée ! Je te félicite, mais arrête, tu te bats contre le vent ! Tu gagnes ton paradis... » Sans cette collaboration, il m'aurait été impossible de continuer ; chaque jour je rencontrais des personnes qui s'intéressaient au Foyer, mais hélas leur aide était ponctuelle et je ne trouvais pas de véritables compagnons de route.

Au commencement, ce qui me faisait le plus souffrir, c'était la tristesse de leurs regards ; leurs yeux étaient vides de toute expression, et leur peau marquée par les coups, couverte d'une crasse qui en faisait un terrain propice à toutes sortes de maladies, dont la gale qui fut la plus dure à combattre. Ma mémoire ne gommera jamais le souvenir d'une de mes petites lors de son premier bain ; elle était tellement rongée par la gale qu'elle n'arrivait pas à marcher et l'eau de la baignoire devint complètement rouge à cause des morceaux de chair qui se détachaient de son corps.

Mais il y eut également des surprises. La visite magique, un jour, d'une femme qui nous apportait une proposition d'une association fondée dans un pays très lointain, la France, et qui ne devait pas seulement être une promesse. En effet, l'aide commença à arriver très rapidement et les médicaments agirent de façon miraculeuse. Nos petits reçurent de jolis vêtements et de nombreux jouets devinrent leurs inséparables compagnons.

Quand arrive la séparation, l'ambiance est révélatrice. Les *tiás* se croisent dans les couloirs, les yeux brillants, retenant leurs larmes, mais c'est ainsi : un jour arrive le départ, et cela pour trois raisons.

La première c'est l'âge de l'enfant. Il doit être transféré dans un autre établissement et cela est triste car avant même qu'il s'en aille, je sais que son avenir va être institutionnalisé et que jamais il n'aura de racines solides. Mais les établissements qui recueillent des mineurs en situation irrégulière méritent tout le respect des autres car ils font le possible et l'impossible pour les enfants. Je connais bien ce travail en tant que fondatrice et directrice bénévole d'un de ces foyers, depuis cinq ans. Mais je pense que là n'est pas la situation *idéale*.

La deuxième raison est le retour dans la famille. En effet, le plus difficile est de faire prendre conscience aux parents ce que signifie un enfant. Faire comprendre que leur responsabilité est engagée bien au-delà du moment de l'accouchement, et qu'il s'agit pour eux de l'accompagner pour une vie durant. Le travail d'explication est laborieux car les schémas d'éducation viennent de très loin et, en même temps, l'aspect économique pèse lourd. Nous rencontrons très souvent des mères désireuses de donner leur amour, mais désespérées de n'avoir que cela à offrir alors que le besoin de nourriture et de vêtements se fait si cruellement sentir. Lorsqu'il y a deux ou trois enfants, il est possible de faire des miracles avec une assiette de soupe et un morceau de pain, mais quand il y a sept, huit, neuf bouches ou plus, c'est pratiquement impossible. On revient toujours à la même question : pourquoi ne contrôlent-ils pas leur natalité ? Bien sûr, dans les hôpitaux, on compte sur la gratuité de la pilule, malheureusement, à la maison, les choses se passent autrement car l'homme se sentirait dévalorisé dans sa virilité si sa femme ne tombait pas régulièrement enceinte !

C'est pour cela que je dis que l'éducation de la famille est délicate car elle s'appuie sur les mêmes valeurs de génération en génération. Et pourtant, il faut essayer de faire le maximum pour tous ces gens. Certains enfants refusent de réintégrer le foyer familial parce qu'ils ont été maltraités et qu'il est bien difficile de retrouver la confiance dans un adulte qui les a frappés physiquement et moralement.

La troisième possibilité qui s'offre est une famille nouvelle. Il est vraiment douloureux et angoissant, pour certaines mères, de se décider à confier leur enfant pour qu'il soit adopté ; leur visage se marque alors d'un rictus de douleur venu du fond de l'âme. Pour d'autres, c'est la seule solution lorsqu'elles ne peuvent offrir le nécessaire à ce petit corps qui a été une partie d'elle-même. Enfin, un certain nombre d'entre elles abandonnent tout simplement leurs petits dans une encoignure de porte, dans la rue ou dans quelque établissement.

Pour l'une ou l'autre de ces trois solutions, il y a une lueur d'espoir qui brille quelque part et lorsque cette lueur touche un enfant, il retrouve en une seconde tout ce qu'il avait perdu. Les couples qui décident d'adopter doivent être bien conscients qu'il ne s'agit pas seulement de prendre un enfant pour lui donner tout ce qui lui fait défaut sur le plan économique, mais de comprendre que celui-ci va devenir leur FILS ou leur FILLE, avec tout ce que signifie ce mot. Cela demande beaucoup d'amour et une grande préparation.

Être témoin d'une telle rencontre, adéquation parfaite entre un enfant qui a besoin de tout et des parents qui n'avaient personne à qui donner ce tout, produit une émotion indescriptible.

(Traduit de l'espagnol par Dominique Grange.)

Cette lettre n'est pas signée, l'auteur ayant demandé l'anonymat.

CLAUDIA FONSECA

MENORES CARENTES

LE CHIFFRE LE PLUS HALLUCINANT DE L'HISTOIRE DE L'ABANDON : TRENTE, QUARANTE MILLIONS D'ENFANTS ERRANTS AU BRÉSIL AUJOURD'HUI. ABANDON VÉRITABLE OU CIRCULATION ? LORS DU PREMIER CONGRÈS DES ENFANTS DE LA RUE, EN MAI 1986, ILS ONT PRIS LA PAROLE.

Trente millions d'enfants abandonnés au Brésil : au grand chagrin des cœurs charitables, le chiffre semble augmenter à chaque nouveau reportage. Cette année, 1987, le « mineur abandonné » est devenu un véritable produit de marketing : l'Église l'a adopté comme thème de l'année, les partis politiques s'en servent pour leurs campagnes électorales, les écoliers en font le sujet de leurs devoirs. Sur les portes de la classe moyenne, et plaquées à la vitre des voitures, des auto-collants, « J'ai adopté un mineur abandonné » ; sur les déclarations d'impôts, des déductions spéciales pour ceux qui prétendent avoir soutenu ou financé les études d'un enfant abandonné.

Mais que signifie ce chiffre claironné dans tous les journaux ? D'où viennent ces mineurs ? Et sont-ils réellement abandonnés ?

Entre 1975 et 1976, des éléments progressistes du gouvernement voulant souligner la misère d'une partie importante de la population ont révélé l'existence de vingt millions de *menores carentes*, c'est-à-dire d'enfants qui vivaient dans des familles dont les revenus ne pouvaient, par aucun effort d'imagination, subvenir aux nécessités primaires de leurs membres. Les enfants légalement abandonnés ne dépassaient pas 10 % de ce chiffre. La transformation de *menores carentes* en mineurs abandonnés a été un acte de prestidigitation qui déplace, de la société aux parents miséreux, le poids moral de cette tragédie.

A partir de sept ou huit ans, beaucoup des enfants pauvres vivent, effectivement, « dans la rue » : ils sont vendeurs de café et de bonbons, mendiants, messagers, chiffonniers ; ils dorment tantôt chez leurs parents, ou un ami adulte, tantôt dans des abris improvisés. Ce sont ceux qui ne vont pas à l'école (un tiers des enfants entre sept et quatorze ans) ; ceux qui se font ramasser par la fourgonnette du tribunal des mineurs. Du chaos ? De la « pathologie sociale » ? Aujourd'hui, le salaire minimum, de l'ordre de 250 FF par mois, est juste suffisant pour acheter trois litres de lait par jour[1]. Comment veut-on que les smicards fassent survivre leurs enfants sans faire appel à des stratégies familiales particulières ?

Loin d'être « abandonnés », la vaste majorité de ces enfants ont de proches parents à qui ils font périodiquement appel ; leur séjour dans la rue ne représente qu'une phase intermittente de leur jeunesse — une phase souvent nécessaire même à l'entretien et à l'éducation des mineurs.

QUELLE FAMILLE ?

Trop vite, on accepte de mesurer le comportement des couches populaires selon les idéaux dominants de la famille (l'« union », la « domesticité », l'« amour maternel »). Pour comprendre la circulation d'enfants chez les pauvres, il faut, au contraire, refaire les termes de l'équation ; il faut essayer d'entrer dans l'altérité des plus miséreux des couches populaires.

Une étude ethnologique dans un bidonville à Porto Alegre[2] a révélé qu'un grand nombre de personnes avaient passé ou étaient en train de passer plusieurs années de leur enfance loin de leurs parents. Quand ils parlaient de ces périodes de leur vie, ces gens, loin de formuler leurs anecdotes dans des termes (si chers à la presse contemporaine) de « mineurs abandonnés », donnaient des explications apparemment logiques et plus ou moins uniformes sur le va-et-vient des enfants entre un foyer et l'autre, ponctuant leurs conversations de slogans et de phrases rappelant la moralité des groupes dominants.

Dans ce bidonville, il existe une certaine circulation « volontaire » des enfants. Comme si les bébés avaient une grâce qui pouvait se transmettre par le toucher, on se les passe de bras en bras, d'oncle en tante, de voisin en voisine. Ils sont chéris, échangés entre amis intimes, offerts parfois en don pour cimenter la relation entre les géniteurs et le foyer d'accueil. Les petites filles, impatientes d'être mères, préfèrent s'occuper de leurs neveux plutôt que de jouer avec des poupées. Une fille accouchera souvent pour la première fois lorsqu'elle habite encore chez ses parents. Il est très possible que sa mère n'ait que trente ou trente-cinq ans et si les deux femmes ont des enfants du même âge, les générations se confondront, les enfants appelant leurs aînées « mémé » et « maman » indifféremment. Dans ce contexte, les limites de « la famille » sont floues et il n'est pas toujours facile de savoir quel enfant est élevé par qui.

Toutefois, s'il existe une certaine circulation volontaire des enfants, cette tendance endogène ne doit pas faire oublier la part de la misère écrasante dans la décision de placer un enfant. Dans ce milieu sous-prolétaire, l'enfant/joyau devient facilement l'enfant/fardeau. Dans les meilleures conditions, les enfants passent plusieurs mois par an sans manger à leur faim parce que leur père, qui travaille comme saisonnier, ne trouve pas d'embauche pendant la saison creuse. Les

« situations de crise » sont chroniques, les « mesures d'urgence » quotidiennes.

Rien n'encourage la stabilité du couple. Ici où même les certificats de naissance sont rares, les mariages formels sont presque inexistants. Les appuis institutionnels à la vie familiale (allocations familiales, etc.) sont dérisoires. A cause des fréquentes ruptures conjugales, il y a un contingent important de femmes seules avec enfants.

Quelles sont les alternatives ouvertes à une mère en pareille situation ? Sa propre mère est bien probablement soumise au gré d'un nouveau mari qui, comme la plupart des hommes, n'est guère enthousiaste à l'idée de recevoir une belle-fille chez lui. Elle ne peut pas rester seule non plus, car sans la protection au moins tacite d'un homme elle n'arrivera pas à « se faire respecter » dans le bidonville. Sur le plan économique, s'il est problématique pour un homme d'entretenir ses enfants, ce l'est encore plus pour une femme. Trouver un nouveau mari est donc la solution évidente.

Toutefois, puisque les hommes se cabrent devant l'idée d'élever un enfant qui n'est pas d'eux, le remariage entraîne presque inévitablement la mise en garde des enfants du premier lit. Les petits vont chez des parents ou voisins ; les grands, à partir de sept ou huit ans, peuvent être employés comme domestiques ou messagers — mais ces solutions sont loin d'être durables. Une grand-mère, ça meurt ou ça se remarie, la marraine peut se trouver dans des difficultés financières, l'employeur insatisfait des services de l'enfant ! Dans ce cas, les enfants retournent chez leur mère, juste le temps nécessaire pour qu'elle les case ailleurs. Les enfants grandissent en transit entre un foyer et un autre ; souvent il y aura deux ou trois femmes qu'ils appelleront « mère », plusieurs foyers et parentèles où ils pourront revenir tout au long de leur vie.

DES GÉNÉRATIONS D'EXPÉRIENCE

Les campagnes publicitaires mènent à croire que le « mineur abandonné » est un phénomène qui n'a pris que récemment des proportions importantes. Or, la circulation d'enfants dans les couches populaires brésiliennes n'est nullement nouvelle. Au début du XIXe siècle, le taux d'enfants abandonnés au tourniquet rivalisait avec celui de la France ; le nombre d'*enjeitados*, orphelins à la charge de l'État atteignait, dans quelques régions, presque 7 % des mineurs.

Des enquêtes dans les archives juridiques brésiliennes montrent qu'au début du XXe siècle, les enfants des groupes urbains ne grandissaient pas souvent chez eux. S'ils n'allaient pas en nourrice ou chez une grand-mère, ils étaient placés très tôt comme domestiques. Une série de facteurs (logements précaires, taux élevé de mortalité, rôle clé joué par les consanguins de chaque époux) rendaient poreuse la cellule nucléaire qui, loin d'être le foyer unique des mineurs, servait plutôt comme centrale de commande pour leur circulation...

Les sentiments parentaux s'adaptaient au contexte. Dans les disputes entre mère et père pour la garde des enfants au début du siècle, on voit que le plus grand souci n'est souvent pas le bien-être, ni même le domicile de l'enfant mais plutôt le destin de son maigre salaire[3]. Mais qu'ont à voir ces données vieilles de soixante-dix ans avec les enfants errant aujourd'hui dans la rue ?

Contrairement au cas européen, une grande partie de la classe ouvrière au Brésil a été mise à l'écart des bénéfices de la modernisation et n'a donc pas connu d'améliorations significatives de ses conditions de vie. Or, les valeurs d'un groupe, ses croyances et pratiques sociales, ne sont-elles pas la conséquence du contexte dans lequel il vit ? Comment pourrait-on s'attendre à ce que, par un pas magique, les pratiques sociales et familiales des pauvres Brésiliens évoluent selon les sensibilités de la classe moyenne, alors qu'ils vivent encore dans une misère archaïque ?

LES LIMITES DE L'ENFANCE

Les propos sur les mineurs abandonnés se réfèrent d'habitude à des « enfants » jusqu'à l'âge de dix-huit ans. Dans la classe moyenne (point éternel de référence), un enfant n'est pas indépendant jusqu'à cet âge. Il a besoin de vivre chez ses parents pour compléter sa scolarisation, pour accéder à une profession « digne »... et, bien entendu, il n'est pas encore à même de fonder son propre foyer.

Et si l'on ne va pas à l'école ? Si les seuls métiers qui attendent l'« enfant » sont des travaux manuels plus ou moins spécialisés, la seule « école », l'expérience de la vie ; et si, en tout cas, les parents ne gagnent pas assez pour entretenir un adolescent ? Dans ces conditions, il n'est pas surprenant que, très tôt, l'enfant soit considéré et se considère lui-même comme un être indépendant. Les hommes se font tous un point d'honneur de dire qu'ils se sont sauvés de chez eux vers onze ou douze ans. Et, dès l'âge de seize ans, la plupart de nos informateurs dans le bidonville vivent déjà en ménage.

On estime qu'en 1980, les mineurs de dix à quatorze ans constituaient presque 5 % de la population économiquement active. Éjectés du système scolaire, ils s'intègrent à la routine des adultes. Les filles deviennent chez elles les principales ménagères, les garçons bricolent des charrettes pour recueillir du papier et des bouteilles (tout ce qui peut être revendu), ou aident leurs aînés à retaper leurs masures. Bref, ils se préparent pour les métiers qui leur sont réservés sur le marché du travail : femme de ménage, ouvrier du bâtiment, chiffonnier ou ferrailleur.

Ils peuvent alors s'agréger à un foyer quelconque en sachant qu'ils ne seront pas un poids. Dans le bidonville, une demi-douzaine de foyers abritait des adolescents qui ne leur étaient pas liés par la parenté : les filles dépannaient la maîtresse de maison, les garçons apportaient quelque argent supplémentaire. Plusieurs femmes racontaient que c'était ainsi qu'elles avaient fait connaissance avec leur mari (tous les deux ayant habité la même maison pendant leur adolescence).

A partir du moment où l'enfant commence à fournir des services utiles, il gagne un pouvoir marchand et peut échapper à l'autorité absolue des adultes. Très souvent, ces derniers semblent se plier aux décisions des mineurs. (« On est allés chez sa marraine pour assister à un mariage et la petite s'y est plu. Elle a voulu rester et j'ai dit d'accord. ») Mais aujourd'hui, le tribunal des mineurs complique la situation car, selon la loi, les parents sont responsables et peuvent être poursuivis si leur enfant trouble la tranquillité publique.

La FEBEM, orphelinat de l'État, sert actuellement comme aide familiale chez certains pauvres. Les parents peuvent y mettre un enfant désobéissant, trop grand pour qu'ils le corrigent eux-mêmes. L'enfant peut aussi s'y rendre seul. (L'attrait de trois repas par jour et d'un lit avec matelas a ainsi attiré trois ou quatre des enfants du bidonville étudié). Pour tous, sauf les deux ou trois % considérés comme « dangereux », l'orphelinat est une option assez anodine. Plus de la moitié des enfants entrés à la FEBEM s'en détachent par la simple « fugue ».

Les parents qui ont essayé de contrôler leur enfant en le passant, contre son gré, à un autre adulte, n'ont pas eu plus de succès. A partir de huit ou neuf ans, l'enfant connaît ses points de référence, et s'il ne se plaît pas là où il est, il s'en va chez un oncle, une tante, quelque ami adulte, ou simplement chez des copains un peu plus âgés. En rouspétant, fuguant, et choisissant eux-même leurs employeurs, les mineurs s'affirment comme des acteurs historiques qui refusent obstinément de se plier aux décisions du monde adulte.

LA MORALITÉ MAL PLACÉE

Les campagnes en faveur de l'enfant mènent à croire qu'il serait possible d'isoler les enfants de la masse des pauvres. Tacitement, elles reprennent un vieux thème de la philanthropie du XIXe siècle : viser les enfants car, eux, sont récupérables. Derrière ces enfants menacés reste tapi le spectre des parents indignes — les « responsables » du gâchis. En faisant l'aumône aux galopins de la rue, le bourgeois, assuré de sa supériorité morale, joue allègrement le rôle de bienfaiteur.

Il faut se méfier des âmes trop charitables qui, en voulant nous alerter sur le misérable destin des enfants de la rue, braquent leurs projecteurs sur des cas extrêmes — les enfants prostitués, par exemple, ou les nourrissons sans abri. Ces images donnent l'idée que les enfants, élevés dans de telles conditions, ne peuvent devenir que des abrutis — que la classe pauvre toute entière devient débile et estropiée. Or, les tests les plus récents dans les écoles primaires montrent que les élèves des couches populaires n'ont pas plus de troubles neurologiques que ceux des classes nanties, qu'il faut chercher ailleurs la raison de leur échec scolaire massif. Et encore, il n'y a rien de nouveau dans la misère écrasante des couches populaires ni dans le grand nombre d'enfants en circulation — rien de nouveau sinon la publicité qu'on leur accorde selon les caprices de la mode. Ce qui augmente (et avec raison) est le scandale des contrastes — la pauvreté des uns semble accrue car la richesse des autres s'accentue. Pas plus que dans l'Europe du XIXe siècle, où la misère des travailleurs et la circulation des adolescents étaient répandues, il ne s'agit de la dégénérescence ou de la création d'une sous-classe.

Les enfants eux-mêmes, ayant l'occasion d'exprimer publiquement leur avis, ont montré une compréhension perspicace de leur situation. Lors de « La Première Rencontre nationale de garçons et filles de la rue » (à Brasilia du 26 au 28 mai 1986), 432 enfants ont revendiqué la liberté de travailler en paix (loin du harcèlement policier), le droit d'aller à l'école et, surtout, de meilleures conditions de vie (travail et rémunération) pour leurs parents[4]. Toutefois, à en juger par l'absence presque absolue de parlementaires, de juges des mineurs ou de personnalités politiques à la Rencontre, l'enfant de la rue en chair et en os semble bien moins intéressant que le produit de marketing, et les solutions qu'il propose bien moins commodes que les campagnes de charité.

CLAUDIA FONSECA

Professeur d'anthropologie sociale à l'université fédérale de Rio Grande do Sul, Porto Alegre, Brésil.

1. En 1970, les trois-quarts de la population avaient un revenu équivalent à la moitié d'un salaire minimum ou moins ; cette proportion est tombée à un peu plus de 50 % en 1977.

2. L'étude ethnologique a été menée de 1981 à 1983 dans un quartier de sous-prolétaires à Porto Alegre, capital du Rio Grande do Sul (1 000 000 d'habitants). Voir C. Fonseca, « La violence et la rumeur : le code d'honneur dans un bidonville brésilien », *Les Temps Modernes* 455 : 2193-2235.

3. Voir C. Fonseca, « Pais e filhos em familias populares no inicio de século : um outro tipo de amor », *Amor e Familia Burguesa* (Mariangela d'Incao, org.), Sao Paulo, Achiamé, 1987.

4. Vicente de Paula Faleiros et al, « Primeiro Encontro Nacional de Meninos e Meninas de Rua : Relatôrio do grupo de observaçao », Serviço Social e Sociedade (à paraître).

GIULIA SISSA

L'ENFANT ABANDONNÉ DEVENU ROI : UN MYTHE FONDATEUR

« Si la fille du Pharaon n'avait pas retiré des eaux le panier du petit Moïse, il n'y aurait pas eu l'Ancien Testament et toute notre civilisation ! Au début de tant de mythes anciens, il y a quelqu'un qui sauve un enfant abandonné. Si Polybe n'avait recueilli le petit Œdipe, Sophocle n'aurait pas écrit sa plus belle tragédie ! »

Milan Kundera, *L'Insoutenable Légèreté de l'être*, Gallimard, 1984.

En Grèce, la fondation et la souveraineté sont souvent l'effet d'un retour, le retour d'un enfant, devenu méconnaissable, qui a connu la volonté meurtrière de ses parents et qui a pourtant survécu. L'enfant revient en étranger vers un destin de pouvoir qui compense largement, pourrait-on croire, la mésaventure d'une mise à mort.

De cet aspect de l'acte fondateur, le mythe grec parle d'abondance lorsqu'il met en scène soit l'autochtonie, origine absolue, à partir de la terre, soit l'arrivée d'étrangers inconnus ou méconnaissables qui prennent possession d'un espace ; ou encore lorsqu'il condense la figure de l'indigène et celle de l'étranger dans le personnage qui fait retour, en visiteur, dans un pays qui est le sien. Dans ce dernier cas, il ne s'agit peut-être pas de fondation au sens propre, mais plutôt de regénération, de renouvellement d'une lignée en danger de s'éteindre. Car ou bien tout commence par un jaillissement instantané — des êtres naissent tout seuls, par eux-mêmes, tels par exemple les Athéniens —, ou bien la fondation présuppose un départ, un détachement, un détour. C'est le modèle de l'établissement de colonies. Le troisième type de récits montre que la souveraineté, au lieu de se transmettre toujours régulièrement, passe parfois à travers la filiation, certes, mais par le biais d'un hasard, d'une coïncidence, d'une fatalité. Que l'on pense à Ion ou à Œdipe. En laissant de côté disons d'emblée que l'abandon, le rejet d'un enfant, son exclusion de la chaîne généalogique joue ici le rôle essentiel d'éloigner, de rendre étranger, de préparer en somme l'aventure d'un exil ou d'un retour.

Parfois l'abandon sanctionne une naissance illégitime, ce qui est déjà une cassure dans l'agencement d'une lignée. Ainsi les historiens de Tarente attribuent la fondation de la ville à des « fils de vierge », des *parthéniai* venus de Sparte. Pionniers malgré eux, ces jeunes gens sont issus d'unions à la fois peu conformes parce qu'en dehors du mariage, et obligatoires car c'est la cité qui en a donné l'ordre à tous les soldats les plus jeunes et à toutes les jeunes filles nubiles, les *parthenoi*, à l'occasion d'une guerre très longue qui menaçait de vider leur patrie. D'une part donc les *partheniai* sont nés sur commande, pour assurer le repeuplement de leur cité, mais d'autre part ils restent des bâtards. Par conséquent ils ne seront pas admis à partager le butin de la guerre. Après l'échec d'une révolte, ils partiront fonder une cité neuve en Italie.

Mais la manière la plus courante de se débarrasser d'un enfant légitime ou naturel est, en Grèce, l'exposition, à savoir l'acte d'*ektithenai* par lequel un père ou une mère fait déposer un nouveau-né dans un endroit sauvage, le vouant ainsi à la mort sans le tuer de ses mains. Les récits mythologiques sont remplis de survivants, sauvés par hasard de la mort à laquelle l'un ou l'autre de ses parents les avait destinés. Atalante est exposée par son père qui désirait un garçon, elle sera nourrie par une ourse et ensuite par des pâtres. Télèphe est abandonné sur le mont Parthenion, le Virginal, par sa mère violée : une biche lui donne le sein. Ion est livré aux bêtes fauves par sa mère, séduite, mais des bergers le trouvent et le confient à la Pythie. Œdipe est laissé sur le mont Cithéron, où des bouviers le découvrent. Tous ces enfants vont connaître un destin d'héroïsme ou de pouvoir qui compense largement, pourrait-on croire, la mésaventure d'une première mise à mort. Toutefois, c'est sur le moment négatif de l'abandon que nous allons arrêter notre attention, pour que l'aboutissement de ces vies finalement réussies ne recouvre pas la cruauté socialement admise et littéralement banale de l'exposition.

Mais le grand finale de ces vies ne peut pas faire oublier la déchirure de l'exposition et les caractéristiques d'un système social qui rend possible ou nécessaire l'abandon.

LE DROIT DU PÈRE

Quelques repères juridiques d'abord. A Athènes, la filiation est indifférenciée à forte inflexion patrilinéaire. La mère enfante et transmet des biens, mais c'est le père qui reconnaît un enfant, lui donne un nom, le présente au groupe élargi des parents et l'inscrit à « l'état civil », bref l'introduit dans le social. Lorsqu'une femme accouche d'un petit vivant, il faut un homme qui fasse de cet être un fils ou une fille, l'héritier d'un citoyen, un citoyen ou une épouse de citoyen en puissance. Qu'il soit ou non le géniteur naturel, un homme devient père à l'instant où il s'institue tel par un acte volontaire et formel d'« investiture » d'un enfant comme son fils. Il n'y a aucune différence entre « reconnaître » et « adopter ». Dans les deux cas, il s'agit de *poiein*, de *faire* grâce à un rituel et à des formules identiques. La paternité ne découle pas de la nature mais elle ne se fonde pas non plus sur le simple statut de mari de la mère, comme en droit français avant 1972. Le mariage ne contraint pas à l'exercice de la fonction paternelle. Radicalement, le droit grec reconnaît à l'homme une liberté totale de décision quant à sa descendance.

Cela signifie qu'un homme peut désavouer un enfant et peut aussi ne pas le reconnaître à sa naissance. Même la vente lui est permise, mais, après Solon, elle est réservée aux seules filles au cas où leur père ou leur frère les aurait surprises en flagrant délit d'amours préconjugales. Adopter et reconnaître d'une part, désavouer et exposer d'autre part, sont les gestes positifs et négatifs qui définissent cet exercice actif et autonome qu'est la paternité. Actif, parce qu'il relève du *faire (poiein)* ; autonome parce qu'un homme n'est tenu en aucun cas à imprimer la marque de son nom propre sur la petite chose qu'est le produit d'un corps féminin et d'un résidu spermatique.

LA NATURE DE LA MÈRE

Face au père s'instituant comme tel par la parole, le rituel et la volonté, se tient la mère dans sa réalité toute objective et physique. Le clivage introduit une dissymétrie qui exclut toute correspondance analogique : il faut l'entendre ainsi, sans nuancer — ce qui signifierait mésentendre — le langage tranchant et littéral du discours juridique. Une femme ne reconnaît pas, n'adopte pas, ne désavoue pas. Ses enfants sont les siens aussi naturellement qu'elle les a portés dans le ventre. C'est le côté réel de la génération où se donne un lien si inaltérable que le changement de paternité déterminé par une adoption n'atteint pas la mère réelle, seule mère possible. Toute parenté au père doit être établie, donc elle peut se défaire ; la consanguinité avec la mère est là, dès l'accouchement et pour toujours.

Parce qu'une femme n'a pas à reconnaître le fruit de ses entrailles, pour cette même raison, elle ne saurait en disposer pour s'en défaire. Tout le discours sur le maternel, en Grèce ancienne comme ailleurs, présuppose l'idée de *physis*, d'une nature entendue comme réel évident et nécessaire, inaccessible à la manipulation juridique et résistant à la volonté subjective. En effet, s'interroger sur l'amour maternel lui-même et sur le choix que pourrait être pour une femme l'acceptation d'un enfant, signifie buter sur le naturel d'une manière qui n'a pas d'équivalent lorsqu'il est question du père.

Si on imagine l'origine de l'humanité, écrit Plutarque, on pourrait supposer que les premières accouchées découvrant la souffrance du travail auraient eu raison de se détourner de l'être souillé de sang et tout sale qui était la cause de leur peine. Au contraire, « la mère encore brûlante et pénétrée de douleur, tremblante de fatigue, loin de fuir et de négliger l'enfant, s'est tournée vers lui et lui a souri, l'a soulevé et l'a caressé ». Ce geste de soulever le nouveau-né, que le père accomplira par choix pour symboliser la reconnaissance, la mère y est menée malgré elle, par une force qui dépasse toute réflexion et qui agit en elle comme chez l'ourse ou la lionne.

Le droit ne reconnaît pas à la femme la capacité d'intervenir en tant que sujet responsable dans le phénomène tout biologique qu'est la maternité. Cela a un premier effet dans le cadre du mariage : l'initiative d'abandonner, d'exposer un enfant revient au père. Mais, d'autre part, cela implique qu'en l'absence de père, lorsqu'une femme est seule, elle prendra sur elle la tâche d'éloigner ce qui n'est plus, dans ce cas, que le signe d'une séduction à dissimuler et à oublier. Le manque d'un père légitime livre l'enfant au pur désir de la mère, un désir qui, faute du support conjugal, n'est qu'une volonté d'anéantissement.

LE MYTHE FONDATEUR

La littérature mythique permet de reconstruire une gamme de situations. Commençons par la plus paradoxale, celle qui, pour s'ébaucher au sein d'une maison des plus correctement formées, aboutit au bouleversement extrême des relations familiales. Laïos et Jocaste sont mari et femme. Laïos a épousé la fille de Ménécée en justes noces et vit avec elle dans le palais royal de Thèbes. Un oracle lui a recommandé de ne pas engendrer, car son fils est destiné à le tuer. Mais le roi, en proie à la boisson, fait l'amour avec sa femme. Un enfant mâle voit le jour que son père, sans lui donner de nom, s'empresse de confier à un berger pour qu'il l'expose. L'enfant, abandonné sur le mont Cithéron, est recueilli par les bouviers du roi de Corinthe qui en font cadeau à leur reine malheureuse et stérile. La reine prend l'enfant, lui donne le nom que Laïos avait « inscrit » silencieusement sur son corps en lui transperçant les pieds, elle l'appelle Œdipe.

L'histoire d'Œdipe commence donc par le désir de postérité d'un roi, par la menace d'un parricide adressé à celui-ci, par l'ivresse d'un mari, par le geste d'un père qui défigure un corps au lieu de reconnaître un enfant. Le destin du héros, c'est son père qui le façonne, un père imprudent, cruel et tragiquement inquiet jusqu'au jour où, pour s'assurer que l'enfant exposé est vraiment mort, il empruntera la route de Delphes en même temps que son meurtrier. On pourrait lire le sort commun au père et au fils comme la tension et l'enchaînement de deux peurs et de deux désirs : Laïos redoute sa propre mort et veut celle de son fils, Œdipe craint le parricide et veut surtout ne pas tuer son père. L'un et l'autre agissent suivant leur désir, mais, par cela même, ils accomplissent exactement ce qu'ils veulent éviter. Toutefois la volonté de mort est toute et exclusivement chez le père : dans chacun de ses actes, dans son obstination à vérifier que son dangereux successeur a bel et bien été détruit. Il ne reste au fils qu'un geste imprévu, provoqué par la fureur, lorsqu'un vieillard altier lui marche sur les pieds. Laïos fait tout, il en fait trop car c'est son souci toujours éveillé de savoir son enfant mort qui le mène tout droit au rendez-vous avec lui vivant. Quant à Œdipe, il ne fait que s'exiler, se dérober, fuir, mais l'acte, « son » acte le rattrape avec la puissance toute extérieure d'une fureur instantanée.

Ce que l'histoire d'Œdipe met en scène de façon exemplaire, c'est la compétence propre au père de dire oui ou non à la vie d'un enfant. Père à son tour, le fils de Laïos montrera qu'il a bien appris l'exercice de la *patria potestas*, fût-elle grecque, lorsqu'il maudira ses deux enfants mâles et les destinera à se donner réciproquement la mort. Quant à Jocaste, mère dans les deux cas, elle sera restée totalement étrangère à toutes les décisions concernant ses deux générations de fils.

LE DÉSHONNEUR ET L'EXPOSITION

Tout autre est la position d'une femme lorsque, en dehors du mariage, elle subit une séduction et se voit devenir mère. Dans ce cas, et d'une façon très XIXe siècle, le choix entre nourrir et abandonner lui revient. Mais est-ce vraiment un choix ? Pourquoi le plus souvent, sinon toujours, même dans les récits mythiques où les situations les plus invraisemblables peuvent se produire, pourquoi la jeune femme séduite et abandonnée expose-t-elle l'enfant, l'offre-t-elle à la mort faute de ne pas le supprimer de ses propres mains ? Rejeter le nouveau-né, ce qu'une mère épousée ne pourrait pas faire, devient la seule conduite concevable pour une femme qui ne souhaite pas perdre sa place dans l'ordre social ou même sa vie.

Si le désir d'enfant est, pour une femme, naturel, ne devrait-il pas s'exprimer avec d'autant plus de force hors des contraintes de la légitimité, lorsque la filiation est précisément un fait de nature ? Paradoxalement, la pulsion que Plutarque rattache à *physis* comme étant son fondement perd tout à coup toute sa vigueur dès que le cadre de la légalité fait défaut et qu'il s'agit de vie à l'état pur, en deçà de l'inscription dans une descendance paternelle. Livrée à elle-même, alors qu'elle pourrait manifester un désir qui lui serait propre et qui serait son « instinct », une femme veut presque toujours une seule et même chose : se débarrasser du bébé. Dans cette nature qui est à la fois l'espace matériel où se déroulent les expositions et la dimension anthropologique perçue par les Grecs de la génération illégitime, le désir maternel n'a qu'un but, la mort.

Il faut dire, en effet, que, tout en étant garanti par *physis*, l'amour maternel se soutient de l'institution matrimoniale. C'est là son habitat. Malgré son apparence de passion spontanée et originelle, il ne surgit qu'au sein d'un réseau de relations et de finalités d'ordre symbolique. Un enfant est pour le père, pour la lignée, pour la patrie. Sans père, sans lignée, sans patrie, les femmes, pour elles-mêmes, n'en veulent pas.

On pourrait faire appel ici à une explication sociologique, et poser la question en ces termes : « Que faire, pour une fille-mère d'un petit être dépourvu d'identité et de destination sociale ? » Soit, on se voue avec lui à une extériorité absolue et sauvage par rapport au monde habité — c'est le choix d'Atalante qui vit avec son fils Parthénopée dans la forêt —, soit on fait disparaître le produit d'une séduction qui en réalité n'est qu'un viol, en le livrant aux bêtes fauves. Car on a beau être une princesse, on n'y peut rien : il n'y a pas de place pour une fille et pour son enfant bâtard dans la maison ou le manoir de son père. Une telle explication est pertinente car il est vrai qu'une maternité sans mariage est inacceptable dans une maison, même mythique. Mais elle ne rend pas compte d'un détail des récits : le fait que, après tout, le moment de l'abandon, du détachement lorsqu'une mère dépose son enfant dans un buisson ou dans une grotte avec l'intention très lucide de lui donner la mort, ce moment pourrait être représenté comme étant extrêmement conflictuel et déchirant. La tragédie s'y prêterait à merveille, puisqu'il n'y est question que de conflits. Or, au contraire, les mères meurtrières sont très faiblement partagées. Elles vont droit au but avec des regrets négligeables.

LA MISE À MORT SANS REGRET

Créüse avoue comment elle a exposé son fils, né par la violence d'Apollon, comment elle l'a mis au monde et tout de suite à mort en le laissant à la merci des oiseaux. Certes, elle se souvient d'avoir poussé des soupirs, mais elle se rappelle surtout sa détermination. A l'enfant lui-même, enfin retrouvé, elle racontera sans détours comment, en le privant de lait et de tendresse, elle l'a « livré au bec des oiseaux, en pâture, à leur fureur meurtrière ». « Je t'ai voué à Hadès », lui dit-elle en toute franchise. Et quand l'enfant compatit, en s'exclamant : « Quel horrible courage, ô mère, fut le tien », elle ajoute : « Par peur, j'ai exposé ta vie et, malgré moi, je t'ai donné la mort. » Ce qui n'est ni héroïque, ni pathétique, ni sublime surtout si l'on pense à ce que peut avoir de grandiose un deuil de mère dans une tragédie.

Autrement fort est le désespoir d'une femme qui voit mourir un enfant, celui par exemple de Jocaste elle-même, dans les *Phéniciennes* d'Euripide. Vieille, couverte de haillons, la mère qui pleure Polynice danse autour du mourant en criant très haut sa douleur. Et autrement violent peut être l'antagonisme entre passions opposées chez une femme qui tue ses enfants à peine grandis : on se souvient de Médée écartelée entre la détermination de blesser à mort son mari en tuant ses enfants et l'attachement qui la lie à ces créatures. Comparée à celle de Jocaste ou de Médée, l'attitude de Créüse paraît bien peu tragique, aussi peu tragique que celle d'Augé ou d'autres femmes séduites abandonnant leurs nouveaux-nés.

Cela invite à penser que l'exposition d'enfants illégitimes ne dépend pas seulement de la difficulté factuelle d'une maternité sans mariage — la fiction mythologique invente des situations bien plus improbables —, mais il repose sur une impossibilité plus profonde : celle du désir féminin même, ce désir érotique ou maternel dont les récits de séduction ne disent rien. L'exposition relève chez une fille-mère de l'automatisme, ce qui est l'envers de l'amour maternel dit naturel dans le trio conjugal.

BIBLIOGRAPHIE

Pierre CHUVIN, « Antiquité : le scandale des enfants abandonnés », *L'Histoire*, 1984, n° 72, p. 30.

Marie DELCOURT, *Œdipe ou la légende du conquérant*, Les Belles Lettres, 1981.

L.R.F. GERMAIN, « Aspects du droit d'exposition en Grèce », *Revue historique de droit français et étranger*, 1969, n° 2, t. 47, p. 177.

A.R.W. HARRISSON, *The Law of Athens, The Family and Property*, Oxford, Clarenton Press, 1968.

Nicole LORAUX, *Les enfants d'Athènes*, Maspero, 1981.

GIULIA SISSA

Chargée de recherches au laboratoire d'anthropologie sociale dirigée par Françoise Héritier-Augé.
Auteur entre autres de : *Le Corps virginal*, Vrin, 1987 ; « La famille dans la cité grecque (Vᵉ et IVᵉ siècles avant J.-C.) » in *Histoire de la famille*, Armand Colin, 1986, t. I, p. 163.
Co-auteur avec Sylvia Campere et Paula Manuli de *Madre materia, sociologia et biologia della donna e greca*, Turin, Boringhieri, 1983.

2

PARIAS ET PRISONNIERS

Issu du malheur ou du péché, orphelin, adultérin, illégitime, l'enfant abandonné l'est doublement : rejeté par ses créateurs, il l'est à nouveau par la société tout entière. Victime innocente, il est le bouc émissaire par excellence. C'est un paria.

Hors de la norme, il fait peur. Errant, envahissant (150 000 enfants à Paris au XIXe siècle), l'idée de le racheter, de le purifier se fait jour. Il faut le canaliser, l'enfermer. C'est un prisonnier.

Et la machine se met en place. Charitable à l'origine, n'est-elle pas aujourd'hui dépassée par elle-même ?

DANIELLE LAPLAIGE

UNE JOURNÉE À SAINT-VINCENT-DE-PAUL AU XIXe SIÈCLE

IL EXISTE PLUSIEURS JOURNÉES TYPES À L'HOSPICE, SUIVANT QUE L'ON EST NOURRISSON, PETIT ENFANT, NOURRICE OU MÉDECIN. CHACUN SA PLACE, CHACUN SON RÔLE. À LA DISTRIBUTION DE L'EMPLOI DU TEMPS COÏNCIDE UNE STRICTE RÉPARTITION DE L'ESPACE : CRÈCHE, QUARTIER DES SEVRÉS, INFIRMERIE, CHAPELLE, ADMINISTRATION...

Peu avant 1900, l'*hospice*, rue d'Enfer, doté de 880 lits, accueille 550 enfants dont le séjour moyen oscille entre cinq et seize jours. 200 personnes y vivent et y travaillent ; parmi elles, 75 nourrices, 18 médecins et auxiliaires médicaux, 20 personnes assurant la cuisine, le jardinage et la lingerie. Le vaste porche est le témoin d'une perpétuelle agitation ; les nourrices arrivent de la campagne pour chercher leur progéniture et restent parfois un jour ou deux, « parquées » dans un bâtiment sans confort. D'autres repartent dans les bruyants fourgons de l'Assistance Publique. Un peu plus loin, c'est la réception des enfants et le travail administratif qui s'ensuit : inscription sur un registre d'immatriculation, ferrage du collier et du bracelet, baptême, visite médicale et vaccination. L'enfant est ensuite conduit dans le quartier qui le concerne selon son âge et son état.

La *crèche* comprend 85 berceaux, tous occupés la plupart du temps. Un seul lit de camp permet la toilette et le change des nourrissons. « Il suffit de les voir couchés, dira un témoin[1], presque enfouis dans leur lit abrité d'un rideau blanc, pour reconnaître combien ils ont souffert avant de naître ; ils ont des visages fanés, ridés, sans consistance. » La crèche est également le domaine des nourrices, dites sédentaires car logées à l'hospice. Ce sont en général des femmes seules, pauvres, ayant perdu leur enfant, qui acceptent, à l'abri ainsi du déshonneur social, de donner leur lait aux nouveau-nés en attente de placement à la campagne. Durant un certain temps, des femmes syphilitiques furent employées pour nourrir des enfants porteurs héréditairement de la même maladie. A la fin du siècle, pour pallier le manque de personnel, une « nourricerie animale » fut ouverte sur les conseils d'un médecin. Innovation pédiatrique d'importance, puisque les enfants étaient placés directement aux pis des ânesses et des chèvres, selon des instructions précises. Il faut signaler qu'en dépit des apparences, la mortalité fut alors moindre qu'avec l'allaitement au biberon, la stérilisation étant encore inconnue.

Le *quartier des sevrés* se divise en plusieurs catégories selon l'âge des enfants. La première pièce abrite les bébés de neuf mois à deux ans avec leurs éducatrices, une personne pour 10. Ils paraissent « beaucoup trop tranquilles », pour M. Du Camp. Aurait-il perçu les premières manifestations de l'hospitalisme ? « On est saisi à la gorge, poursuit-il, par une insupportable odeur de beurre aigre mêlée à des émanations ammoniacales... »

A partir de trois ans, les enfants sont séparés par sexe. Dans la division des garçons comme dans celle des filles, on retrouve à la fois les enfants trop fragiles pour être envoyés à la campagne, les débiles mentaux ne pouvant être placés, les « indisciplinés » fréquemment renvoyés de chez leurs patrons parisiens, enfin les enfants du « dépôt », c'est-à-dire ceux recueillis temporairement par l'Assistance Publique lorsque les parents, pauvres et isolés, se trouvent détenus ou hospitalisés. C'est peut-être l'endroit le plus vivant de la maison, le plus diversifié aussi. Un maître et une maîtresse d'école sont chargés de l'instruction de ces enfants, mais les progrès scolaires restent aléatoires pour le plus grand nombre à cause du va-et-vient permanent. Lorsque garçons et filles sont en âge de travailler, vers treize-quatorze ans, ils secondent les employés du service intérieur, à la cuisine et à la buanderie pour les filles, dans les jardins pour les garçons.

L'*infirmerie* est elle aussi séparée en plusieurs secteurs. On y pratique en premier lieu la visite médicale des nouveaux arrivés, puis celle des nourrices (jugée par elles humiliante et traumatisante). Les médecins vérifient leur état général, leur âge, de vingt à quarante ans, la qualité de leur lait (inférieur à quinze mois). Elles s'engagent à ne pas nourrir d'autre enfant (même le leur) que celui qui leur sera confié. En raison des bas tarifs pratiqués par l'hospice, ce sont des femmes « hideuses de misère » qui se présentent et que laissent repartir les médecins, faute de mieux, munies de leur précieux fardeau.

Les salles de soins pour les petits pensionnaires sont au nombre de trois. La salle de chirurgie regroupe essentiellement des cas d'ophtalmie, sans que les raisons de cette affection soient connues. La salle de médecine est réservée aux maladies courantes ; enfin, à partir de 1880, une chambre sera spécialement aménagée pour les enfants atteints de maladies contagieuses. L'isolement n'étant pas encore pratiqué, on y enregistre 80 pour 100 de décès. Les corps sont disséqués dans une morgue attenante, puis enterrés dans le cimetière aménagé dans un coin du parc. De la naissance au décès, chaque événement de la vie a été prévu rue d'Enfer, mais « tout donne une impression triste dans cette maison, tout, jusqu'à la vaste chapelle où sont baptisés les enfants apportés la veille », conclut M. Du Camp. Il insiste cependant sur les réelles qualités humaines et le dévouement des religieuses et du personnel, ainsi que sur l'aspect presque luxueux des jardins et leur parfait entretien.

Quant à l'*administration* de l'hospice, des employés nombreux, isolés dans des bureaux, décident du sort des enfants placés ou à placer, sans avoir de contact direct avec les jeunes pensionnaires du moment. Qu'en est-il un siècle et demi après ?

1. Maxime Du Camp, *Paris, ses Organes, ses Fonctions*, 1884.

DANIELLE LAPLAIGE

NINA REVIN

SAINT-VINCENT-DE-PAUL EST-IL MORT ?

QU'EST-CE QUI A CHANGÉ EN DEUX SIÈCLES ? LES NOURRICES, CERTES, N'ÉTAIENT PAS IMMORTELLES ! LES ENFANTS, EUX, SONT TOUJOURS LÀ. LES JEANS ONT REMPLACÉ MAILLOTS ET BARBOTEUSES. MAIS PORTES ET ESCALIERS N'ONT PAS BOUGÉ. TOUJOURS AUSSI LOURDS, AUSSI IMPOSANTS. ALORS, ENTREZ VOIR...

En théorie, les conceptions sur lesquelles repose la prise en charge des enfants « assistés » ont beaucoup évolué, sous les effets conjugués de nos connaissances récentes sur le rôle décisif de l'environnement des premières années et sur le constat d'échec qu'il a bien fallu tirer devant les résultats auxquels conduisaient les méthodes traditionnelles.

Pourtant, malgré cette évolution sur le plan théorique, notre système d'Aide sociale à l'enfance (ASE) reste vieux et continue à fabriquer ses futurs « clients ». Les enfants secourus d'hier et d'avant-hier sont littéralement les parents de ceux d'aujourd'hui. L'ASE repose encore sur quelques piliers anachroniques : de grands établissements qui tiennent à la fois de la gare de triage et du centre de consigne pour enfants. Le foyer dont il va être question ici est peut-être fictif, mais représente bien ces grands établissements.

UN PARFUM D'ORPHELINAT MAUDIT

Une architecture monumentale qui répondait peut-être aux besoins de toit, de nourriture et d'apprentissage des pauvres d'hier, mais qui n'est guère adaptée à la vie quotidienne des enfants : escaliers vastes et dangereux, fenêtres haut placées, cour minuscule...

Au rez-de-chaussée, une pointeuse pour surveiller les mouvements du personnel, le bureau de l'assistante sociale et le guichet d'accueil pour les parents, où ils retireront les autorisations pour monter voir leurs enfants dans les services. Puis un grand couloir de bureaux où les administratifs gèrent les prix de journées, les budgets à respecter, les dossiers...

Les 200 lits de l'établissement sont répartis sur deux étages en services correspondant à l'âge des enfants, âge variant de deux jours à dix-huit ans. Dans chaque service, une ou deux salles à manger, un ou deux dortoirs, une cuisine et une toute petite salle de visite pour les parents.

Le personnel est presque exclusivement composé de femmes puisqu'il s'agit d'un travail auprès des enfants. Les salaires ne sont pas très élevés, mais l'emploi à vie est assuré. C'est ainsi que sévissent encore de vieux dragons comptant un tiers de siècle d'ancienneté et qui ont autant de savoir sur l'enfant que sur le niloticus d'Afrique. Elles sont indélogeables et donnent à l'institution un certain parfum d'orphelinat maudit.

Tout ce personnel est fortement hiérarchisé, un mélange du bon vieux système hospitalier avec surveillantes et surveillantes chefs et les nouveaux potentats éducatifs avec leur propre chefferie. Les hommes ne sont présents qu'aux extrémités de cette échelle : garçon de salle ou directeur, voire médecin chef.

Le va-et-vient est constant dans toute la maison, puisque chaque catégorie de personnel a son horaire propre. Au fil des années, le travail est devenu routinier, les regards critiques des uns sur les autres rendent toute initiative compliquée, voire irréalisable. L'idée d'une « carrière » dans cette atmosphère n'a guère d'adeptes, mais puisqu'il faut gagner sa vie, tout le monde reste.

Dans ce personnel, il est d'anciens « pupilles » qui ont vécu ici enfants. Ils font un retour à la maison-mère et ont souvent du mal à accepter les changements dans cette maison, la leur.

EFFACER LE PASSÉ, OCCULTER L'AVENIR

« Sans enfants ici, le travail se ferait correctement... » Telle pourrait être la devise de l'institution. Objet d'une énorme mobilisation humaine et financière, l'enfant n'a pas sa place ici, il gêne. Il est accepté quand, enfin « adapté », domestiqué, il va du lit à la salle à manger et de l'école au lit sans cris, sans colères et sans maladies. Autant de manifestations qui n'ont pas lieu d'être puisque, axiome premier, l'enfant est mieux nourri, mieux logé, mieux soigné que dans sa famille. De plus, la maladie serait la preuve de l'incompétence de l'institution, celle-ci justifiant son existence en donnant à l'enfant un corps grassouillet, poli, plein de santé. Et tant pis si cette bonne santé doit se maintenir par l'usage de tranquillisants ou d'euphorisants ! Seul compte le résultat.

Si l'enfant est tenu de taire ses angoisses, il se doit de produire quelques œuvres personnelles, peintures ou autres, assez colorées et gaies pour orner les murs des grands couloirs.

Résigné mais souriant, l'enfant doit accepter de passer de main en main, au gré des horaires et de la disponibilité du personnel.

Puisqu'il est ici, son rôle sera de démontrer le bien-fondé de l'existence de l'institution.

L'enfant placé, c'est aussi un dossier sur le coin du bureau d'un gestionnaire (de dossiers). Là sont notées son immatriculation ASE, les grandes lignes de son histoire familiale et l'orientation à donner au présent placement : retour à la famille naturelle, autre foyer ou famille nourricière. C'est-à-dire l'« avant » et l'« après » du placement. Le « pendant », c'est le blanc, le silence, l'observation.

Cet « après » donne lieu à de grandes réunions qui regroupent les nombreux travailleurs sociaux gravitant autour d'une famille. Les uns sont censés représenter le discours parental, les autres celui de l'enfant. Les avis divergent, convergent, mais les principaux intéressés ne sont pas là. Bien sûr, les adolescents ou pré-adolescents seront interrogés, reçus par le juge, l'assistante sociale, et leur avis comptera. Les moins de treize ans ne seront guère consultés : s'ils l'osent, ils pourront au moins demander quel sort leur est réservé. Mais les plus petits, ceux qui ne parlent pas ou à peine, ne seront pas consultés, ni tenus au courant de ce qu'il va arriver. Leur placement c'est un entre-deux, un silence. Ils n'existent que dans leur relation avec l'institution. Loin d'être un moment dans l'histoire de l'enfant, la grande institution efface le passé, occulte l'avenir, détruit les liens familiaux, détruit l'histoire même. Tout cela, évidemment, pour le bien de l'enfant.

Il faudrait explorer beaucoup plus profondément la souffrance infligée à un enfant placé dans un de ces grands établissements. Pourquoi existent-ils donc encore ? La réponse tient en un mot, un passe-partout : l'urgence. Urgence parce qu'enfant en danger dans sa famille, urgence parce que famille expulsée et non relogée. Ces grands centres sont malheureusement la réponse la plus facile, la plus pratique. Et en l'absence de structures d'accueil plus petites ou d'autres formes de prise en charge, ils sont le seul recours. Comment les enfants font-ils pour ne pas en sortir complètement fous ? Ce serait la question à poser...

NINA REVIN

PIERRE VERDIER

LA MACHINE DÉPASSÉE PAR LA MACHINE

UNE FORMIDABLE MACHINERIE FONCTIONNE AU NOM DE L'ENFANT. ASSISTANTES SOCIALES, ÉDUCATEURS, PSYCHOLOGUES, MÉDECINS, PERSONNEL ADMINISTRATIF... DE LA CHARITÉ BIEN PENSANTE À L'ASSISTANCE PUBLIQUE VERSION VICTORIENNE, AUX DDASS, COMMENT S'EST MIS EN PLACE CE SERPENT QUI SE MORD PARFOIS LA QUEUE ?

Longtemps l'enfant a été placé sous la seule autorité de ses parents. Ceux-ci avaient jusqu'au IV siècle droit de vie et de mort. Ils pouvaient aussi l'abandonner pour qu'il soit recueilli par des mains charitables. Ou pour être exploité. Ou pour mourir.

Aussi, progressivement, s'est organisée une institution de prise en charge. Une immense machine. Une machine qui parle au nom de l'enfant. Mais où l'enfant parle bien peu.

Cela s'est fait par lentes étapes.

DE LA CHARITÉ...

C'est d'abord l'Église qui s'est occupée de l'accueil de l'enfant. Elle était en Occident la seule autorité capable d'affronter les bouleversements sociaux du Moyen Âge : essor démographique sans précédent, épidémies, disettes. D'où la mise en place des Hôtels-Dieu. Leur plan cruciforme et la situation particulière de la chapelle conservent le souvenir de cette présence. Et cette origine institutionnelle pèsera longtemps — pèse encore — sur les modes de prise en charge. « La lèpre disparue, le lépreux effacé ou presque des mémoires, ces structures resteront. Dans les mêmes lieux souvent, les jeux de l'exclusion se retrouveront étrangement semblables, deux ou trois siècles plus tard », écrit Michel Foucault[1].

Et cela est particulièrement vrai pour l'Assistance Publique : des murs plutôt qu'une aide financière, un pouvoir important qui met l'usager dans une situation d'infra-droit. L'édit de 1656 créant l'hôpital général donne aux directeurs, nommés à vie, « tout pouvoir d'autorité, de direction, d'administration, commerce, police, juridiction, corrections et châtiments sur tous les pauvres de Paris, tant en dehors qu'au-dedans de l'hôpital général [...] Sans que l'appel puisse être reçu des ordonnances qui seront par eux rendues ».

« Étrange pouvoir, entre la police et la justice, aux limites de la loi », commente Michel Foucault. Étrange pouvoir que celui de l'administration dans ce domaine, et qui ne sera modifié que par la loi du 6 juin 1984 : jusque-là les décisions d'aide sociale à l'enfance, dont certaines ont un grand retentissement sur le droit des personnes et sur les libertés individuelles (comme l'immatriculation en tant que pupilles de l'État), se faisaient sans information des parties intéressées, sans audition, sans possibilité d'avocat, sans notification et sans voie d'appel.

Mais parmi ces exclus, il en était de plus exclus encore : c'était les enfants trouvés, sans filiation, « sans aveu », sans nom du père. Exclus même des orphelinats. Ainsi l'hôpital de Saint-Esprit-en-Grève, créé en 1363, ne reçoit que des orphelins nés de légitime mariage, tout comme l'hôpital des Enfants-Rouges en 1531. Les autres, bâtards et abandonnés, enfants d'une double transgression, sont objets de dénégation et de mépris. Et cette attitude pèsera longtemps. Le même geste viendra aider et punir. D'où le secret de l'abandon — puisqu'il s'agit d'un acte que la société organise, mais dont elle a honte. Cela ne sera pas sans incidence non plus sur l'enfant objet de honte, comme sur ceux qui s'en occupent.

... À L'ORGANISATION DE L'ASSISTANCE...

Les droits de l'homme à la vie, proclamés par la Révolution, entraînent comme corollaire l'obligation pour la nation de recevoir les enfants rejetés. D'où la création des hospices dépositaires, dans chaque département, suite à la loi de 1793.

Le décret impérial du 19 janvier 1811 réglera magnifiquement la machine administrative[2] :
– l'organisation des hospices et la mise en place du tour ;
– le placement nourricier « aussitôt que faire se pourra » jusqu'à l'âge de six ans ;
– à six ans, placement chez des cultivateurs ou des artisans ; le prix des pensions décroît chaque année jusqu'à l'âge de douze ans ;
– à douze ans, les enfants mâles en âge de servir seront mis à disposition du ministre de la Marine ;
– les estropiés et les infirmes resteront à l'hospice et travailleront dans des ateliers.

Le même texte règle pour longtemps les problèmes de layette, de pension et de tutelle.

La machine était en place. Par la suite, le nombre d'abandons précoces diminuant, une nouvelle clientèle devra être trouvée : ce seront les enfants « en dépôt », puis les enfants maltraités et moralement abandonnés. Avec eux les problèmes vont évoluer : ces enfants sont plus âgés, plus perturbés, parfois délinquants. D'où la mise en place de dispositifs d'observation et d'établissements ou services à discipline plus stricte, souvent répressive.

... À L'AIDE À L'ENFANCE

Mais peu à peu émerge l'idée que l'enfant a peut-être des besoins spécifiques. Et que des mesures de type éducatif ou thérapeutique sont préférables. La parole de l'enfant sera dite par un personnel plus spécialisé : le juge des enfants à partir de 1945, l'inspecteur de la population et de l'aide sociale à la même date. Les services évolueront et se diversifieront : la justice suscitera des services parallèles d'observation et d'éducation, la protection maternelle et infantile élargira son action vers la prévention et les relations parents-enfant, la sectorisation psychiatrique créera des lieux d'écoute. Mais ces efforts étaient dispersés en prises en charge morcelées.

Aussi constate-t-on un « malaise dans la bienfaisance » pour reprendre une analyse du professeur Soulé. Ces services se concurrencent et parfois se neutralisent. Aucun projet cohérent. Un nombre, sans cesse croissant, d'enfants pris en charge : un rapport[3] en recense près de 700 000 en 1970, soit 4 p. 100 de la population française de moins de vingt ans. Dix ans plus tôt, ils n'étaient que 360 000. D'où une prise de conscience, et une réforme en termes d'organisation qui va consister à renforcer le pouvoir des techniciens qui parlent pour l'enfant. On va multiplier les professions sociales : éducateurs spécialisés en 1967, aides médicopédagogiques en 1972, éducateurs de jeunes enfants en 1973, animateurs socioculturels en 1975, éducateurs techniques en 1976, délégués à la tutelle en 1977, assistantes maternelles en 1977...

On mettra en place des commissions de circonscription, des équipes pluridisciplinaires, des réunions de synthèse, des indicateurs de risques. Le nombre d'enfants retirés à leur famille diminuera (cf. tableau, page suivante).

Mais en même temps, le service se coupera du public. Les mass media se feront souvent l'écho de conflits entre familles nourricières qui veulent garder un enfant et la DDASS qui veut le retirer pour des raisons qu'elle ne peut expliquer : secret professionnel oblige. Entre le cœur et le droit. Et souvent le ministre tranchera dans le sens du cœur. Plus anonymement, les muettes statistiques protestent aussi lorsqu'elles enregistrent les déplacements d'enfants de foyers en famille et de famille en institutions ; quand elles montrent le peu de résultats scolaires ou professionnels. Quand elles révèlent le nombre d'enfants passant d'une AP à une autre AP : de l'assistance publique à l'administration pénitentiaire.

La machine était trop grande, trop structurée. Celui qui décide

NOMBRE D'ENFANTS RETIRÉS À LEUR FAMILLE

	1950	1960	1970	1980	1985
PUPILLES DE L'ÉTAT	100 000	64 000	46 000	20 00	10 400
ENFANTS CONFIÉS TEMPORAIREMENT PAR LE JUGE	10 000	30 800	107 000	80 000	69 000
ENFANTS CONFIÉS TEMPORAIREMENT PAR LES PARENTS	20 000	36 000	75 000	58 000	52 000
TOTAL ENFANTS PLACÉS	130 000	130 800	228 000	158 000	131 400
ENFANTS AIDÉS À DOMICILE	78 000	230 000	423 000	308 000	260 000[1] 123 000[2]
TOTAL PRIS EN CHARGE	208 000	330 000	651 000	466 000	514 400

1. Enfants qui reçoivent des allocations mensuelles ou ponctuelles de l'ASE.
2. Enfants qui font l'objet d'action de soutien ou de surveillance éducatifs auprès des familles.

du retrait d'un enfant n'est pas celui qui le réalise : supporterait-il son regard ? L'habitude empêche aussi de voir : l'enfant pleure, réclame ses parents ! On se dit que c'est normal, mais qu'il s'habituera. Et si c'était la révolte qui était normale et la résignation l'échec ? On assiste pour les mêmes raisons à une grande méfiance du service pour les non-professionnels, qu'il s'agisse de journalistes auxquels on oppose le secret, qu'il s'agisse de demandes de parrainage généralement suspectes, qu'il s'agisse d'initiatives telles celles de Jean-Luc Lahaye. Tout cela ne peut que déranger la machine. Il y a en effet un décalage entre le langage des techniciens, parfois coupé de la réalité, et celui du bon sens et de l'expérience.

VOUS AVEZ DIT : ENFANT ?

Mais l'enfant, l'enfant, dans tout cela ? L'enfant objet de soin, objet d'assistance, objet de jugement. Comment deviendra-t-il sujet désirant ?

C'est à la constatation d'une absence de parole réelle de l'enfant pris en charge par l'Aide sociale à l'enfance, des parents et des familles d'accueil, qu'est arrivé en 1980 un rapport officiel mené par MM. Bianco et Lamy. Une machine solide, mais impersonnelle, administrative, froide, parfois inhumaine. Souvent inefficace.

Il fallait donc agir autrement. Les réformes issues de ce rapport, et dont on ne peut encore mesurer les effets, vont dans ce sens. Il s'agit essentiellement de la loi du 6 juin 1984 sur le droit des familles dans leurs relations avec les services chargés de la protection de l'enfance. La loi ne peut changer les comportements et les mentalités du jour au lendemain. Mais son premier rôle est un rôle symbolique : elle proclame le droit. Elle définit la norme. C'est un acte politique. Et elle justifie ceux qui veulent avancer.

Que dit cette loi ? Les parents et les enfants ont des droits : droit d'être informés, droit de participer aux décisions, droit d'être accompagnés, droit de faire appel. On avait trop essayé jusqu'ici de pallier les manques de l'enfant : on avait décidé pour les parents défaillants ; on l'avait pris en charge, orienté, habillé, nourri, éduqué. L'institution voulait supprimer le danger, remplacer ce qui est perdu. Combler le manque évite de s'interroger sur ce qu'il en est de son rapport au manque. Mais c'est aussi réduire la place à la fonction : la machine remplit la fonction éducative, la fonction parentale. Elle ne peut prendre la place du père et de la mère car c'est tout autre chose. Par un rapprochement du lieu de décision de l'enfant, par une déprofessionnalisation, par une participation accrue aux décisions, la loi actuelle demande qu'enfants et familles soient entendus. Par là même, elle leur rend la parole.

PIERRE VERDIER

Directeur de la DDASS de la Moselle. Membre du Conseil supérieur de l'adoption. Auteur notamment de : *L'Adoption aujourd'hui*, Paidos/Le Centurion, 1985 ; *L'Enfant en miettes*, Privat, 1986 ; *Nouveau guide de l'Aide sociale à l'enfance*, Paidos/Le Centurion, 1987 ; *Recueil des textes législatifs et réglementaires sur l'Aide sociale à l'enfance*, Paidos/Le Centurion, 1987 ; co-auteur avec Michel Soulé du *Secret sur les origines*, ESF, 1986.

1. *Histoire de la folie à l'âge classique*, Gallimard, 1972.
2. Cf. ce texte *in L'Enfant en miettes*, Privat, 1986.
3. Rapport Dupont Fauville, édité par ESF sous le nom *Pour une réforme de l'Aide sociale à l'enfance*.

J.-P. ASSAILLY ET M. CORBILLON

LA REPRODUCTION ?

LE DEVENIR ADULTE DES « ENFANTS DE LA DDASS »

« Dans les domaines où la connaissance est limitée, les croyances viennent combler le vide. Au fond d'eux-mêmes, un bon nombre de gens ont ainsi une vague idée — une idée qui devient parfois une conviction : les enfants qui ont été placés seront marqués à vie. Certains cliniciens qui ne peuvent s'empêcher de voir le monde avec des lunettes teintées de problèmes se sont même ralliés inconsciemment à ce jugement. De nombreuses discussions sont d'ailleurs alimentées par des remarques comme "Nous savons bien qu'ils sont tous atteints de troubles affectifs" ou encore "il est clair qu'ils vont remplir les prisons". Au début de cette étude, la seule chose qui me semblait claire était que de telles opinions révélaient la simplification excessive de phénomènes très complexes, qu'il était même possible qu'elles soient fausses et qu'un besoin impérieux d'information était le préalable à toute discussion... » [F. Festinger, 1983]

Aujourd'hui l'ASE intervient auprès d'environ 500 000 enfants, près de 4 p. 100 de la population française de moins de dix-huit ans. Dans la grande majorité des cas (près des 3/4), ces enfants vivent dans leur famille en bénéficiant de secours financiers ou d'une mesure d'Assistance éducative en milieu ouvert (AEMO). Parmi les autres, seuls les pupilles sont en situation d'une possible adoption, ils sont aujourd'hui 10 000. L'évolution historique a été très importante ; au début du siècle, deux enfants de l'Assistance Publique (devenue Aide sociale à l'enfance) sur trois étaient abandonnés.

Le nombre d'enfants suivis, les modalités et les types de prise en charge sont en relation étroite avec le contexte social et les attitudes collectives (tout particulièrement celles qui ont trait à l'enfance).

Les orientations du législateur, des pouvoirs publics et l'action des personnels expliquent au moins en partie la diminution des placements au profit d'aides moins lourdes et moins stigmatisantes.

Par ailleurs, les dernières dispositions législatives[1] mettent l'accent sur la place et les droits des familles et de l'enfant (droit à l'information, droit d'être assisté dans les démarches auprès du service de l'ASE, droit d'être associé aux décisions prises pour l'enfant...).

UNE CONNAISSANCE PARTIELLE ET PARTIALE

Peu de recherches ont été menées sur l'Aide sociale à l'enfance[2], les enfants qu'elle place, les familles à qui elle apporte un soutien financier ou éducatif ; à quelques exceptions près et n'ayant qu'une portée locale, les personnels administratifs et les travailleurs sociaux sont trop absorbés par la gestion quotidienne de la clientèle pour impulser et suivre des études, les chercheurs professionnels quant à eux s'intéressant peu à l'ASE.

Parmi les questions actuellement sans réponse, une interrogation « traverse » fréquemment ce secteur du travail social : mis à part quelques cas connu, par le projecteur des médias (ex : J.-L. Lahaye), quels types de jeunes adultes « sortent » des services de l'ASE lorsqu'ils atteignent la majorité ? Quel est le devenir social, professionnel, biologique, psychologique, ... des enfants ayant été pris en charge ? « Reproduisent »-ils, répètent-ils ce qu'ils ont connu dans leur propre famille avant, pendant ou après le placement ?

L'institution fonctionne sur ce point en aveugle car elle ne dispose pas des réponses à ces questions qui constitueraient une certaine appréciation de son action ; on conçoit de plus l'importance qu'elles revêtent pour les personnels de l'ASE dans les processus de décision où interviennent des concepts tels que « l'intérêt de l'enfant » : pour certains, la connaissance du devenir de celui-ci serait même certainement un élément crucial de l'évaluation de leur activité professionnelle.

Les pronostics généralement émis sur les enfants placés sont le plus souvent pessimistes : à une stigmatisation religieuse pendant l'Antiquité et le Moyen Age (« l'enfant du démon ») a succédé une stigmatisation morale (le « pupille vicieux ») puis, actuellement, une stigmatisation psychologique (« l'enfant caractériel »). La « psychologisation », pour ne pas dire la « psychanalysation », du travail social, tant au niveau de la formation de ses acteurs que des idéologies qui influencent leurs pratiques, oriente les discours vers des positions « fixistes » : irréversibilité des effets des carences et des séparations de la petite enfance, atteinte des capacités à créer ou maintenir des liens et des comportements parentaux, analyses des conduites de l'enfant en terme de psycho-pathologie et non pas de stratégies adaptatives d'un individu face à un milieu familial perturbé.

Ainsi, l'un des stéréotypes fréquemment avancés est le suivant : les personnes ayant été placées pendant leur enfance ou leur adolescence placeraient leur descendance à l'ASE, et ce de manière nettement plus significative que la population globale[3].

D'une étude longitudinale sur le devenir adulte de 600 enfants placés dans deux départements sont apparus les résultats suivants.

Certains ont été abandonnés précocement et définitivement (les pupilles), d'autres ont été placés plus tardivement par décision judiciaire pour cause de carence éducative grave ou de maltraitance des parents (les « en garde »).

A l'âge adulte, 5 p. 100 ont reproduit le comportement de placement en confiant leurs propres enfants à l'ASE. Actuellement, 120 000 enfants sont placés à l'ASE, soit 1 p. 100 des moins de 20 ans, et 2 p. 100 de la strate sociologique témoin pour cette population, c'est-à-dire la classe ouvrière. Il est donc possible de conclure que le fait d'avoir été placé pendant son enfance n'est pas un facteur déterminant dans le placement de sa descendance.

Par ailleurs, 3 p. 100 reproduisent le recours à l'institution ASE sous la forme d'aide éducative en milieu ouvert ou de demande de secours financiers, l'enfant étant maintenu dans sa famille. S'agissant d'individus qui élèvent leurs enfants dans des conditions d'existence relativement difficiles, ce recours à l'ASE se présente comme un phénomène d'une autre nature que la reproduction terme à terme du placement ; cette assertion suppose bien sûr que l'allocation de secours financier constitue une prévention à moyen terme du placement de l'enfant.

Cette population présente un certain nombre de caractéristiques. On constate l'importance du célibat masculin, moins d'un homme sur deux se marie (84 p. 100 dans la population globale) ; le taux de divorce est légèrement inférieur à la norme nationale. Le devenir conjugal des enfants de l'ASE n'est donc pas aussi « noir » que le prétendent les positions fatalistes.

Les pupilles (enfants abandonnés précocement et définitivement) se révèlent être moins « reproducteurs » que les « en garde » : les carences du milieu familial précédant, accompagnant ou suivant la prise en charge par l'ASE, ne seraient-elles pas plus nocives que la séparation proprement dite ?

Les connaissances sur le devenir adulte des enfants placés sont encore largement lacunaires : qu'en est-il de leur devenir professionnel, de leurs stratégies d'insertion dans les réseaux sociaux, de leur équilibre psychologique, de leurs modes de vie, etc. ? Il est certain que les « enfants de la DDASS » éprouvent des difficultés à surmonter un certain nombre de problèmes (l'échec scolaire, l'instabilité du placement notamment), leur devenir doit cependant être abordé sans « étiquetages » définitifs ni pronostics stigmatisants. Il faut tenir compte de la plasticité de l'être humain, de ses capacités à « faire face » et de ses stratégies d'insertion entre la sortie du service de l'ASE et le moment où il assume ou non ses responsabilités professionnelles, parentales et sociales. Au-delà du jargon des sciences humaines, il serait heuristique aujourd'hui de saisir chez l'enfant placé, comme d'ailleurs chez tout un chacun, quels sont les ressources personnelles, les points d'appui et les caractéristiques environnementales qui lui permettent de « s'en sortir ». Une citation d'un jeune adulte ayant été placé nous servira de conclusion, car elle illustre bien notre propos sur le refus de la stigmatisation sociale : « Nous devrions être traités particulièrement, mais pas trop particulièrement... »

J.-P. ASSAILLY
ET
M. CORBILLON

J.-P. Assailly : docteur en psychologie, assistant de recherches (GERIS, Groupe d'études sur la reproduction et l'innovation sociales), psychologue clinicien.
M. Corbillon : docteur en sociologie, responsable de recherches (GERIS), responsable d'un Service de formation continue dans une école d'éducateurs.

1. Cf. du 6 juin 1984 et de janvier 1986.
2. Pour une revue de ces travaux, voir M. Corbillon, J.-P. Assaillly, M. Duyme, *Les Cahiers du CTNERHI*, à paraître.
3. Ce stéréotype est renforcé par l'intérêt manifesté par les anecdotes et par la prégnance des cas : « J'ai bien connu Mme Untel, une ancienne du service, ses enfants sont aussi chez nous... » La généralisation de telles observations conduit rapidement au discours sur la reproduction. Afin d'éviter de tels pièges, aucun exemple concret ne sera cité ici.

DANIELLE LAPLAIGE

ENFANTS DU MALHEUR, ENFANTS DU PÉCHÉ

AVANT LA RÉVOLUTION, L'ENFANT TROUVÉ ET L'ORPHELIN SUBISSENT LE SORT DE TOUS LES AUTRES INDIGENTS : L'ENFERMEMENT. NOTRE SYSTÈME D'ASSISTANCE EN EUROPE EST, EN EFFET, TRÈS ANCIEN ; NOS ASILES, NOS HOSPICES DATENT DE L'ANCIEN RÉGIME MÊME SI L'USAGE EN ÉTAIT MOINS RÉPANDU QU'AUJOURD'HUI. DANS LES VILLES DE PETITE ET MOYENNE IMPORTANCE, LES ENFANTS LES PLUS ÂGÉS SONT MÊLÉS AUX AUTRES PENSIONNAIRES DE L'HOSPICE COMMUNAL, VIEILLARDS, INFIRMES, VAGABONDS, ALIÉNÉS. LES NOUVEAU-NÉS SEULS SONT PLACÉS EN NOURRICE CHEZ DES FEMMES VOLONTAIRES, MAIGREMENT PAYÉES, JUSQU'À CE QU'ILS ATTEIGNENT LEUR DOUZIÈME ANNÉE (ILS Y RESTAIENT ALORS COMME OUVRIERS AGRICOLES OU S'ENFUYAIENT SANS QUE PERSONNE SE PRÉOCCUPÂT DE LEUR SORT). LES GRANDES VILLES, OÙ LES INDIGENTS SONT TROP NOMBREUX POUR ÊTRE RÉUNIS EN UN SEUL LIEU, POSSÈDENT, ELLES, LEUR PROPRE HOSPICE D'ENFANTS ABANDONNÉS ET D'ORPHELINS.

À Paris se perpétue l'œuvre de réorganisation entreprise par saint Vincent-de-Paul au XVIIIe siècle. Dirigé par les Filles de la charité, l'hospice place les nourrissons à la campagne, les garçons en apprentissage à douze ans, les filles à quinze ans seulement. Évêques, prélats, représentants de l'autorité royale contrôlent et gèrent ces établissements, mais s'inquiètent déjà de voir l'orphelin pauvre mêlé, corrompu même, par le voisinage des « autres » : vagabonds, enfants trouvés, malades. En 1793, la Convention, en déclarant les enfants abandonnés « enfants naturels de la Patrie », chasse à jamais de la direction des hospices les représentants de l'Église. La charité privée se mue peu à peu en une assistance publique, gérée et financée par les deniers de l'État. Sur le terrain, pour les enfants, rien ne change ; orphelins pauvres et enfants abandonnés subissent encore la même destinée, mais on assiste cependant à une hausse brutale des abandons au début du siècle.

L'INDUSTRIE DE L'ILLÉGITIMITÉ

Appauvrissement des milieux ouvriers et mesures administratives se partagent l'explication de cette soudaine augmentation dès 1810. Mais pour cerner cet acte dans toute sa plénitude, il faut le replacer dans un contexte psychosocial donné et ne pas l'appréhender selon les critères habituels de moralité. C'est la pauvreté qui contraint les parents à se débarrasser de leurs enfants. En cela, le XIXe siècle n'innove pas. La révolution industrielle commence à jeter sur les routes une masse de gens sans travail et sans terre, qui cherche à s'employer dans les villes, dans les mines, dans les premières manufactures textiles. Dans ce contexte, l'arrivée d'un enfant dans les foyers ouvriers se solde immédiatement par un abaissement du niveau de vie ; lorsque cet enfant est le n-ième d'une famille déjà nombreuse, il peut la faire basculer du seuil de pauvreté à la pauvreté absolue. L'abandon est alors une simple question de survie pour le groupe tout entier.

Pour ce nouveau prolétariat flottant, condamné à l'exode rural, à l'installation dans une ville inconnue, dans un mode de vie inconnu, ce déracinement semble avoir entraîné rapidement une destructuration individuelle et une désagrégation de son tissu social. Il semble que certaines sociétés du tiers monde, spoliées de leurs terres, contraintes à l'afflux en ville, soient aujourd'hui confrontées à des problèmes identiques. L'exemple de Bogota (Colombie) et de ses *gaminos* est présent à toutes les mémoires. Mais là s'arrête la comparaison car les stables communautés villageoises, africaines et andines notamment, prenaient en charge, jusqu'à une date récente, leurs nécessiteux, sans en référer à un quelconque appareil État-assistance. Revenons au XIXe siècle français où le concubinage, quasiment inconnu, voire réprouvé en milieu rural, devient fréquent en milieu urbain. Se marier coûtait désormais trop cher ; il fallait apporter son écot, si humble soit-il, payer la noce, le curé. Le paupérisme frappe alors de plein fouet les milieux populaires.

Mais à cette misère s'ajoute bien trop souvent la dure réalité des mères célibataires ; conséquence probable de cette société destructurée, l'illégitimité est en hausse sensible au début du siècle et c'est également une grande pourvoyeuse d'abandons. Si la jeune ouvrière et l'enfant naturel d'un compagnon concubin sont relativement bien tolérés dans le milieu populaire dans lequel ils évoluent, rien ne sera plus pareil si celle-ci doit affronter seule avec son enfant la recherche d'un emploi et d'un logis. Au XIXe siècle, dans une société puritaine et moralisatrice, la « fille-mère », avec tout le mépris contenu dans ce terme, n'a pas le droit au respect, n'a pas le droit d'exister. Au même titre que l'enfant qu'elle décide d'abandonner, cette femme est une victime et non pas un bourreau ; elle se trouve acculée à ce geste par la force de la pression sociale.

Si les langes des enfants recueillis se distinguant des guenilles dont sont revêtus la plupart des nourrissons permettent de discerner l'origine sociale des mères, force est de constater que peu de femmes de la haute société succombent à la séduction. Il semble que la religion et la morale, la peur aussi, aient été des freins importants. Peut-être convient-il d'y ajouter l'image forgée de cette époque, celle de la jeune fille de bonne famille incarnant ignorance, pureté et virginité. Par contre, le séjour prolongé, quelque part à la campagne, auprès d'une nourrice quasiment inconnue, d'un riche petit citadin représente une forme d'abandon plus caché et propre aux milieux aisés afin de dissimuler une naissance soupçonnée illégitime.

FANTINE

Quoi qu'il en soit, dans l'immense majorité des cas, les femmes célibataires abandonnant leurs enfants sont issues de milieux sociaux très défavorisés. Naïves, nouvellement arrivées de leur province natale, elles exercent pour la plupart des emplois de domestiques et vont se retrouver enceintes de leur maître. « Avouer la faute », c'est à coup sûr se retrouver à la rue, sans appui, sans argent. Beaucoup de jeunes filles séduites se retrouvent aussi parmi les « grisettes », ces petites ouvrières de la mode, pauvres, certes, mais coquettes et jolies, dont s'amourachent pour un temps des étudiants bourgeois en conflit avec leur milieu familial. Ce fut le drame de Fantine[1]. Enfin, si la jeune fille pauvre vit avec un simple ouvrier, la précarité de leurs conditions de vie semble rendre les liens plus éphémères qu'autrefois, et les ruptures se multiplient.

Finalement, au XIXe siècle, l'abandon, phénomène principalement urbain, comme l'infanticide son pendant plus rural, se définissent comme des avortements différés. Des femmes en situation personnelle difficile ne peuvent garder l'enfant qu'elles attendent et le regard porté sur elles hier et aujourd'hui reste intemporel ; la compassion pour certains, la condamnation pour le plus grand nombre, rappelant celle des détracteurs de la loi Veil (1975). Par ailleurs, l'actualité de l'hiver dernier (nourrissons laissés dans des poubelles, enfants abandonnés dans le métro ou le long des routes) a permis de constater que ni le dénuement extrême, ni l'ignorance, ni la solitude ne sont l'apanage des siècles passés, et que le quart monde d'aujourd'hui est en proie aux mêmes difficultés.

LES « TOURS »

Revenons au XIXe siècle où commissions, statistiques, rapports dénoncent violemment l'augmentation considérable du nombre des abandons, et où une inquiétude teintée d'angoisse collective perce de plus en plus à travers les innombrables écrits. Cependant, cette hausse[2], réelle, doit être modulée pour plusieurs raisons. Premièrement, les dernières statistiques de 1784, établies par Necker, apparaissent vraiment contestables grâce à l'amélioration des méthodes de comptabilité et des contrôles de police. Deuxièmement, en 1811, l'installation obligatoire du « tour », caisse en bois pivotante située dans le mur de l'hospice, rend l'exposition dans les rues inutile et les abandons dans les hospices vont se multiplier.

Beaucoup de ces enfants exposés avant 1811 mouraient faute de soins immédiats et, détail sordide, ils n'apparaissaient pas dans les statistiques. Après 1811 tout change, les enfants seront recueillis à temps, sauvés, et ils gonfleront les effectifs. Mais une fois atteint un certain plafond correspondant au taux maximum de réception dans les tours, la situation se stabilise, rendant caduques les affirmations des pouvoirs publics effrayés.

Paradoxalement, c'est dans ces années 1830 que se déchaînent les passions au sein des classes dominantes. Les « tours », en légalisant en quelque sorte l'abandon, n'ont-ils pas contribué à l'accroître ? Auraient-ils, comme certains le soulignent, favorisé l'immoralité et entraîné la corruption des mœurs ouvrières ? Faux problème, qui amena cependant la fermeture des tours vers 1837 et leur remplacement par des bureaux d'admission, la vraie question tournant autour de l'enfant trouvé lui-même, car ce produit de l'abandon fait peur.

« Vous ne voulez pas qu'ils pèsent dans le tour. Craignez qu'ils ne pèsent un jour dans la rue[3]. » C'est bien là effectivement la grande peur, car ces malheureux marmots à demi-morts cristallisent toutes les tensions des classes dominantes de par ce qu'ils symbolisent à leurs yeux. Ils sont déjà le « fruit du péché », illégitimité, adultère ou concubinage, et semblent en tant que tel faire vaciller les assises religieuses et familiales. Mais ils ne sont que trop souvent également issus de ce peuple des faubourgs, ignorant, harassé et misérable, ravagé par l'alcoolisme et la tuberculose, mais aussi si prompt à se réveiller et à dresser des barricades lorsque les luttes sociales explosent. Les « bienfaiteurs » se débattent autour de ces contradictions souvent inconscientes. La misère des pauvres leur fait mal, sincèrement, profondément, comme en témoigne le ton des premières enquêtes sociales. Elle leur fait honte, car eux, bons chrétiens, vivent dans l'opulence. Mais en même temps cette misère leur fait peur, une peur bâtie à deux niveaux : peur de la brutalité des pauvres résultant de leurs conditions de vie, peur surtout de leurs capacités révolutionnaires, regroupées par les premiers socialistes utopistes.

ET VINRENT LES « PHILANTHROPES »

Et là, le ressort des classes sociales entre en jeu. Les « philanthropes », selon l'expression consacrée, appartenant tous à des milieux privilégiés, portent assistance aux enfants abandonnés, comme aux autres catégories de nécessiteux. Ils vont dépenser parfois des fortunes, mais toujours dans des limites strictes définies principalement par le non-oubli de leur appartenance sociale. Chacun doit rester à sa place. Les enfants abandonnés sont élevés et soignés juste assez pour ne pas manquer du strict nécessaire, éduqués et catéchisés pour leur inculquer le respect de l'ordre établi et le souci de l'épargne. Les « sortir du ruisseau », c'est en quelque sorte acheter une paix sociale durable.

Fidèles par ailleurs aux théories physiocratiques — la ville corrompt, la terre purifie et régénère — les philanthropes s'efforcent de soustraire leurs protégés à l'influence pernicieuse de leur milieu « vicié » d'origine, la ville. C'est ainsi que les plus jeunes, orphelins et enfants abandonnés, partent toujours en nourrice à la campagne alors que cette pratique tombe en désuétude chez les familles bourgeoises. Ils redonnent ainsi des bras à l'agriculture au moment où le pays est en proie à un exode rural sans précédent. Pour les plus grands, l'enrôlement dans l'armée ou la marine sera la solution extrême utilisée principalement dans les départements côtiers, et cela depuis le XVIIe siècle. L'idée conductrice reste la même que pour les criminels et les détenus politiques envoyés au bagne ; il faut purger la ville de ses éléments incontrôlés afin de rendre la tranquillité aux citoyens « honnêtes » et éviter surtout toute contamination.

LA COLONISATION DE L'ALGÉRIE

À partir de 1850, une autre utopie se dévoile peu à peu, orchestrée par tous les grands conservateurs du régime, ultracléricaux et antisocialistes : la colonisation de l'Algérie par les enfants assistés de plus de douze ans. La peur de l'enfant trouvé y atteint son paroxysme. Mais l'expérience ne s'explique que replacée dans le cadre de l'expansion coloniale à partir de 1830 et dans la montée des troubles sociaux à la même période. Certains évoquèrent l'idée d'un complot révolutionnaire fomenté par les enfants trouvés devenus adultes !

En juillet 1852, 200 garçons de l'hospice rue d'Enfer à Paris partent pour l'aventure, bientôt suivi par ceux des maisons de Chartres et de Montpellier. Les débuts sont exaltés comme une conquête, la fin passée sous silence. Les gigantesques fermes accueillant ces jeunes ont été très vite ruinées, et ces derniers, ravagés par le choléra et la malnutrition, furent placés d'urgence chez des colons comme domestiques. Dans les années 1860, les orphelins réclamés par un membre éloigné de leur famille sont rapatriés en France, de manière quelque peu anarchique. Ainsi, Élizabeth[4], dont les parents, colons parisiens, meurent du choléra en 1854, va regagner la capitale à la demande de son oncle et de sa tante, commerçants à Belleville. Elle laisse sur place quatre jeunes sœurs éplorées. Leur cas n'est pas isolé ; déjà, l'administration semble sourde aux considérations d'ordre sentimental ou humanitaire. Personne ne se soucie plus du sort des jeunes assistés partis quelques années plus tôt.

En dépit des dispositions de 1793, ce sont les Jésuites qui eurent cette malencontreuse initiative, car, malgré cet échec cuisant, le secteur privé reprend de plus en plus d'importance voire de succès. Des solutions nouvelles vont alors se créer au profit d'une catégorie minoritaire d'enfants, mais dignes d'intérêt selon l'optique de ce temps, les orphelins pauvres.

MURS PRIVÉS POUR LES « SANS FAMILLE »

En effet, dans les années 1840-1845, timidement, quelques établissements dirigés par des religieux, aidés par des dames patronnesses, ouvrent leurs portes à des orphelins pauvres. Basés sur le bénévolat, délestant l'Assistance Publique d'une partie même infime de ses effectifs — quelques centaines d'enfants pour Paris — ils ne seront pas contraints. Bien au contraire, vingt ans plus tard, il est impossible de ne pas tenir compte de leur étendue, de leurs choix et de leurs résultats.

Ce sont des centaines d'« orphelinats » privés qui, dans toute la France, reçoivent exclusivement ces enfants victimes d'un sort cruel, et qui, jusqu'à présent, en dépit des protestations unanimes réunissant religieux et laïcs, étaient mêlés aux enfants trouvés. Cette percée foudroyante, qui se poursuit paradoxalement sous la Troisième République anticléricale, ne s'explique que par la réussite de cet objectif, l'isolement des orphelins, leur séparation d'avec les « enfants du péché ». En s'octroyant d'emblée cette catégorie particulière d'enfants pauvres, le secteur privé a remédié à ce qui était considéré comme la faille séculaire du système d'assistance, en devenant complémentaire de l'Assistance Publique et non pas concurrent, il s'est ainsi rendu indispensable et est devenu très vite un rouage essentiel, peut-être le mieux huilé, de l'aide aux « sans famille ».

Mais là n'est pas la seule réussite du privé. En s'occupant de peu d'enfants, il a eu la possibilité de s'en occuper bien, de les encadrer longtemps au point qu'il se glisse souvent, pour la première fois, une dimension affective incontestable entre enfants et « bienfaiteurs ». En 1845, un orphelin devenu majeur témoigna en ces termes : « Je garderai toujours le souvenir des personnes qui ont aidé ou dirigé mon enfance, et qui m'ont fait apprendre un état, je n'oublierai pas surtout que c'est à elles que je dois tout[5]. »

Les garçons bénéficièrent aussi d'un véritable apprentissage soit par des placements chez de bons artisans, soit dans des ateliers situés au sein même des établissements. Ils apprirent ainsi des métiers comme la reliure, la menuiserie, l'ébénisterie, la bijouterie, relativement « nobles » et bien payés par rapport aux emplois opérés par l'Assistance Publique.

Pour les filles, hélas, rien que les murs de l'orphelinat jusqu'à vingt-cinq ans, où elles apprennent, dans la soumission à Dieu, l'art du tricot et de la couture avant d'être placées comme servantes dans des maisons bourgeoises. L'orphelinat fut pour les jeunes filles pauvres ce que le couvent fut pour les « demoiselles » des milieux aisés. L'Assistance Publique avait pour elle de niveler les deux sexes, de ne pas favoriser l'un plus que l'autre, rien de tel dans le secteur privé où toute une conception des rôles masculins-féminins se reflète dans la situation faite respectivement aux uns et aux autres. Pour les premiers on insiste sur la formation professionnelle, pour les secondes on les protège surtout du danger qui risque de les perdre : la séduction.

Le succès du privé ne se démentira pas avant le début du XXe siècle, où quelques institutions féminines seront fermées ; faute de moyens suffisants, elles contraignaient leurs pensionnaires à de trop longues heures de travail. Néanmoins, au moment de sa résurgence et face au naufrage de milliers d'enfants confiés à l'Assistance Publique, débordée par leur nombre et le manque d'argent, le choix du secteur privé se révéla souvent positif.

Inspirée par une religion plus morale que spirituelle, juxtaposée aux antagonismes entre classes possédantes et classes laborieuses, la distinction subtile entre enfants trouvés d'un côté, orphelins de l'autre, guida toute la politique d'assistance au XIXe siècle. La tradition judéo-chrétienne de la culpabilité justifia cette répartition, lui donna toute sa force, et permit au secteur privé, laminé sous la Révolution, de retrouver son rôle ancestral d'aide et d'éducation, un rôle qui persiste aujourd'hui, comme le prouvent des institutions aussi célèbres que les Orphelins d'Auteuil ou les Œuvres du Bon Pasteur.

DANIELLE LAPLAIGE

Docteur ès histoire. Auteur d'une thèse (non publiée), sur le XIXe siècle : *Paris et ses « sans famille »*. A publié « La Naissance de l'orphelinat », *l'Information historique*, n° 3, 1986 ; « Le Vagabondage des mineurs dans le Paris du XIXe siècle », *Gavroche*, mai-août 1985.

1. Victor Hugo, *Les Misérables*.
2. De 40 000 enfants recueillis en 1784, on en comptera 56 000 en 1810, 105 000 en 1821, 130 000 pour 1833 et les années suivantes, dont 30 000 nouveaux chaque année ; pour Paris, les chiffres se portent respectivement à 20 000 et 5 000. (Dans Delessert et Valdruche : « Rapport à Monsieur le ministre de l'Intérieur et au Conseil général des Hospices relatif au service des Enfants trouvés, 1844.)
3. Abbé Dubeau, *L'Enfant trouvé et l'Algérie, ou La Colonisation agricole de l'Algérie française*, 1860.
4. Archives d'outre-Mer : Règlement des affaires de Ben-Aknoun et de Bouffarick.
5. *Journal de la Société de la Morale chrétienne*, 1845.

CAMILLE LACOSTE-DUJARDIN

AU MAGHREB,

L'ENFANCE INNOMMABLE

DANS LES PAYS MUSULMANS, ET PLUS PARTICULIÈREMENT AU MAGHREB, L'ENFANT ILLÉGITIME EST REJETÉ, EXCLU DE LA SOCIÉTÉ. PIS ENCORE, IL EST NIÉ. IL N'A AUCUNE EXISTENCE LÉGALE. RÉCHAPPÉ DE L'INFANTICIDE, IL RISQUE EN FAIT DE MOURIR TRÈS RAPIDEMENT DANS UNE POUPONNIÈRE DE L'ÉTAT, FAUTE DE SOINS. EST-CE À DIRE QU'IL ÉTAIT VOUÉ À LA MORT, AU NOM DE LA CHARIA ?...

Au Maghreb musulman l'amour des enfants est proclamé et reconnu par tous. La stérilité n'est pas admise, l'homme sans descendance mâle : *abtak* en arabe, *amengur* en berbère, et *a fortiori* les femmes stériles n'ont pas de place dans la société. La privation d'enfant est insupportable au point d'être refusée jusque dans l'imaginaire ; un conte connu en Kabylie met en scène un malheureux vieillard et sa femme acculés au suicide, pourtant condamné par la religion, pour n'avoir eu qu'une fille. Hors famille la vie est un échec, inacceptable. Le célibat, exceptionnel, est réprouvé.

Dans l'esprit de chacun, l'identité dépend encore prioritairement du patrilignage auquel il appartient, de la qualité de son ascendance comme du nombre de ses descendants. Un homme sans enfant prend une autre femme. Stérile, une femme retourne chez ses parents, privée du seul statut féminin admis à l'âge adulte : celui de mère. La prolificité est si bien érigée au rang de vertu que dans des pays où les taux de natalité varient entre 37 et 50 %, les hommes au pouvoir de ces États n'ont pu réagir qu'avec un retard plus ou moins long à l'emballement démographique contemporain et mettre en œuvre avec une certaine prudence des politiques d'espacement des naissances.

Dans ces sociétés où la fécondité est honneur et gloire, où la maternité est la vocation primordiale sinon exclusive des femmes, où de nombreux enfants sont ardemment désirés et objets de toutes les sollicitudes, où « l'amour et la protection de l'enfant s'insèrent dans l'ordre de la culture »[1], n'est-il pas paradoxal que des mères soient objet de réprobation, que des enfants soient maltraités, meurtris, sacrifiés, les unes et les autres mis au ban de la société ?

Car tel est le drame des naissances illégitimes au Maghreb musulman d'aujourd'hui : les mères célibataires, les enfants nés hors mariage, hors famille ne peuvent trouver place dans une société qui refuse de les accepter. La *charia*, la loi musulmane, n'admet pas l'adoption.

En effet, la filiation *(nasab)* ne se compte que d'homme à homme, de père en fils depuis l'ancêtre fondateur et indépendamment des mères. Ces liens du sang sont hégémoniques, le sang paternel exclut le sang maternel. Interpeller quelqu'un comme « Fils de ta mère » est encore injurieux. L'enfant sans père est innommable, il n'a aucune place ; sans droit de famille, il est sans droit de cité, sans droit à la vie. « Je ne vais pas m'embarrasser de quelqu'un qui n'a pas sa raison d'être dans la société ! » proclame une jeune Algérienne abandonnant son troisième enfant[2]. L'enfant sans père non seulement n'est le bien de personne (pas de sa mère elle-même toujours sous tutelle paternelle ou maritale), mais, pire, il est risque, menace de compromettre ce que la famille de sa mère a de plus précieux encore : son honneur.

L'éventuelle reconnaissance d'un lien de filiation par les femmes paraît trop subversif de l'ordre patrilignager pour pouvoir être toléré. Ainsi peut se comprendre l'indulgence de certains jugements à l'égard des infanticides perpétrés sur des enfants de mères célibataires. Dans ce cas extrême, l'enfant innommable a été sacrifié à l'honneur de la famille par un crime d'épuration. Dans un passé point trop lointain, la mère et l'enfant étaient tous deux lapidés, ainsi en était-il en droit coutumier kabyle ; il est vrai que, alors, le sort de la mère pouvait parfois être laissé à la discrétion de sa famille et que sa mort était moins obligée si la honte n'avait pas éclaté aux yeux du village.

Des conditions de vie différentes, des aptitudes nouvelles d'autres besoins et aspirations fracturent les anciens cadres de références et en révèlent la désadaptation actuelle.

CHOISIR L'INFANTICIDE

À ce qu'il semble, les mères célibataires comme les enfants abandonnés ne seraient pas, dans les trois États du Maghreb, en nombre beaucoup plus grand qu'ailleurs. Il est vrai qu'en la matière les chiffres, le plus souvent tenus secrets, font défaut (comme au Maroc), ou bien ils sont très partiels et trop peu fiables dans l'absolu, à quelques exceptions près. Mais leurs valeurs relatives peuvent être comparées et leur évolution retenue. Or, celle-ci se trouve en progression régulièrement constante.

De 1965 à 1971, le nombre des abandons à la naissance aurait été plus que décuplé (× 13) pour l'ensemble de l'Algérie. Dans la seule année 1980, 449 enfants ont été juridiquement abandonnés à la naissance dans la wilaya d'Alger[2]. Ces données sont du même ordre de grandeur pour l'ensemble de la Tunisie de 1966 où l'on a enregistré 300 abandons à la naissance (dont 230 ont été adoptés)[3].

Aussi nombreux sont actuellement les enfants simplement « abandonnés à la vie » en dehors de toute structure d'accueil comme de procédure, ceux-ci deviennent « enfants trouvés » quand ils peuvent être recueillis, avant que le délaissement ne provoque leur mort. Le professeur M. Boucebci indique, pour l'année 1971, 1 626 enfants officiellement « abandonnés » et 1 620 enfants « trouvés »[2].

Quant aux infanticides officiellement recensés (ceux qui font l'objet de procès) une centaine seraient enregistrés chaque année en Algérie, dans les zones urbaines essentiellement, nombre relativement important par rapport à d'autres pays. Il est vrai que les observateurs s'accordent à en estimer sensible la diminution dans les toutes dernières années.

En Tunisie, où l'avortement a été légalisé, les infanticides ont augmenté pendant quelques années, mais à l'inverse de l'Algérie, surtout en milieu rural et en relation directe avec le degré d'éloignement des centres de santé, des lieux d'avortement ou d'abandon.

En Algérie, les mères célibataires ne peuvent accoucher hors de grands établissements hospitaliers où des salles leur sont tout spécialement réservées, cela dès le septième mois de leur grossesse si elles en font la demande[2].

Ce confinement est destiné à préserver l'anonymat (« accouchement sous X ») et la sécurité de ces mères. Il n'est pas rare en effet qu'elles soient l'objet d'agressions.

Si une totale clandestinité a pu être observée et maintenue (car les dénonciations sont fréquentes), si nul n'a pu soupçonner cette atteinte à l'honneur familial, la réintégration de la coupable peut être envisagée. L'abandon de l'enfant est alors une nécessité absolue. L'administration de l'Assistance Publique algérienne relève cependant l'identité de la mère dans l'éventualité d'une reconnaissance ultérieure, dans des dossiers tenus secrets.

Le contrôle social familial est si rigoureux quant aux rapports sexuels et à leurs conséquences éventuelles que de jeunes mariés même peuvent en venir à abandonner leur enfant né six ou sept mois après le mariage en dépit de la législation qui admet une durée minimale de six mois de grossesse (de six mois à dix mois, art. 42 du code de la famille algérien).

Une étude en cours, menée à Alger, remarque parmi ces mères célibataires le faible nombre de prostituées ou de femmes qui travaillent. Celles-ci, de même que les étudiantes, voire des lycéennes, déjà en voie d'adaptation au changement culturel, sont plus averties, mieux armées. Si elles ne pratiquent pas encore habituellement la contraception (plus répandue en Tunisie que dans les deux autres pays), elles sont souvent en mesure de se procurer les moyens sinon d'un avortement, du moins d'aller accoucher « sous X » dans des hôpitaux ou cliniques étrangères.

Les mères célibataires qui trouvent refuge dans les hôpitaux algérois ont rarement un travail. Certaines d'entre elles sont veuves, divorcées. Mais les plus nombreuses, celles qui constituent le prototype de la mère célibataire hospitalisée, sont de toutes jeunes filles de 15 à 20 ans, vivant chez leurs parents et réputées « ne pas sortir ». Parfois victimes de viols, d'incestes relativement fréquents en milieu rural traditionnel[2], le dressage à la soumission, le respect aveugle de l'autorité masculine, la peur panique du déshonneur les ont contraintes au silence. D'autres sont de naïves romantiques (ferventes de feuilletons télévisés par exemple), qui ont cédé, dans un rapport accidentel, au jeune voisin entr'aperçu, familier de leurs rêves... Le rapport peut être si furtif que nombre de ces jeunes femmes arrivent encore vierges à l'accouchement.

TROIS PAR BERCEAU

Les tableaux des difficiles conditions de survie de ces enfants abandonnés évoquent les images de leurs homologues français du XVIIIe siècle, rapportées par E. Badinter, dans *L'amour en plus*, même si le contexte reste différent.

Bébés enlevés à leur mère dès la déclaration d'abandon (qui, en Algérie, doit être décidée dans les cinq jours suivant la naissance), bébés serrés à trois par berceau, à trente dans la même pièce prévue pour deux lits d'adulte, mal vêtus, mal soignés, changés une ou deux fois par jour, nourris à la hâte. Fait symptomatique, ces enfants, normaux à la naissance, présentent brutalement de nombreux troubles deux à trois semaines plus tard et leur mortalité peut atteindre 80 % dans certains hôpitaux.

En 1980, dans la banlieue d'Alger, à l'hôpital de Beni Messous, 54 abandons d'enfants à la naissance se sont soldés par 43 décès dans les semaines qui ont suivi. La même année, sur les 449 enfants abandonnés de la wilaya d'Alger, 110 sont morts[2].

Il semble que la situation soit en voie d'amélioration dans les villes algériennes. Des pouponnières ont été créées qui accueillent les bébés dès leur sortie de l'hôpital entre un et trois mois. Les enfants y bénéficient de soins plus personnalisés de la part de « berceuses » qui s'efforcent à quelque maternage.

Mais la croissance démographique est telle que les structures d'accueil sont toujours insuffisantes, toujours dépassées, le personnel, surchargé, instable, ne peut assurer ni les soins, ni la sécurité indispensable aux enfants. Une association « Enfances et familles d'accueil bénévoles » a été créée à Alger en février 1984 pour tenter de porter remède à cette situation.

En Tunisie, dans la deuxième année de l'indépendance, en 1958, Wassila Ben Ammar (future Mme Bourguiba) a créé l'Œuvre du nourrisson qui recueille les enfants abandonnés (et les fait adopter) ; les centres d'accueil, les foyers, les villages d'enfants de Bourguiba ont été multipliés ; les abandons d'enfant seraient en diminution grâce à la législation sur l'avortement et une politique d'espacement des naissances).

En Algérie comme en Tunisie, les pensionnaires de ces diverses « Cités de l'enfance » présentent presque tous d'importants troubles du comportement ; un bon nombre d'entre eux sont affectés d'arriération mentale. Cette situation, certes, est commune, dans le monde entier, à l'enfance abandonnée, mais dans le Maghreb musulman contemporain, ces abandons d'enfant revêtent une particulière gravité, et ce pour plusieurs raisons.

La première est quantitative ; le nombre d'enfants abandonnés est en constante augmentation en Algérie. Une autre raison est la rigidité de comportement d'une société qui, acceptant à la rigueur de fermer les yeux sur la faute de la mère, à la condition que les apparences puissent être sauvées, rejette inéluctablement l'intolérable révélateur de l'atteinte à l'honneur familial : l'enfant illégitime. Enfin, circonstance aggravante, la force actuelle de ce rejet ne prend pas seulement appui sur les instances familiales. Elle est encore confortée par le droit et la religion qui, confondus dans deux des trois États du Maghreb, comme dans l'ensemble du monde musulman, proscrivent l'adoption.

Les enfants illégitimes, les mères célibataires, paient encore chèrement le prix des difficultés actuelles, alors que les anciens mécanismes régulateurs ne peuvent plus opérer, que l'âge au mariage est beaucoup plus tardif, que le divorce est moins facile, la polygamie plus rare, mais que la ségrégation des sexes est encore courante.

Les problèmes posés actuellement par l'abandon au Maghreb musulman renvoient au « drame de la jeune fille qui cherche sa place au sein d'une société plus ouverte où elle acquiert progressivement des droits »[2]. Chaînon le plus opprimé et le plus vulnérable dans la famille patrilignagère, les jeunes filles étaient prédisposées à être les victimes de choix des actuels changements, en attendant que la scolarisation, l'accès au travail, la libéralisation de la contraception les mettent en mesure d'acquérir à la fois davantage d'autonomie et de responsabilité personnelle. Alors, peut-être, les enfants abandonnés seront moins nombreux et moins repoussés ?

CAMILLE LACOSTE-DUJARDIN

Directeur de recherche au CNRS. Chargée de conférences à l'École des hautes études. Auteur de nombreux articles sur l'ethnologie au Maghreb, ainsi que d'ouvrages, parmi lesquels : *Le Conte kabyle. Étude ethnologique*, Maspero, Paris, 1970, 2e éd. 1982 ; *Des mères contre les femmes. Maternité et patriarcat au Maghreb*, La Découverte, Paris, 1986.

---

1. M. Halayem, « L'enfance abandonnée ». *Enfant, Famille, Environnement*, Actes des 1res journées de l'UPPS (Unité de pédiatrie préventive et sociale), Faculté de médecine de Tunis, mars 1984 : 84-107.
2. M. Boucebci, *Psychiatrie, société et développement (Algérie)*, SNED, Alger, 1982.
3. M. Borrmans, *Statut personnel et familial au Maghreb de 1940 à nos jours*, Mouton, Paris, 1977.

3

L'ADOPTION : CONTRAT OU INSTITUTION

« L'adoption n'est ni un contrat ni un acte judiciaire. Qu'est-ce donc ? Une imitation par laquelle la société veut singer la nature. C'est une espèce de nouveau sacrement, car je ne trouve pas dans la langue de mot qui puisse bien définir cet acte... Il donne des sentiments de fils à celui qui ne les avait pas et réciproquement, de père. » (Bonaparte, Travaux préparatoires du Code civil.) Adopter, c'est opter. C'est choisir librement de créer une filiation sans procréer, par la voie d'un seul jugement. La société légitime une nouvelle parenté : on greffe un petit être étranger sur une branche généalogique déjà constituée. Alors que la circulation de l'enfant est simple en Afrique ou en Océanie, pourquoi ce sujet soulève-t-il encore un parfum de scandale ?

HUGUES FULCHIRON ET PIERRE MURAT

SPLENDEURS ET MISÈRES DE L'ADOPTION

POURQUOI ET COMMENT CETTE IDÉE DE CRÉER UNE FILIATION PAR VOIE DE JUGEMENT NIANT L'ORIGINE AU PROFIT DE LA DESCENDANCE APPARAÎT-ELLE EN DROIT ROMAIN ? OUBLIÉE DURANT LE MOYEN AGE, L'ADOPTION A, À NOUVEAU, DROIT DE CITÉ À LA RÉVOLUTION FRANÇAISE ET SOUS L'EMPIRE.

A Rome, la notion de famille ne repose pas comme de nos jours sur la naissance ou l'affection, mais sur la soumission à la puissance d'un chef de famille. Malgré les transformations que Justinien lui fera subir au VIe siècle, l'adoption ne sera jamais conçue comme une œuvre de charité. Elle permet principalement à un *paterfamilias* de renforcer la puissance de la *domus* qu'il dirige, plus particulièrement lorsque la survie de celle-ci est mise en cause par l'absence de postérité légitime. Contrairement à certains peuples de l'Antiquité, dont les Grecs, le droit romain n'admit jamais l'*adoptio in fratrem*, qui créait une *fraternité* artificielle. L'adoption était d'autant plus nécessaire que la structure *agnatique* de la famille romaine excluait de la parenté civile certains descendants en ligne directe, notamment tous les descendants des filles qui, en se mariant *cum manu*, changeaient de *paterfamilias*. L'adoption servait alors à corriger cette discordance établie par le droit entre la parenté civile et les liens du sang. Ainsi Auguste, qui n'avait qu'une fille, dut adopter ses petits-fils Caïus et Lucius.

LES DIEUX, LA FAMILLE ET LE POUVOIR

« Adopter un fils, c'était (...) veiller à la perpétuité de la religion domestique, au salut du foyer, à la continuation des offrandes funèbres, au repos des mânes des ancêtres », écrit Fustel de Coulanges (*La Cité antique*, Livre II, chapitre 4).

L'adoption servit aussi très tôt à des fins politiques : elle permit à des plébéiens d'acquérir l'illustre qualité de patriciens, mais aussi à des patriciens de devenir plébéiens pour briguer la charge prestigieuse de tribun de la plèbe. Dans la période de confusion qui marque les dernières années de la République, les adoptions de ce genre, relativement rares jusqu'alors, se multiplièrent, et l'on pourrait citer parmi bien d'autres celle du plus connu des meurtriers de César, Brutus, issu d'une famille renommée mais plébéienne, adopté par des patriciens. De telles adoptions traduisent la fusion plus étroite entre l'ancien patriciat et des familles « nobles » d'extraction plébéienne.

A la même époque, il semble également de pratique courante, dans l'aristocratie sénatoriale, d'avoir recours à l'adoption pour permettre à un homme parvenu au faîte des honneurs et dépourvu de descendance légitime, de s'assurer un successeur digne de continuer sa vocation politique et celle de sa famille. L'adoption de Brutus, par son oncle maternel Q. Servilius Caepio, en fait le dernier représentant d'une longue lignée qui, depuis un Servilius Caepio consul en 253, avait occupé cette magistrature de père en fils pendant six générations. Autre célébrité, Scipion Émilien entre lui aussi par adoption dans la famille des Scipion après une série ininterrompue de quatre consuls.

Les adoptions impériales destinées à pallier l'absence de règles de dévolution du pouvoir s'inscrivent comme la suite logique de ces précédents privés. Certaines se révélèrent des erreurs dramatiques telle l'adoption de Néron par Claude ; d'autres permirent l'accession au pouvoir des meilleurs et donnèrent, de Trajan à Marc Aurèle, une succession d'empereurs exemplaires.

Perdant sa nature d'institution au service de la puissance familiale, l'adoption s'individualise au Bas-Empire sous la pression des mœurs. Entraînée par un mouvement favorable aux liens fondés sur le sang, elle servira parfois, plus ou moins frauduleusement, à établir un lien juridique entre un père et sa descendance illégitime jusqu'à ce que Justinien permette la législation par rescrit.

Il existe en fait trois techniques : l'*adoptio*, l'*adrogatio*, et l'adoption testamentaire. On sait peu de choses de cette dernière, sinon qu'elle était une adoption, demandée par testament. L'exemple le plus fameux est le testament de César, qui conféra à son neveu Octave le prestige de son nom et la qualité de fils de César.

L'*adoptio* et l'*adrogatio* nous sont mieux connues : l'adrogation est un acte de droit public qui met sous la puissance de l'adrogeant un *paterfamilias* ainsi que les personnes qui dépendent de celui-ci, alors que l'adoption proprement dite est l'acte de droit privé par lequel l'adoptant acquiert la puissance paternelle sur un membre d'une autre famille qui était déjà soumis au pouvoir d'un *paterfamilias.*

L'ADROGATION, ADOPTION D'UNE FAMILLE ENTIÈRE

L'adrogation, en faisant disparaître une famille, entraîne une modification dans l'équilibre de la Cité et l'extinction d'un culte domestique qui justifient l'intervention du peuple romain et des pontifes. Primitivement, après une enquête pontificale, on interrogeait l'adrogeant pour savoir s'il acceptait l'adrogé comme fils légitime, puis on demandait à l'adrogé et aux comices curiates s'ils donnaient leur adhésion. L'adrogé procédait à l'abandon solennel de son ancien culte domestique. Dans les derniers siècles de la République, le contrôle effectif appartenait en fait aux pontifes. Au Bas-Empire, l'adrogation supposait seulement un rescrit de l'empereur.

Il était d'usage que l'adrogeant ne puisse plus avoir d'enfant et qu'il n'ait pas de descendant mâle légitime. La condition était sage : Claude était père de Britannicus lorsqu'il adrogea Néron : On sait ce qu'il advint...

Justinien, au VIe siècle, fixera à 60 ans l'âge minimum pour adroger, et imposera 18 ans d'écart entre l'adrogeant et l'adrogé. L'adrogation est désormais conçue comme le moyen de donner des enfants à ceux qui n'en ont pas, et non plus comme une institution destinée à augmenter la puissance d'une famille.

L'ADOPTION, ALIÉNATION FICTIVE D'UN MEMBRE D'UNE FAMILLE

L'adoption découle vraisemblablement de l'interprétation d'un passage de la Loi des XII Tables relatif aux abus dans les ventes d'enfants, et selon laquelle le fils de famille qui avait été vendu trois fois par son *paterfamilias* était définitivement libéré de la puissance paternelle. Dans l'adoption, le père recourait fictivement à cette technique et procédait en présence de témoins à trois aliénations successives ; l'acquéreur affranchissait l'enfant à la suite des deux premières. Après la troisième, le père adoptif revendiquait l'enfant en justice, et l'acquéreur n'opposait aucune résistance.

L'adoption pouvait porter sur des filles, des enfants, et même des étrangers. Un *paterfamilias* pouvait aussi adopter un enfant en qualité de petit-fils avec le consentement de son fils, qui en devenait légalement le père.

Les populations d'Orient avaient recours à des contrats privés d'adoption : sous Justinien, qui s'inspira des pratiques orientales, l'adoption consista en une simple déclaration faite par le chef de famille devant le magistrat, en présence de l'adoptant et de l'adopté qui pouvait refuser. Ainsi l'adoption relevait pour la première fois d'un jugement. Si un *paterfamilias* voulait donner en adoption son petit-fils, le consentement du père était devenu nécessaire.

L'adoption se dédoubla et l'on vit apparaître ce qui allait être dans notre droit l'adoption simple et l'adoption plénière : l'*adoptio minus plena*, applicable lorsque l'enfant était confié à une personne autre qu'un ascendant, maintenait l'adopté dans sa famille d'origine, mais lui permettait d'hériter de l'adoptant. L'*adoptio plena* par un ascendant qui n'avait pas l'adopté sous sa puissance doublait du lien adoptif le lien affectif présumé, et conservait donc sans danger pour l'adopté les effets radicaux de l'institution classique.

DE LA RÉVOLUTION AU CODE NAPOLÉON, RENOUVEAU ET DÉCLIN

« Adoption n'a lieu » : cette disposition de la Coutume de Lille pourrait résumer l'état du droit français en 1789. Avec la Révolution, l'adoption connut un regain de faveur. Sans doute bénéficiait-elle du prestige qui auréolait alors les lois de l'ancienne Rome. Mais dans l'esprit de ses partisans, l'adoption n'était pas une simple imitation de l'antique. Il s'agissait bien au contraire d'une institution profondément révolutionnaire, par sa nouveauté et, surtout, par son harmonie avec les aspirations individuelles, sociales et politiques de l'époque.

Aussi l'Assemblée législative vota-t-elle dès le 18 janvier 1792 un décret de principe rétablissant l'adoption en France. Restait cependant à l'organiser ; or, aucun des projets de code civil élaborés par la Convention, puis par le Directoire n'aboutirent. D'ailleurs, l'adoption, portée par les idées révolutionnaires, devint bientôt suspecte, lorsque, l'enthousiasme retombé, on entendit revenir à la tradition dans l'ordre politique et juridique. L'adoption fut finalement sauvée par Bonaparte — qui pensait avant tout à sa propre succession. Mais si elle survécut, elle avait perdu son âme...

Pour ses partisans, l'adoption sera « la consolation des mariages stériles et une vaste carrière de secours pour les enfants souvent très nombreux des pères et mères pauvres » (*De l'adoption, idées offertes à la méditation de ses collègues par Berlier, député du département de la Côte-d'Or).* Mais cette volonté de « corriger les erreurs de la nature » pour le plus grand bonheur des citoyens a des résonances plus politiques : l'adoption, explique Cambacérès dans son « Rapport fait à la Convention nationale au nom du Comité de législation sur le premier projet de code civil », le 9 août 1793, « vivifie la famille par l'émulation : elle la répare par de nouveaux choix ». La volonté individuelle ne permettrait-elle pas de renouveler les familles si la nature décevait les attentes des parents... ou de la société ?

« Institution de bienveillance », l'adoption est utile socialement. D'autant qu'elle contribue à répartir plus équitablement les biens entre les riches adoptants et les pauvres adoptés. Or l'égalité et la médiocrité des fortunes semblent à beaucoup une des conditions de l'harmonie sociale. De plus, en multipliant les héritiers, l'adoption empêchera que les successions ne s'accumulent entre les mains des collatéraux. Son utilité politique et sociale en fait une preuve de civisme, et l'on propose que les noms des citoyens ayant adopté soient honorablement affichés dans chaque municipalité. En 1792, le publiciste Oudot, dans un discours aux Jacobins, entend même l'établir — sous peine d'exhérédation — « comme un devoir sacré, indispensable pour tout citoyen qui n'aura pas d'enfant ». La Constitution de 1793 contient quant à elle une disposition qui ferait rêver... ou frémir plus d'un de nos contemporains : l'étranger qui adopte un enfant français acquiert par là même la nationalité française !

« L'adoption imite la nature » : aussi les projets soumis aux premières assemblées révolutionnaires n'envisagent-ils que l'adoption des mineurs de moins de 15 ou 16 ans et exigent-ils « qu'il y ait entre l'adoptant et l'enfant adoptif la distance de la puberté ».

« Vivante image de la nature », l'adoption l'est aussi par ses effets : l'enfant adoptif « n'appartient plus qu'à son père adoptif » et jouit en principe « des mêmes droits que les enfants du sang ».

Cependant, les principes mêmes qui fondent l'adoption révolutionnaire en déterminent quelques conséquences inattendues. L'adoption repose sur la volonté individuelle : on en déduit qu'il s'agit d'un contrat passé entre l'adoptant et l'adopté. Qui dit contrat, dit échange de volontés. Celle de l'adoptant ne fait aucun doute, aussi son engagement est-il irrévocable. Il n'en va pas de même pour l'adopté, qui, par définition, est un mineur ; et le nécessaire consentement de ses parents par le sang ne saurait suffire. Aussi appartient-il à l'adopté, « libre de prendre ou de rejeter avec réflexion la qualité de fils et tous les devoirs qu'elle impose » (*Rapport sur le Code civil, fait, au nom du Comité de législation, par Cambacérès, député de l'Hérault,* le 23 fructidor an II), de ratifier l'adoption à sa majorité.

Des considérations politiques viennent également limiter l'adoption dans ses effets. Instrument d'égalité sociale, elle favorise la division des grandes fortunes. Mais il ne faudrait pas que, détournée de ses fins, elle n'aboutisse au résultat inverse. Il est donc nécessaire de limiter les droits successoraux de l'enfant adoptif à un maximum qui, comme le dit Berlier, place celui-ci « beaucoup au-dessus du besoin, sans présenter rien d'effrayant pour le système social ».

LE CODE NAPOLÉON OU L'ADOPTION DÉNATURÉE

Lors des travaux préparatoires du Code civil (rapportés dans Fenet, *Recueil complet des travaux préparatoires du Code civil, 15 volumes,* 1827-1828), les partisans de l'adoption durent se battre non seulement contre ses adversaires irréductibles, mais aussi contre ceux, plus souples, qui pour plaire au Premier consul, voulaient en faire une institution purement politique dont le bénéfice serait réservé aux seuls citoyens (!) « ayant rendu des services éminents à la patrie ». Si l'adoption entra finalement dans le Code Napoléon, ce fut au prix de discussions interminables et de concessions essentielles.

L'adoption, selon Bonaparte, est avant tout une « institution de bienfaisance », dont « l'effet le plus heureux sera de donner des enfants à celui qui en est privé, de donner un père à des enfants devenus orphelins, de lier enfin à l'enfance la vieillesse et l'âge viril ». Pour cela, l'adoption doit « singer la nature ». Mais on ne prétend plus que la copie égale l'original. Loin de créer *ex nihilo* un lien de filiation entre deux individus étrangers par le sang, l'adoption napoléonienne vient seulement consacrer une situation préexistante : possible seulement entre deux majeurs, elle ne peut être exercée « qu'envers l'individu à qui l'on aura, dans sa minorité, et pendant six ans au moins, fourni des secours et donner des soins non interrompus, ou envers celui qui aurait sauvé la vie à l'adoptant, soit dans un combat, soit en le retirant des flammes ou des flots » (Code Napoléon, art. 345).

Une fois précisé que « l'adoption n'est permise qu'aux personnes de l'un ou l'autre sexe, âgées de plus de cinquante ans, qui n'auront, à l'époque de l'adoption, ni enfants, ni descendants légitimes, et qui auront au moins quinze ans de plus que les individus qu'elles se proposent d'adopter » (Code Napoléon, art. 343), on conviendra que son champ se trouve singulièrement réduit.

L'adoption est également limitée dans ses effets : de façon générale, l'adopté reste dans sa famille naturelle et y conserve tous ses droits (Code Napoléon, art. 348). Le législateur est d'ailleurs trop soucieux de préserver les intérêts de la famille de l'adoptant !

L'adoption fut donc finalement sauvée, mais profondément *dénaturée* : adoption de majeurs, adoption de vieillards, adoption d'intérêts, adoption égoïste...

Il faut cependant se garder d'un jugement aussi hâtif. C'est bien de l'adoption d'un mineur qu'il s'agit, puisque ce sont les services rendus pendant l'enfance qui en sont la cause ; il faut seulement attendre que le mineur soit devenu majeur. De plus, l'institution de la tutelle officieuse donne au candidat à l'adoption la possibilité de s'attacher un enfant de moins de quinze ans... en attendant.

Aussi restrictif que soit le système du Code Napoléon, il convient peut-être de rechercher le peu de succès de l'adoption tout au long du XIXe siècle, non dans la loi, mais dans les mœurs. Il faudra attendre les ravages des guerres mondiales et le développement d'un irrésistible désir d'enfant pour que l'adoption apparaisse vraiment comme une nécessité sociale. Dès lors, le législateur moderne, à travers des dispositions sans cesse retouchées, retrouvera les anticipations les plus audacieuses de notre droit révolutionnaire.

HUGHES FULCHIRON, PIERRE MURAT

Hughes Fulchiron : Chargé de recherches au CNRS. Chercheur au Centre de droit de la famille (Lyon III). Auteur d'un ouvrage sur l'*Autorité parentale et parents démunis*, Lyon, CNRS, 1985 ; co-auteur de *Les concubinages*, Lyon, CNRS, 1986.
Pierre Murat : Chargé de travaux dirigés à l'université Jean Moulin. Chercheur au Centre de droit de la famille (Lyon III). Effectue une recherche sur le rôle du juge et de la volonté individuelle dans le droit relatif à l'enfant.

POURQUOI LA LOI ?

entretien avec
SIMONE VEIL

Autrement. - Sous votre ministère de 1974 à 1979, le nombre d'enfants déclarés judiciairement abandonnés a doublé. Il a chuté à nouveau aujourd'hui, alors que celui des enfants délaissés stagne et même croît, sans parler des recueillis temporaires. N'est-ce pas l'un des problèmes majeurs de l'Aide sociale à l'enfance ?

Simone Veil. - C'est à la suite de l'affaire Nowack que la loi de 1966 sur l'adoption a été mise en route. L'objectif de cette réforme était d'éviter que des conflits aussi dramatiques entre famille adoptive et famille biologique ne se reproduisent. Pour cela, il était indispensable de définir clairement la notion d'abandon et de prendre des dispositions pour que cet abandon ne puisse être remis en cause. Par ailleurs, il convenait d'adapter les textes à la situation réelle des enfants et des parents : baisse du nombre des pupilles, forte augmentation du nombre des parents candidats à l'adoption et à un âge plus jeune qu'auparavant.

A l'époque j'étais magistrat à la Chancellerie et j'ai été chargée du secrétariat de la Commission d'études mise en place qui était présidée par René Pleven alors président de la Commission des lois et qui comprenait outre des parlementaires, des personnalités qualifiées, médecins, fonctionnaires de l'aide sociale, parents adoptifs, anciens pupilles, etc. Pour pouvoir présenter rapidement un projet, le garde des Sceaux m'a chargée de le rédiger. Pour éviter qu'un enfant déjà confié en vue de l'adoption puisse être revendiqué par l'un ou l'autre des parents par le sang et éviter les drames que cette situation entraîne, la nouvelle loi a imposé que la situation juridique de l'enfant soit clarifiée avant d'être confiée en vue de l'adoption et que le placement, une fois intervenu, soit définitif sans revendication possible. Dans cette perspective, l'article 350 du Code civil[1] est l'un des aspects essentiels et le plus novateur de la réforme. C'est une idée à laquelle je tenais beaucoup pour clarifier la situation de très nombreux enfants confiés à l'Aide sociale, par la suite délaissés sans avoir fait l'objet d'un abandon formel. Cette disposition permet de recourir à la justice pour déclarer abandonné un enfant et faire ainsi obstacle à une revendication de la famille biologique, lorsqu'elle ne s'est pas occupée de l'enfant, depuis plus d'un an. La procédure prévue est simple : l'administration, dans certains cas, une famille d'accueil, peut déclencher la procédure par requête adressée au tribunal civil[2], lorsque les parents ne se sont pas effectivement manifestés depuis un an.

Les nouvelles dispositions ont entraîné de sérieuses difficultés d'application parce que certains magistrats se sont montrés très réticents et ont fait une application très restrictive de cet article. Les décisions en la matière ont été très différentes d'un département à l'autre. Pour certains d'entre eux, il est si inconcevable qu'une femme puisse se désintéresser volontairement de son enfant qu'il leur paraît impossible qu'un tribunal le déclare abandonné. Cette interprétation du nouvel article 350 du Code civil a pour partie bloqué l'application de la loi car, découragés, les services d'Aide sociale à l'enfance ne prenaient plus l'initiative de diligenter des procédures aux fins de déclaration d'abandon. Dès lors que tribunaux et administrations ne sont pas favorables ou simplement motivés à l'égard de cette procédure, l'article 350 risque d'être peu utilisé et les enfants concernés grandissent comme pupilles de l'État dans les services.

Déjà, lors du débat à l'Assemblée, certains députés, surtout dans l'opposition, étaient méfiants vis-à-vis de cette procédure, car ils craignaient que la mère ne soit pas suffisamment protégée, prenant argument de sa situation de détresse. Les réflexions habituelles sur le vol des enfants des pauvres par les parents adoptifs riches fusèrent ! Alors que les garanties et les aides prévues à l'égard des mères en difficulté sont très nombreuses, et que toute femme qui délaisse son enfant se voit pleinement informée des aides qui peuvent lui être apportées aussi bien que des conséquences et des risques d'adoption.

Au cours des enquêtes diligentées à l'occasion de la procédure d'abandon, des mères qui ne se sont jamais préoccupées de leur enfant, souvent depuis des années, déclarent au magistrat qui les convoquent qu'elles n'ont jamais eu l'intention d'abandonner leur enfant et veulent désormais s'occuper de lui. Les magistrats se contentent souvent de cette déclaration pour juger qu'il y a une manifestation d'intérêt suffisante pour faire obstacle à la demande de déclaration d'abandon.

Les réticences manifestées par certains magistrats à l'égard de l'article 350, et parfois aussi l'inertie des services, sont très préjudiciables à l'intérêt des enfants en cause. Comment modifier ces attitudes ?

Comme ministre, responsable de l'Action sociale, j'ai, à diverses reprises, réuni les responsables des services pour les sensibiliser davantage. Avec le garde des Sceaux nous avons envoyé des circulaires communes aux DAASS et aux Parquets. On ne peut en effet accepter que des enfants soient délaissés dans des institutions, par des mères qui ne reviennent pas les rechercher, alors que tant de couples sont désireux d'adopter des enfants et présentent toutes les garanties pour rendre ces enfants heureux.

Malheureusement, il arrive que les médias, plus ou moins exactement informés, s'emparent d'un cas dans lequel les services ont pris la décision de retirer des enfants d'une famille d'accueil parce que le placement est jugé défaillant, ou encore d'un cas où on refuse de rendre l'enfant à sa mère, pour critiquer violemment l'action des services, sans connaître les raisons souvent valables que peuvent avoir les services pour agir de la sorte, mais qu'ils ne peuvent révéler. Ce genre d'incidents qui suscitent beaucoup d'émotion affectent profondément le fonctionnement des services qui n'osent plus prendre aucune initiative. Il est vrai que dans certains cas, les services ont une vision trop dogmatique ou administrative de la situation.

Quelles sont les mesures qu'il aurait fallu prendre, ou qu'il faudrait prendre ?

Avant de vous répondre précisément, je voudrais vous raconter l'anecdote suivante. Au moment où je quittais le ministère, Igor Barrère, le réalisateur des grandes émissions médicales, souhaitant que je participe à une de ses émissions, m'a demandé quels étaient les thèmes qui me paraissaient intéressants. Je lui ai suggéré de présenter trois thèmes que je considérais comme mes échecs. Naturellement, il a été très étonné parce que ce n'est pas l'habitude des ministres sortant d'avouer leurs échecs. Mais j'estimais qu'il s'agissait de questions particulièrement importantes auxquelles je n'avais pu apporter de réponses satisfaisantes en dépit des efforts qui avaient été faits et qu'il était donc indispensable d'accorder à ces dossiers une attention particulière : les personnes âgées, les malades mentaux et l'Aide sociale à l'enfance.

S'agissant de l'Aide sociale à l'enfance, c'est hélas un constat d'échec que l'on est amené à faire devant la situation de tant d'enfants qui grandissent dans les services sans l'espoir d'être accueillis dans une famille. J'aurais souhaité qu'il puisse y avoir au sein de l'ASE, un personnel spécialisé suffisamment nombreux qui s'occupe plus particulièrement de l'adoption et des enfants abandonnés. Même à l'administration centrale du ministère, ce personnel est très insuffisant en nombre.

Il est absolument nécessaire que les fichiers soient bien tenus et parfaitement à jour, afin qu'un enfant qui remplit les conditions prévues à l'article 350 puisse faire l'objet d'une procédure d'abandon dans les délais les plus brefs. En pratique l'idéal serait que la situation de chaque enfant soit suivie et connue d'un responsable du service de l'ASE auquel il est confié. Avec la décentralisation, ne serait-il pas souhaitable qu'un membre du Conseil général, donc un « politique » s'occupe de ces questions ? Lorsque l'on veut s'y attacher, elles sont passionnantes et elles ont tant d'importance pour les enfants concernés. Beaucoup de fonctionnaires s'investissent personnellement dans ces fonctions, parfois peut-être même trop.

Il serait également souhaitable que l'on aide davantage les familles en difficulté, afin de maintenir les enfants dans leur milieu familial, lorsque les parents aiment leurs enfants et que leurs problèmes sont liés, avant tout, à des difficultés matérielles. Les fonds d'Action sanitaire et sociale ne sont pas toujours utilisés à bon escient : dans bien des cas, il suffirait d'apporter un soutien matériel à un couple en difficulté, de payer le loyer, le gaz, l'électricité par exemple, pour éviter le placement des enfants. Mais l'Aide sociale prend plus facilement en charge des prix de journées que des allocations financières versées aux familles. Pourtant les prix de journée sont si élevés que cela coûterait moins cher d'aider une famille surtout lorsqu'il y a plusieurs enfants et cela éviterait bien des traumatismes dont les enfants ne se remettront jamais. Effectivement de tels choix nécessitent un suivi, la présence d'une assistante sociale, etc. Alors il peut paraître plus simple et plus facile de retirer les enfants !

Que pensez-vous d'une initiative comme celle de Jean-Luc Lahaye ?
Je n'en connais pas les modalités précises, mais a priori, si son action est coordonnée avec l'Aide à l'enfance et qu'elle peut insuffler des idées neuves, il faut s'en féliciter. Mais je regrette que l'image trop souvent donnée des services d'accueil soit celle de l'Assistance d'il y a trente ans, et non celle de l'ASE d'aujourd'hui, qui est tout à fait différente.

Cela étant, on voit actuellement se développer le sentiment que certaines missions de service public, notamment dans le domaine social, ne relèvent plus de la responsabilité publique mais de l'initiative et de la charité privées. Cette idée me choque profondément, elle conduit à la disparition de l'idée de solidarité collective. Et je suis foncièrement opposée à ce courant qui tend à préférer systématiquement l'appel à des financements privés favorisés par une déductibilité des impôts (!), à la solidarité nationale. L'une et l'autre ont leur rôle à jouer de façon non exclusive. Il y a peu d'années tout appel au mécénat et à la générosité était vivement récusé par la gauche. C'était absurde. On risque de passer à l'excès inverse.

Une proposition de loi, tendant à encourager toute femme se présentant pour une IVG à porter sa grossesse à terme et à signer une déclaration prénatale de consentement à l'adoption a été dernièrement déposée sur le bureau de l'Assemblée[3]. Pensez-vous que c'est une remise en cause de votre loi de 1975 sur l'IVG, et que l'on pourrait ainsi augmenter le nombre d'enfants à adopter ?
Ce n'est pas une remise en cause de la loi sur l'IVG mais plutôt des dispositions de la loi sur l'adoption qui garantissent les droits de la mère de revenir sur son consentement à l'adoption pendant trois mois. En 1974, lors du vote de la loi, déjà certains estimaient que l'on pourrait éviter des avortements en favorisant l'abandon et l'adoption comme alternative.

Je comprends les préoccupations des auteurs de cette proposition, mais je ne pense pas que ce soit une vision réaliste de la situation des femmes concernées. En pratique l'alternative n'existe guère. C'est la grossesse elle-même que la mère n'est pas prête à assumer. Toute femme qui se présente pour une IVG se voit préciser, lors de l'entretien social qui doit la précéder, les aides dont elle peut bénéficier mais dans bien des cas ce ne sont pas seulement des problèmes matériels qui sont en cause mais bien d'autres raisons : adultère, situation familiale.

Seriez-vous favorable à la suppression de l'accouchement sous X, et donc à la disparition du secret des origines, comme certains parlementaires le préconisent régulièrement ?
C'est une question extrêmement délicate. L'Assistance Publique tient beaucoup au maintien du secret des origines pour éviter les drames que pourrait provoquer la révélation de l'existence d'un enfant qui avait été abandonné ; son retour peut en effet, des années après, bouleverser la vie d'une famille. L'accouchement sous X avait donc un double objectif : préserver la paix des familles et lutter contre l'infanticide.
Alors même qu'il y a désormais un nombre très faible d'abandons, l'argument ne reste-t-il pas toujours vrai ? Il est certain que les mentalités ont beaucoup évolué ces dernières années. Aujourd'hui une jeune fille enceinte hors mariage n'encourt plus la réprobation sociale. L'enfant naturel n'est plus rejeté ni même juridiquement discriminé. Je dirais même que parfois au contraire, l'enfant d'une mère célibataire est parfois particulièrement choyé par la famille. Les abandons résultent toujours de situation complexe ; c'est le cas par exemple de très jeunes filles dont les parents ne sont pas prêts à accepter la situation pour des raisons religieuses ou sociologiques.
Les partisans de la levée du secret font valoir que c'est un droit pour chacun de savoir qui est sa mère ; entre ces deux intérêts contradictoires il me semble que ceux de la mère doivent en l'espèce être préférés, sauf à favoriser à nouveau l'infanticide ou les « abandons sauvages ». On pourrait cependant envisager certains assouplissements à la règle du secret : dans le cas où l'enfant souhaiterait retrouver sa mère, ce

sont les services d'Aide sociale qui se mettraient en relation avec elle et qui pourraient jouer le rôle d'intermédiaire, prévenant la mère que leur enfant la recherche. Ce serait une procédure similaire à celle de la recherche dans l'intérêt des familles.

Vous êtes, madame, la rédactrice de la loi de 1966, et vous avez cosigné un ouvrage avec le professeur Soulé et avec le docteur Launay[4] ; pourquoi avez-vous manifesté cet intérêt au problème de l'adoption ?
C'est un hasard. Je suis arrivée à la direction civile à la Chancellerie, comme je vous l'ai dit, pour être secrétaire de la Commission de réforme de la loi. Je me suis beaucoup investie dans cette tâche et passionnée pour le sujet.

Pensez-vous qu'il y aurait des points à modifier dans le texte actuel ?
Le texte a été remanié en 1976, pour tenter d'assouplir les possibilités d'adoption et répondre aux nombreuses candidatures. Lorsqu'on modifie une loi c'est pour combler des lacunes, régler des difficultés d'application ou l'adapter à une situation nouvelle ; ne travaillant plus sur ce sujet, je ne sais s'il y a actuellement des difficultés particulières, sauf qu'il y a toujours, et même de plus en plus de personnes qui voudraient adopter un enfant, et très peu d'enfants susceptibles de l'être. L'adoption d'enfants à l'étranger a donné une autre dimension à l'adoption, mais la législation française entraîne souvent de sérieuses difficultés d'application et de grands délais. Le problème majeur, c'est le manque d'information des personnes qui partent à l'étranger pour adopter un enfant alors qu'ils ignorent tout des pratiques administratives et des lois. Les services en France auraient un rôle d'information à tenir à ce sujet.

Des conventions bilatérales pourraient résoudre les problèmes de conflits de lois auxquels se heurtent les parents adoptifs. Mais les pays concernés, pays en développement ou même des pays de l'Est sont très réticents à reconnaître l'existence de ces adoptions ; il faut donc être prudent.

Les pouvoirs publics doivent être très vigilants quant à l'attitude et surtout quant aux propos à tenir en matière d'adoption internationale.

Désormais, on ne peut plus aborder le domaine de l'adoption sans le lier aux nouvelles techniques de procréation assistée. Êtes-vous favorable à l'adoption des embryons congelés surnuméraires ? Pensez-vous qu'il faille demander au mari d'un couple qui a recours à une IAD, d'adopter l'enfant ainsi conçu ? Enfin, faut-il, à votre avis, réprimer le détournement qui est fait de la loi sur l'adoption par les couples qui font appel à une mère porteuse ?
On peut imaginer qu'un jour, on ne soit tenté de fabriquer des enfants pour ces couples qui sont prêts à tout pour avoir un enfant à adopter — On considère aujourd'hui parfois que c'est un droit de pouvoir obtenir un enfant à adopter. Mais une telle approche paraît horrible. Nous serions alors dans « le meilleur des mondes » !

Je pense qu'il est trop tôt pour légiférer à l'égard de ces nouvel les techniques de procréation assistée qui ont évolué très rapidement... Nous n'avons pas assez de recul.
Reprenons vos questions une par une :
— L'adoption peut dans certaines situations constituer une bonne technique juridique. En effet, l'intervention du juge, chargé de contrôler la régularité de la procédure et la valeur du consentement de la mère, apporte des garanties.
— La loi sur l'adoption, dans le cas d'un enfant né d'une mère porteuse peut être une solution même si la pratique en est inter-

dite, il peut y avoir des situations de fait à résoudre.

— Pour le couple qui a recours à une insémination artificielle, il faudrait élaborer une procédure qui fasse obstacle à ce qu'un mari désavoue l'enfant né d'une intervention qu'il a expressément acceptée.

— Enfin, je pense qu'il ne serait pas opportun de légiférer dans la hâte sur ce problème des embryons surnuméraires congelés. Si le législateur désirait intervenir, il faudrait prévoir des conditions de délais de conservation très strictes. Ces embryons ne devraient pas pouvoir faire l'objet d'un don, ni d'une adoption.

1. Code civil, art. 350, L. n° 76-1179 du 22 déc. 1976. L'enfant recueilli par un particulier, une œuvre privée ou un service de l'aide sociale à l'enfance, dont les parents se sont manifestement désintéressés pendant l'année qui précède l'introduction de la demande en déclaration d'abandon, peut être déclaré abandonné par le tribunal de grande instance.
Sont considérés comme s'étant manifestement désintéressés de leur enfant les parents qui n'ont pas entretenu avec lui les relations nécessaires au maintien de liens affectifs.
La simple rétractation du consentement à l'adoption, la demande de nouvelles ou l'intention exprimée mais non suivie d'effet de reprendre l'enfant n'est pas une marque d'intérêt suffisante pour motiver de plein droit le rejet d'une demande en déclaration d'abandon.
L'abandon n'est pas déclaré si, au cours du délai prévu au premier alinéa du présent article, un membre de la famille a demandé à assumer la charge de l'enfant et si cette demande est jugée conforme à l'intérêt de ce dernier.
2. Nouveau code de procédure civile : la déclaration d'abandon.
Art. 1158. La demande en déclaration d'abandon est portée devant le tribunal de grande instance du lieu où demeure l'enfant ; lorsqu'elle émane du service de l'aide sociale à l'enfance, elle est portée devant le tribunal de grande instance du chef-lieu du département dans lequel l'enfant a été recueilli.
Art. 1159. L'instance obéit aux règles de la procédure en matière contentieuse.
Art. 1160. La demande est formée par requête remise au secrétariat greffe. Elle peut aussi être formée par simple requête du demandeur lui-même, remise au procureur de la République, qui doit la transmettre au tribunal.
Le greffier convoque les intéressés par lettre recommandée avec demande d'avis de réception.
3. Proposition de loi tendant à instituer une déclaration prénatale de consentement à l'adoption enregistrée à la présidence de l'Assemblée nationale, le 23 avril 1987 ; proposée entre autres par Michel de Rostolan et Christine Boutin.
4. *L'adoption, données médicales, psychologiques et sociales*, Clément Launay, Michel Soulé, Simone Veil, ESF, 1978.

propos recueillis en juillet 1987 par
BRIGITTE TRILLAT

JACQUELINE RUBELLIN-DEVICHI

UNE FILIATION ÉLECTIVE

L'ADOPTION N'EST PLUS AUJOURD'HUI UN CONTRAT NÉ D'UNE DÉCISION INDIVIDUELLE, C'EST UNE INSTITUTION DONT LE BUT EST DE DONNER UNE FAMILLE À UN ENFANT ET D'ÉVITER L'ABANDON DIFFÉRÉ.
MAIS, FACE À CETTE DISTORSION ENTRE LA DEMANDE DES FAMILLES ADOPTIVES ET LE FAIBLE NOMBRE D'ENFANTS À ADOPTER, N'EST-ELLE PAS AUSSI DEVENUE UNE AFFAIRE DE POUVOIRS ?

Résultat d'un choix délibéré, et non conséquence de relations charnelles, la filiation adoptive ne peut plus se démarquer, comme naguère, des autres filiations par son aspect volontariste, depuis que la reproduction s'est dissociée de l'acte sexuel tant par les méthodes de contraception (« l'amour sans l'enfant ») que par celles de la procréation assistée (« l'enfant sans l'amour »).

Si l'établissement de la filiation biologique se résout, en termes de droit, à faire proclamer la vérité de sa paternité ou de sa maternité (droit auquel seule l'adoption prononcée peut faire barrage), l'établissement de la filiation adoptive se résout essentiellement en termes de pouvoirs, et ces pouvoirs ont pris une importance énorme aujourd'hui, à cause sans doute de la rareté des enfants adoptables, jeunes et français de race blanche.

Les chiffres donnés par le ministère de la Justice en 1987 faisaient état de 20 000 à 30 000 couples demandeurs — tandis que 5 000 enfants sont en moyenne adoptés chaque année.

L'ADOPTION EST UNE AFFAIRE DE POUVOIRS

Pouvoir d'abord de l'Aide sociale à l'enfance, qui permet, ou ne permet pas, à un couple de recourir à l'adoption d'un pupille de l'État ou d'un enfant étranger déclaré adoptable dans son pays, et qui ne permet pas, en principe, à un célibataire de recourir à l'adoption, ce qui conduit les concubins candidats parents adoptifs à convoler en « justes » noces.

Comme il y a pénurie d'enfants, pléthore de parents, quels critères socioprofessionnels pourraient être retenus sans une large part d'arbitraire ?

Pouvoir, ensuite, des parents. La sélection par l'argent et le milieu existe bel et bien. Par l'argent, parce qu'il faut en avoir pour aller chercher un enfant à l'étranger, ou payer les frais afférents au séjour de l'enfant dans la crèche ou l'orphelinat d'où il vient. Par le milieu, parce qu'il est certains milieux où l'on se procure plus facilement un enfant, en sollicitant les femmes qui ne veulent pas garder celui qu'elles vont mettre au monde, ou en ayant carrément recours à une mère porteuse. Et aussi parce que l'enfant, cette denrée rarissime, sera plus facilement remis par l'Aide sociale à un couple de bourgeois qu'à un couple de milieu modeste, moins à l'abri du besoin et du chômage.

Pouvoir, enfin, des juges. Ceux-ci ont le devoir de ne prononcer l'adoption que s'ils l'estiment conforme à l'intérêt de l'enfant, même si les conditions, au demeurant peu sévères, en sont remplies : or, qu'y a-t-il de plus subjectif que l'appréciation de l'intérêt de l'enfant ? Les juges peuvent aussi, avec l'accord du requérant, prononcer l'adoption simple alors même que l'adoption plénière est demandée, mais cette faculté-là est précieuse, et ils n'en usent pas toujours assez...

DONNER D'ABORD UNE FAMILLE À UN ENFANT

La finalité première de l'adoption — les œuvres privées en font leur devise — c'est d'abord, donner une famille à un enfant tout en donnant un enfant à une famille.

On remarquera que notre législation sur l'adoption est tout à fait satisfaisante, surtout depuis 1976, année où a été introduite la possibilité d'adopter alors que l'on a déjà des enfants : il s'agit bien alors de donner une famille à un enfant qui n'en a pas ou plus, avant même que de donner un enfant à une famille.

Tout au plus pourrait-on encore abaisser les conditions d'âge minimum requises pour adopter, puisque l'on sait très vite aujourd'hui si l'on pourra ou non procréer. Peut-être pourrait-on également admettre, par une réforme législative minime, l'adoption à titre posthume ; à plusieurs reprises, la question a été posée devant les tribunaux, et deux d'entre eux ont admis que l'enfant pouvait être adopté après son décès. On les comprend : dans un cas, l'adoption en cours était celle d'un frère et d'une sœur recueillis depuis longtemps ; le jeune garçon venait de mourir dans un accident, et les parents adoptifs, qui le considéraient depuis longtemps comme leur enfant, souhaitaient l'inhumer dans leur caveau de famille et conserver son souvenir dans l'esprit de sa petite sœur, qui devenait leur fille unique. Dans un autre cas, il s'agissait d'un enfant qui n'avait échappé aux atrocités d'une guerre civile où toute sa famille avait été détruite que pour mourir en route, sans nom ni état civil.

L'un des plus graves problèmes que pose l'adoption des pupilles de l'État est celui de l'application de l'article 350 du code civil, concernant l'enfant généralement confié à l'Aide sociale par ses parents en difficulté. Ceux-ci, peu à peu, espacent leurs visites, puis l'oublient. Mais alors il n'est plus adoptable.

En permettant de déclarer abandonné l'enfant « dont les parents se sont *manifestement désintéressés pendant un an* », la loi fixe un délai raisonnable, d'autant que certaines précautions sont prises pour éviter les abus, dans les deux sens : le sursaut de vertu parentale, qui déclenche chez certains l'envoi d'une carte postale ou la promesse de reprendre l'enfant, ne suffit pas à prouver la volonté de maintenir des liens affectifs ; à l'inverse, le tribunal n'est jamais obligé de déclarer l'enfant abandonné, même si les conditions posées au texte sont remplies. Les « articles 350 », comme disent les travailleurs sociaux, sont généralement des enfants pour lesquels il n'y a pas de conflit, et l'Aide sociale n'a pas de mal à persuader les tribunaux de l'opportunité de déclarer l'enfant abandonné, donc adoptable.

Mais il est des cas où l'administration est convaincue qu'il y va de l'intérêt de l'enfant d'être élevé dans la famille qui le désire, et souvent l'a déjà accueilli, plutôt que d'être repris par les parents, ou par la mère et son nouveau conjoint. L'Aide sociale a alors tendance à éviter de renseigner le parent qui demande des nouvelles de son enfant et manifeste le désir de le reprendre une fois les difficultés passées. Telle jeune femme, restée longtemps sans travail, a pu établir devant le tribunal que l'on refusait de lui communiquer l'adresse de la nourrice et que ses lettres n'avaient pas été prises en considération ; tel père, africain, avait économisé pendant un an pour acheter son billet de retour et revenir auprès de son enfant, et fut cependant assigné pour faire constater l'abandon !

Il est vrai aussi que les juges ont tendance à privilégier les liens du sang — qui sont au moins incontestables —, et ne réalisent pas toujours le danger, moral et parfois physique, auquel l'enfant est exposé lorsqu'il est repris par des parents fragiles, immatures ou alcooliques. Le droit naturel risque de faire bien des dégâts, et l'enfant, auquel ses parents ne se seront intéressés que par réaction à la demande en déclaration d'abandon, se retrouvera probablement sans famille, ni par le sang ni adoptive, victime de ce que les travailleurs sociaux connaissent bien sous le nom d'abandon différé...

ADOPTER L'ENFANT DE SON CONJOINT

Il n'y a presque plus de conditions lorsqu'il s'agit d'adopter l'enfant de son conjoint, tant la loi est favorable à la recréation d'une famille biparentale autour de l'enfant orphelin de père ou de mère ; il serait d'ailleurs historiquement plus juste de dire famille *légitime*, tant la loi a encouragé le mariage, fondement de la seule famille reconnue naguère comme cellule de base de la société. En tout cas, s'il s'agit d'une adoption simple (la seule possible lorsque l'adopté a plus de quinze ans), elle produit fiscalement les effets d'une adoption plénière. L'enfant adoptif payera les mêmes droits de succession qu'un descendant par le sang[1].

Le choix entre l'adoption plénière et l'adoption simple a une incidence considérable sur le reste de la famille : l'enfant adopté *simplement* conserve sa famille d'origine, la famille adoptive s'ajoutant à celle-ci. Ainsi peut-il éventuellement avoir huit grands-parents, s'il est adopté par un couple. Jusqu'en 1976, la mère ou le père qui faisait adopter l'enfant par son nouveau conjoint perdait tout droit sur l'enfant puisque, en matière d'adoption *plénière*, l'adopté cesse d'appartenir à sa famille par le sang, et que sa filiation adoptive se substitue à sa famille d'origine : l'adoption de l'enfant du conjoint se faisait donc toujours, ou presque, par adoption simple. Mais pour éviter les conséquences fâcheuses d'une adoption plénière demandée et prononcée par inadvertance, la loi de 1976 a décidé que l'adoption de l'enfant du conjoint laisserait désormais subsister la filiation d'origine à l'égard de ce conjoint et de sa famille, et produirait les effets d'une adoption par deux époux. Comme on pouvait le prévoir, beaucoup de couples ont demandé alors l'adoption plénière, pour mieux recréer l'image d'une famille. Et lorsque le mariage d'où est issu l'enfant avait été rompu par divorce, c'était une façon aussi de régler les comptes avec son ancienne belle-famille...

Lorsque est prononcée l'adoption plénière de l'enfant du conjoint, cet enfant, qui a déjà perdu par la mort son père ou sa mère, perd aussi ses grands-parents de la même ligne, qui deviennent des étrangers pour lui, et il en acquiert de nouveaux, qui *a priori* lui sont complètement indifférents.

A plusieurs reprises, les tribunaux ont dû dire à ces grands-parents privés de leurs petits-enfants qu'ils n'avaient pas à être informés de la procédure d'adoption, ne pouvaient donc pas faire appel, et que, la tierce-opposition n'étant recevable qu'en cas de dol ou de fraude des adoptants, il leur incombait de prouver cette fraude ou ce dol. Autant dire que la preuve est impossible. La seule faveur, si l'on ose dire, dont ils bénéficient est que, devenus étrangers (s'ils lèguent leurs biens à leur petit-fils, ce dernier payera 60 p. 100 de droits de succession), ils peuvent cependant revendiquer un droit de visite que le tribunal leur accordera en considération de la situation exceptionnelle que constitue le lien de parenté aboli. La Cour de cassation a eu à dire, dans un arrêt du 5 mai 1986, que ce « droit de visite » pouvait même aller jusqu'à un « droit d'hébergement ». L'espèce est particulièrement éclairante : généralement, c'est la mère qui, après divorce, se remarie, et, au décès de son ex-époux, fait adopter l'enfant par son second conjoint. Ici, la mère était morte alors que la petite Sandrine avait à peine un an et celle-ci avait été élevée, jusqu'à son adoption survenue alors qu'elle avait à peu près cinq ans, par sa grand-mère maternelle ; on se demande à quoi ont pensé les magistrats en prononçant l'adoption plénière, alors qu'ils ont le pouvoir de ne prononcer que l'adoption simple ! Il est juste de souligner qu'en présence d'une demande d'adoption de l'enfant du conjoint, la plupart des tribunaux se soucient de la situation familiale et ne statuent qu'après avoir obtenu les éclaircissements nécessaires ; mais cette règle de bon sens devrait être respectée par tous.

MÈRES PORTEUSES, OU LE DÉTOURNEMENT DE L'INSTITUTION

L'adoption est fréquemment utilisée — et c'est la technique la moins risquée — pour établir la filiation d'un enfant né d'une mère porteuse. Le scénario, répété déjà à plus de cent exemplaires en France, est le suivant : la mère porteuse accouche sous X ; dans le couple « sponsor », le mari, qui est en général (mais pas toujours) le donneur de sperme, reconnaît l'enfant, de préférence avant la naissance, pour éviter que l'enfant n'ait pas de filiation et soit recueilli par l'Aide sociale. Puis, l'épouse adopte l'enfant de son conjoint. Contrairement à une croyance trop répandue, la mère véritable peut toujours reconnaître son enfant, et n'est pas enfermée dans le délai de trois mois offert à celle qui *abandonne* son enfant pour revenir sur sa décision et le reprendre à l'Aide sociale.

Il est arrivé que, par ce moyen, un couple s'attribue l'enfant à naître d'une mère qui ne voulait pas le garder. La reconnaissance, mensongère cette fois, du mari, suivie de l'adoption par la femme, pourra toujours être contestée. Mais, si la véritable mère a souvent envie de reprendre son enfant, elle hésite à le faire et finit toujours par abandonner son projet. La contestation de reconnaissance pourrait être suivie d'une procédure pénale pour faux en écriture publique, mais elle ne l'est pratiquement jamais. En revanche, lorsque le couple « sponsor » déclare l'enfant comme né de la femme mariée, le procureur de la République, lorsque la supercherie est découverte, poursuit toujours pour supposition d'enfant, et c'est folie que de conseiller cette manière d'agir pour éviter de recourir à l'adoption.

Une affaire intéressante a été soumise au tribunal d'Aix-en-Provence le 5 décembre 1984. Une femme avait été inséminée, non artificiellement, par le mari de sa sœur stérile. L'enfant avait été déclaré sous le nom de sa mère biologique, et celle-ci, mal conseillée peut-être, a attendu deux ans pour donner son consentement à l'adoption, ignorant peut-être que cette exigence ne s'appliquait pas entre parents jusqu'au sixième degré. Le tribunal n'a pas voulu prononcer l'adoption plénière, et a choisi l'adoption simple. Ceux qui pensent que les secrets ne doivent être maintenus que s'ils sont bien gardés trouveront la décision astucieuse. Toute la famille était au courant.

Il y a longtemps que des propositions de lois généreuses, mais un peu utopiques, essayent de faire admettre l'adoption d'embryon, pour diminuer le nombre d'IVG et, aujourd'hui, pour donner un support juridique au don d'embryon, avant même que l'enfant naisse : une telle faculté ne serait envisageable qu'au prix d'une déformation considérable de l'adoption, qui suppose d'abord des consentements éclairés et confère au juge un pouvoir souverain d'appréciation de l'intérêt de l'enfant.

ADOPTER SON PROPRE ENFANT, SON PETIT-ENFANT... OU SON CONCUBIN

Rien n'empêche une mère ou un père d'adopter son propre enfant. Ainsi en a décidé la Cour de cassation depuis 1846. Il ne s'agit pas de remplacer un lien de parenté, mais de renforcer le lien existant. Les tribunaux ont assez fréquemment prononcé l'adoption de l'enfant né hors mariage, du temps où l'enfant naturel avait moins de droit que l'enfant légitime, auquel est assimilé, totalement depuis 1966, l'enfant adopté.

Aujourd'hui, on relève encore quelques cas d'adoption de son propre enfant, notamment lorsqu'il s'agit d'un enfant né d'un adultère, parce que la part successorale de cet enfant devrait être diminuée de moitié en présence de frères et sœurs légitimes. L'adoption est un bon procédé pour le faire échapper à cette *capitis deminutio*. Le plus extravagant est que la cour de Paris, approuvée par la Cour de cassation le 8 octobre 1985, en a déduit qu'une fille, adultérine mais adoptée par son père, avait pu faire valoir son statut contre ses cinq frères et sœurs, adultérins comme elle, mais non adoptés. Elle a donc récupéré sa part successorale, plus cinq fois la moitié de celle-ci, au détriment de ses frères et sœurs ! Personne ne critiquera la réforme en cours, qui abolira les dernières séquelles de l'infériorité des enfants adultérins.

L'adoption par les grands-parents est également prononcée sans trop d'hésitation par les tribunaux. Apparemment troublante parce qu'elle supprime un degré dans les générations, elle est cependant utile et acceptable lorsqu'elle n'a pas pour finalité vraie la création du lien de filiation. Ainsi, lorsque la mère est décédée, ou déchue de ses droits d'autorité parentale, ou qu'elle donne son consentement parce qu'elle n'a pas envie ou se sent incapable de s'occuper de son enfant, les grands-parents, qui élèvent celui-ci, ont besoin d'exercer l'autorité parentale. Au regard du droit successoral, l'avantage est incontestable : l'enfant deviendra, au même titre que sa mère, héritier réservataire, partagera la succession avec elle, et bénéficiera de l'exonération des droits sur la première tranche de 275 000 F de sa part successorale.

Là s'arrête, ou devrait s'arrêter, l'utilisation de l'adoption pour une finalité autre que la sienne.

L'adoption entre époux n'est pas possible, parce, comme l'enseignait

Demolombe au siècle dernier, « le même individu ne peut être à la fois le père et le mari de sa même femme ». Excellente raison pour que la cour de Riom refuse, le 9 juillet 1981, à un homme qui voulait se retirer des affaires et laisser sa concubine à la tête de son entreprise, l'adoption de cette femme dont il avait d'ailleurs un enfant. L'adoption ne saurait servir de moyen d'évasion fiscale, but avoué de l'opération.

Les tribunaux ne sont pas toujours assez perspicaces lorsque des couples homosexuels recourent à l'adoption, pour que le plus âgé puisse laisser ses biens à son jeune compagnon sans que celui-ci ait à verser 60 p. 100 de droits de succession, et l'on s'aperçoit que la justice croit trop aisément à des relations de père à fils. Il y a parfois des situations flagrantes : ainsi, le 3 novembre 1982, le tribunal de grande instance de Paris n'a-t-il eu aucun scrupule à refuser de prononcer l'adoption, dans une espèce où les deux hommes avaient presque vingt ans de différence, vivaient dans un appartement de 30 m², meublé d'un lit à deux places et d'un petit divan, que le plus jeune avait démissionné en 1981 et vivait de ses économies...

Faut-il réformer l'institution pour en enrayer les abus ou les mauvais fonctionnements ? Certes non. La loi sur l'adoption est une bonne loi ; les principes généraux du droit suffisent pour sanctionner les détournements d'institution et les magistrats se montrent généralement très prudents.

Les services et les institutions qui s'occupent de l'adoption bénéficient, c'est vrai, d'un immense pouvoir, discrétionnaire à cause du déséquilibre important qui existe entre l'offre et la demande, s'il faut appeler les choses par leur nom.

La seule action efficace serait, en la matière, la lutte contre la stérilité. Il y a longtemps que les médecins disent que cette lutte passe, avant la procréation assistée et une meilleure maîtrise de la reproduction, par le simple apprentissage de l'hygiène.

En cette fin de siècle, l'adoption devrait être essentiellement un moyen de donner une famille aux enfants qui en sont privés, et seulement à titre exceptionnel la consolation des couples qui n'ont pas d'enfants.

— *JACQUELINE RUBELLIN-DEVICHI* —

Professeur de droit à l'université Jean-Moulin (Lyon III) ; directeur du Centre de droit de la famille (Lyon). Auteur de : *L'Évolution du statut civil de la famille depuis 1945*, CNRS, 1983 ; *Les Concubinages*, CNRS, 1986, 1987 (deux tomes parus, deux à paraître).

1. Pour produire cet effet fiscal, l'adoption simple doit s'accompagner d'autres conditions, notamment de durée de prise en charge des frais afférents à l'éducation de l'enfant, faute de quoi l'enfant est considéré comme un étranger et paye donc 60 p. 100 de droits de succession.

L'AMOUR TRANSMIS OU LA DOUBLE ADOPTION

TROUVER UN BOUT DE CHOU CHINOIS DE TROIS ANS UN MATIN SUR SON PAILLASSON... S'OUVRE ALORS UNE COURSE DE PLUSIEURS MOIS POUR OBTENIR, EN VUE DE SON ADOPTION, LE CONSENTEMENT DES PARENTS.

Il y a de cela douze ans, une famille chinoise qui ne souhaitait pas garder son plus jeune fils a tenté de me le faire adopter : les parents étaient séparés, le père s'était mis en ménage avec une demoiselle qui trouvait la charge des enfants trop lourde, et la mère avait disparu dans la nature. Benjamin avait trois ans et demi. Son père voulait bien aller chez le notaire, mais sa mère qui ne l'avait pas revu depuis sa naissance refusait. La situation était inextricable, puisque la loi exige — fort heureusement ! — l'accord des deux parents. Nous nous sommes donc, mon mari et moi, orientés vers un marrainat, qui nous aurait permis de pourvoir aux besoins de Benjamin, et de l'avoir chez nous en week-end et aux vacances, mais cette solution n'a pas suffi. Sa belle-mère, qui n'en voulait vraiment pas, s'est arrangée pour le déposer à la DDASS dès que j'ai eu le dos tourné.

Puisque Benjamin n'était pas adoptable, nous avons poursuivi notre quête d'enfant, et je suis partie pour Taïwan chercher la petite Clémentine.

UN FARDEAU EN MOINS

Clémentine n'était pas dans un orphelinat : dernier bébé d'une famille de paysans, elle est devenue ma fille par une simple renonciation à droits parentaux, signée au tribunal de Taipei un matin gris de décembre, à grands renforts de sceaux (qui tiennent lieu de signature dans ce pays). Est-on ému ou troublé lorsqu'un pareil document transfère en un instant la maternité (et la paternité) des épaules de l'une sur celles de l'autre ?

Le papier n'est rien, tous ceux qui ont vécu la même expérience seront sans doute d'accord avec moi. La famille d'origine est mal à l'aise (imaginez ce que c'est, pour un couple de paysans, de se retrouver au tribunal de la grande ville, avec des étrangers en plus !), l'enfant a trop chaud, la séance s'éternise, et l'on voudrait au moins pouvoir lui donner à boire... Il n'y a pas de trémolos, mais il n'y a rien de sordide non plus : ni tractation, ni « vente d'enfant », ni intermédiaires véreux : tout le monde sort content du tribunal : les uns avec un fardeau en moins, les autres à leur bonheur d'être parents.

Les scrupules quant à la « pauvre mère dépossédée », aux « parents contraints par la misère d'abandonner leur progéniture tant aimée », etc., sont purement occidentaux. C'est bien pour cela que la renonciation à droits parentaux est si rare dans nos contrées : quels sont les parents français qui reconnaîtraient franchement — mis à part les adoptions pour problèmes d'héritage au sein d'une même famille, qui sont très différentes — qu'ils ne veulent pas de leur enfant et le céderaient volontiers aux voisins ? Le dépôt à la DDASS est plus anonyme, et permet aussi de se masquer la réalité : « J'ai placé mon fils à la DDASS parce que je ne peux pas l'élever, mais je vais le reprendre le plus vite possible ! » Le courage de l'abandon total est rare. L'audace de l'abandon à des personnes répertoriées encore plus exceptionnelle.

LE RENONCEMENT FINAL

En droit français, quiconque peut renoncer à ses droits sur ses enfants, soit en faveur de l'État, par l'entreprise de la DDASS qui se chargera alors de faire adopter l'enfant concerné, soit en faveur d'une personne désignée nommément. Dans ce second cas, il suffit que les parents de l'enfant se présentent devant un notaire pour y signer un acte de renonciation qui sera irrévocable au bout de trois mois. Les démarches pour l'adoption ne pourront être entamées que trois mois plus tard, puisqu'il faut que l'enfant ait été recueilli depuis plus de six mois pour que le dossier soit pris en compte.

La renonciation à droits parentaux est donc un moyen très souple (et très rapide) de transfert de paternité, et donc de filiation. Mais elle suppose une entente intégrale des parties concernées. Elle est peu fréquente en France.

Dans la pratique, s'il s'agit d'un enfant de plus de deux ans, la médiation de la DDASS n'est nullement indispensable. Il appartient au tribunal auprès duquel la demande d'adoption a été déposée six mois après l'arrivée de l'enfant d'ordonner une enquête de police et de faire vérifier les conditions matérielles dans lesquelles vit l'enfant concerné, mais il n'est pas impératif d'avoir l'accord de la DDASS. Si on l'a, tant mieux, le dossier n'en sera que plus étayé.

Quand il s'agit d'une adoption à l'étranger, il est par contre impératif... pour des raisons consulaires : un visa d'adoption n'est donné à un enfant étranger qu'avec l'accord du ministère des Affaires étrangères, lui-même soumis à celui de la DDASS. Quand je suis revenue de Taïwan avec ma fille, Benjamin avait été placé à la DDASS et son père avait signé une renonciation en faveur de l'État. Sa mère était recherchée, pour faire valoir ses droits et le reprendre si elle en manifestait le désir, ou donner son accord pour qu'il soit adopté dans le cas contraire.

Mon mari était hostile à l'idée que nous le prenions, et j'étais dans le plus profond désarroi. La chance a voulu que je trouve Sébastien et Chloé, qui ont adopté Benjamin dès qu'il a pu l'être... après une renonciation à droits parentaux en bonne et due forme, que la mère de l'enfant a signée sans regimber, enfin convaincue qu'il n'y avait pas de meilleure solution pour l'enfant.

L'angoisse de l'acte notarié est une angoisse préliminaire. La renonciation à droits parentaux signée, la famille adoptante redoute pendant trois mois que la famille d'origine ne se rétracte ; c'est pourquoi, si d'aventure ce texte tombait sous les yeux des législateurs, je suggérerais de raccourcir ou de supprimer ce délai dans deux cas : s'agissant de parents renonçants majeurs d'une part, et d'enfants de plus de deux ans d'autre part. Quand on a vécu deux ans avec un enfant, on doit quand même savoir si on souhaite le garder ou non... Ce qui n'est pas forcément le cas pour une jeune fille de seize ans et son bébé de trois mois.

L'intérêt de l'enfant qui passe ainsi d'une famille à l'autre est d'être assuré dès le premier jour de rester dans sa nouvelle famille.

La famille qui compte, c'est celle du cœur.

Avec un recul de douze ans, Benjamin et Clémentine en sont le meilleur exemple... Si la renonciation à droits parentaux n'existait pas, il y aurait un adolescent mal-aimé de plus dans les foyers de la DDASS, en ce moment... Et ma brillante petite fille garderait les buffles dans une rizière sans grande affection familiale...

SYLVIE SERVAN-SHREIBER

Sinologue, traducteur, écrivain. Auteur de *Les Bateaux de Benjamin, histoire d'une adoption*, Plon, 1987.

CAMILLE LACOSTE-DUJARDIN

« DE VOS ENFANTS ADOPTIFS, ALLAH N'A POINT FAIT VOS FILS »[1]

AU NOM DE LA CHARIA, L'ALGÉRIE ET LE MAROC ONT INTERDIT L'ADOPTION. LA TUNISIE, ELLE, A PRÉFÉRÉ RÉSOUDRE LE PROBLÈME DE L'ENFANCE ABANDONNÉE.

L'avenir de l'enfant abandonné « est gravement obéré par l'interdiction de l'adoption actuellement en vigueur en Algérie et les conditions d'élevage en milieu institutionnel », écrit le professeur Boucebci, psychiatre algérien, en 1982.

« L'adoption *(tabbani)* est interdite par la *charia* (loi religieuse) et la loi. » Cet article 46 du chapitre V de « De la filiation », de la loi n° 84-11 du 9 juin 1984 « Code de la famille » en Algérie, a donné lieu à maintes controverses. A dire vrai, et malgré le nombre croissant d'enfants abandonnés, les protestataires sont loin de rencontrer l'adhésion de la population algérienne. Les partisans du code avancent que celui-ci reconnaît le « recueil légal » ou *kafâla* (article 116, chapitre VII) qui consiste en « l'engagement de prendre bénévolement en charge l'entretien, l'éducation et la protection d'un enfant mineur, au même titre que le ferait un père pour son fils ». L'article 118 précise que le titulaire de ce droit de recueil légal doit être musulman (le projet de 1981 requérait la seule nationalité algérienne). Certes, l'enfant peut alors accéder à une part d'héritage dans la limite du tiers (c'est le *tanzîl*), mais en aucune façon il ne peut prendre le nom de la personne qui l'a recueilli.

Selon l'article 124, le père ou la mère peuvent demander la réintégration sous leur tutelle de l'enfant, avec son consentement « s'il est en âge de discernement », sinon, après autorisation du juge, « compte tenu de l'intérêt de l'enfant recueilli ». Ces dispositions constituent un risque qui peut être perçu comme une menace difficilement surmontable par les candidats au recueil. D'où les fréquents changements de domicile, véritables fuites des familles de recueil. L'inquiétude des mères de substitution est encore accrue par le fait qu'elles ne bénéficient d'aucune garantie de garder l'enfant en cas de décès de leur époux chef de famille à qui il a été confié.

L'adoption n'est pas non plus reconnue par la *Moudawwana* marocaine. Dans la coutume existent cependant des dispositions qui se rapprochent de l'adoption comme *li-l-gazâ* « de gratification », ou « testamentaire », qui place le bénéficiaire au rang des héritiers de premier degré sans établir de lien de filiation. Ce même lien entre un enfant et sa mère, au Maroc comme en Algérie, est certes reconnu comme légitime, mais il n'autorise pas pour autant l'enfant à entrer dans le groupe familial maternel. En revanche, le code marocain admet une possibilité de reconnaissance de parenté : *istih'âq* grâce à l'aveu de paternité : *iqrâr* en faveur d'un enfant, à la condition que le déclarant soit de sexe masculin, sain d'esprit, que l'enfant soit de filiation inconnue et que la paternité puisse être jugée vraisemblable et raisonnable (article 92-96). Cette reconnaissance de parenté, réservée aux hommes, est destinée à « faire entrer dans la famille les enfants issus des rapports du maître avec sa pseudo-esclave[2] ».

INNOVATION TUNISIENNE

La société tunisienne a depuis longtemps été traversée de profonds courants novateurs en matière de statuts féminins[3]. Avant l'indépendance, dès 1949, les femmes du parti de Bourguiba, le Néo-Destour, se sont préoccupées de l'enfance abandonnée et ont réclamé la prise en charge de ce problème. Le Code civil tunisien, la *Magalla*, promulgué dans la foulée de l'indépendance, le 13 août 1956, a été complété le 4 mars 1958 par une loi relative à la tutelle publique, à la tutelle officieuse *kafâla*, à l'adoption *tabannî* (articles 8-16), et parachevé l'année suivante (loi du 19 juin 1959).

Il s'agit d'une véritable innovation, unique en terre d'islam, qui rompt avec le *jus sanguinis* et autorise l'accès à la filiation, pourvu que l'adoptant soit majeur, marié, de sexe masculin ou féminin, dispose de la pleine capacité civile, soit de bonne moralité et jugé apte à subvenir aux besoins de l'enfant. Dans l'intérêt de l'enfant, l'adoptant veuf ou divorcé peut même être dispensé de l'obligation de mariage. D'autres conditions sont précisées : différence d'âge minimale exigée de quinze ans entre adopté et adoptant (exception faite du cas où l'adopté est l'enfant du conjoint de l'adoptant) ; l'adopté doit être mineur de l'un ou l'autre sexe et peut être étranger. L'adoption est rendue définitive par enregistrement à l'état civil. L'adopté prend le nom de l'adoptant et, entrant à part entière dans la famille, il a les mêmes devoirs et obligations que l'enfant légitime, et réciproquement. L'adoption ne peut être annulée mais reste cependant soumise à surveillance judiciaire, la garde de l'enfant pouvant être éventuellement confiée à un tiers[2].

Le gouvernement tunisien mena, en 1967, une campagne en faveur de l'adoption. Pourtant des difficultés ont subsisté : celle du placement des fillettes, moins « demandées » que les garçons, celle des enfants inadoptables parce que sans acte d'abandon (impossible à signer par une jeune mère mineure) et en l'absence de loi de déchéance paternelle. L'adoption ne paraît pas être autorisée aux étrangers non plus qu'aux non-musulmans à qui les enfants ne seraient que confiés en garde, leur tutelle restant à l'État[2].

LE PROPHÈTE AMOUREUX

L'écart est donc grand en matière d'adoption dans les droits des trois États du Maghreb. Depuis sa légalisation totale, dès 1956-1958, en Tunisie, jusqu'à son interdiction formelle en août 1984 par le Code de la famille en Algérie, en passant par les accommodements autorisant la reconnaissance du fruit des amours ancillaires par la *Moudawwana* marocaine. Pourtant, les trois États du Maghreb sont tous trois musulmans, et tous trois ont proclamé l'islam religion d'État. Or, il est communément admis que la religion musulmane, la loi religieuse *(charia)*, la science de la loi *(fiqh)* le livre saint lui-même, le Coran, sont unanimes à condamner l'adoption.

Il y a quelques années, lors d'un jugement rendu en Algérie, des magistrats auraient, à l'appui d'un refus de reconnaissance de paternité d'un enfant conçu en dehors du mariage, cité cette parole attribuée au prophète Mahomet : « L'enfant légitime est celui qui est né dans le mariage, quant à l'enfant naturel, il n'a droit qu'à être lapidé[4]. »

Une autre tradition prophétique *(h'adith)* connue au Maroc énonce : « Quiconque rattache son *nasab* (filiation) à un autre que son père, ou prétend dépendre d'un autre que ses proches, se verra interdire le paradis[2]. » En réalité, ce dernier *h'adith* est une version simplifiée et durcie d'un des versets coraniques qui rejettent l'adoption. Ceux-ci prennent place dans la sourate 33 « Les Factions ». Une partie du verset 4 prescrit : « ... De vos enfants adoptifs, Il *(Allah)* n'a point fait vos fils... » Le verset suivant[5] commence ainsi : « Appelez *(ces enfants adoptifs)* du nom de leur père : cela sera plus équitable aux yeux d'Allah. Si vous ne connaissez point leurs pères *(prenez le nom)* de vos frères en religion ou de vos *mawalî (proches ou clients).* Il n'est contre vous nul grief pour ce que vous faites par erreur, mais *(seulement)* pour ce que préméditent vos cœurs. Allah est absoluteur et miséricordieux. »

La Révélation de ces versets serait liée à un épisode romanesque de la vie du prophète. La cinquantaine passée, alors veuf de Khadidja, sa première épouse, et déjà pourvu de quatre autres femmes, Mahomet vint à s'éprendre de Zaynab bint Djahch, mariée à son fils adoptif Zayd. Le dévoué fils adoptif répudia Zaynab. La Révélation vint opportunément dissiper les scrupules du prophète et lever le dernier empêchement au mariage avec son ex-belle-fille (adoptive). Zaynab demeura dans cette dernière décennie de la vie de Mahomet l'une de ses épouses préférées, avec Aïcha. Plus loin, dans la même sourate, le verset 37 fait clairement allusion à cet épisode : « ... Quand Zayd eut rompu tout commerce avec *(son épouse)*. Nous te la fîmes épouser afin que nul grief ne fût fait aux Croyants, à l'égard des épouses de leurs fils adoptifs, quand ceux-ci ont rompu tout commerce avec elles. Que l'ordre d'Allah soit exécuté ! »

Ces versets valent donc abrogation de l'adoption et de ses effets, telle qu'elle se trouvait jusqu'à cette date en pratique parmi les Arabes.

Or, cette même sourate, dite « Les Factions », fait partie des vingt-quatre sourates de la Révélation médinoise lorsque, en cette première décennie de l'Hégire, entre 622 et 632 ap. J.-C., Mahomet, alors chef de la communauté musulmane installée à Médine, eut à l'organiser. De sorte que les textes de ces Révélations inspirées par les circonstances constituent les éléments organiques de droit civil, véritable embryon de code, textes sacrés de référence.

NI RICHESSES NI ENFANTS MÂLES

Les éventuelles contradictions ne sont qu'apparentes. L'interdiction coranique de l'adoption peut être éclairée par référence à la place accordée aux enfants par maints versets qui les associent aux biens et aux richesses. Certes, c'est pour affirmer la vanité de leur jouissance terrestre, inutile au jugement dernier. Cette mise en garde est à la mesure de l'extrême valeur à laquelle ils étaient communément estimés, que le prophète jugeait excessive (lui qui était dépourvu de descendance masculine).

Huit versets reproduisent ce même binôme, biens et enfants (18-37 ; 19-80 ; 23-57 ; 26-88 ; 57-19 ; 58-18 ; 60-3 ; 63-9) ; ainsi, le verset 88 de la sourate 26 : « ... au jour où ne vous seront utiles ni richesses ni enfants mâles... » Dans la sourate 3, le verset 12 décrit ainsi la vanité de ce monde et fait promesse de l'au-delà aux Croyants : « Pour les hommes, ont été parés *(de fausses apparences)* l'amour des voluptés tirées des femmes, *(l'amour)* des fils, des *quintaȓ (mesure)* d'or et d'argent, *(l'amour)* des chevaux racés, des *(bêtes de)* troupeaux et des terres cultivables. C'est *(là)* jouissance de la Vie Immédiate, alors qu'auprès d'Allah est beau lieu de retour. »

Au Maghreb musulman, la même conception de l'enfant comme patrimoine familial prédomine encore : les fils garantissent l'avenir du patrilignage, assurent sa puissance et en consacrent la cohésion. La descendance étant un bien inaliénable, l'appartenance patrilignagère est irrévocable. La paternité est incessible. En conséquence, l'adoption peut être représentée dans l'imaginaire maghrébin comme une usurpation. Un conte en berbère, de Kabylie, met en scène un homme riche de biens matériels et dépourvu de descendance. Ayant employé de longues années le fils d'un homme pauvre étranger au lignage, il répugne à rendre l'adolescent à ses parents. « Alors qu'il n'avait lui-même aucune descendance, il a cru que les gens lui feraient des enfants ! » s'indigne le narrateur, qui ajoute : « Il est licite que prospère celui qui a des enfants[5]. » Seul le prêt d'enfant était toléré, qui permettait de résoudre les difficultés économiques.

Dans le passé, d'autres moyens étaient traditionnellement mis en œuvre qui prévenaient le risque de naissance illicite : la précocité du mariage, la facilité du divorce et du remariage, la polygamie, la ségrégation des sexes, la valorisation de la sexualité conjugale, la vocation féminine à la maternité dans le mariage, etc. En pratique, la logique patrilignagère n'a, ni toujours, ni partout, été appliquée avec cette extrême rigueur. Dans le passé comme aujourd'hui, certains accommodements peuvent avoir été trouvés, qui donnent à la règle, néanmoins toujours proclamée, une certaine souplesse.

Par exemple, les coutumes locales, au Maghreb, admettaient pour la grossesse une durée fort variable. Le droit musulman lui-même dans son rite malékite (d'après l'imam Malek), en vigueur au Maghreb jusqu'aux nouveaux droits d'État, admettait une grossesse de six mois à cinq ans. Cette fiction licite, appelée *bu mergud* (« enfant endormi »), qui autorisait l'attribution de paternité à des maris absents ou morts, pouvait constituer, aux mains des mères, un véritable contre-pouvoir, un mécanisme régulateur et compensatoire de l'extrême rigidité patrilinéaire. Cette revendication et reconnaissance de maternité par des veuves, divorcées, parfois même des femmes âgées apparentées à une jeune mère célibataire, pouvait ainsi sauver la mère et l'enfant alors reconnu par le patrilignage.

Le recensement de 1966 en Algérie enregistra encore des enfants en bas âge déclarés par leur famille fils de veuves ou divorcées de cinquante ou soixante ans[6]. Mais le progrès de la science médicale et sa divulgation empêchent désormais le recours à cette si commode fiction de l'enfant endormi.

D'autres mécanismes compensatoires pouvaient être adoptés dans certaines régions. Ainsi en était-il en Aurès où, entre deux mariages, des femmes, les *'azriya*, pouvaient mener une vie libre de courtisanes ; les enfants nés durant cette période étaient alors rattachés à la famille de leur mère sans aucun préjudice[3]. On connaît encore actuellement, au Maroc par exemple, les dons d'enfants. Certes, la chose est plus facile et a dû exister de longue date au sein d'un même patrilignage, où l'intérêt familial commande et où ne se pose pas de problème de nom. Mais les fausses déclarations d'état civil ne sont pas si rares. Elles peuvent passer inaperçues, mais sont parfois révélées par dénonciation. La sanction est alors le retrait de l'enfant, dont l'état civil véritable est rétabli ; dans le meilleur des cas, la garde peut être confiée aux « parents » usurpateurs.

DES CHANGEMENTS DIFFICILES

Dans la conjoncture contemporaine, où les sociétés maghrébines sont en proie à de profondes mutations, le rôle et le sens de l'enfant sont en train de changer. Dans les logements étroits et surpeuplés des villes, les enfants encombrent, coûtent cher, quittent tôt le foyer. Leur grand nombre, à présent que leur vie est devenue moins vulnérable, n'est plus aussi indispensable à la puissance de patrilignages souvent éclatés. D'éléments du patrilignage familial, ils sont en passe de devenir des personnes au destin individuel. « Les enfants, ici, j'ai plus besoin », m'a dit une dame kabyle émigrée à Paris.

L'autorité des États remplace celle des patrilignages, non sans, parfois, être accompagnée de manifestations d'exaspération d'un sentiment national ainsi substitué à l'honneur patrilignager.

L'adoption en vient à être rejetée non plus au nom de la famille, mais en celui de la nation indépendante, voire même au nom de la communauté religieuse internationale. « Mieux vaut mourir Algérien que vivre à l'étranger », a lancé une femme, à des journées d'information sur la situation des femmes algériennes, tenues à Alger en 1980, en réponse à une offre d'organismes étrangers disposés à accueillir des petits Algériens abandonnés.

Les législateurs doivent composer avec des représentations traditionnelles parfois affectées d'accès de fièvre, voire de blocages sur certaines questions trop sensibles. Leur embarras peut être grand et tactique leur prudence dans un contexte politique où des mouvements d'opposition s'alimentent à un traditionalisme.

— *CAMILLE LACOSTE-DUJARDIN* —

1. **Coran 33-4.**
2. **M. Boormans, *Statut personnel et familial au Maghreb de 1940 à nos jours*, Mouton, Paris, 1977.**
3. **C. Lacoste-Dujardin, *Des mères contre les femmes. Maternité et patriarcat au Maghreb*, La Découverte, Paris, 1986.**
4. **M. Boutefnouchet, *La Famille algérienne. Évolution et caractéristiques récentes*, SNED, 1980, Alger.**
5. **C. Lacoste-Dujardin, *Le Conte kabyle*, Maspero, 1970.**
6. **M. Boucebci, *Psychiatrie, société et développement*, SNED, Alger, 1982.**

IRÈNE BARKI

ARGENTINE : LES CRIMINELS DE L'ADOPTION

EN ARGENTINE, LA DICTATURE AVAIT INSTAURÉ LA PRATIQUE DE LA DISPARITION, QUI S'ÉTENDAIT JUSQU'AUX ENFANTS DES PRÉTENDUS « SUBVERSIFS ». ILS FURENT SOUVENT « ADOPTÉS » PAR LES BOURREAUX MÊMES DE LEURS PARENTS. UNE PAGE NOIRE DE L'ADOPTION DANS LE MONDE.

Entre 1976 et 1983, l'Argentine s'est tristement illustrée par un terrorisme d'État d'une barbarie sans commune mesure avec la « subversion » que, sous couvert de sécurité nationale, la dictature militaire prétendait combattre. Pendant toute cette période, pas une seule peine de mort n'a été prononcée. Et pour cause. La junte avait inauguré une nouvelle forme de justice sommaire, qui consistait à enlever, torturer puis faire « disparaître » tout individu ne serait-ce que soupçonné de délit d'opinion. Les forces de sécurité ratissaient large : enfants en bas âge, parfois nouveau-nés, adolescents et nombre de femmes enceintes figuraient parmi ces « subversifs ».

Au plus fort de la répression, les mères et grand-mères des victimes se regroupent et, bravant les autorités militaires, manifestent tous les jeudis après-midi autour de la place de Mai, sous les fenêtres du palais présidentiel. Pour les grand-mères, tout au moins, la lutte n'aura pas été vaine, lorsque, au lendemain de la guerre des Malouines, la répression s'étant un peu relâchée, leur association, *Abuelas de Plaza de Mayo*, a pu faire publier dans la presse argentine les photos de leurs enfants et petits-enfants disparus. Avec, pour résultat, un certain nombre de dénonciations, anonymes ou non, émanant de gens qui pensaient avoir reconnu tel ou tel visage ou qui soupçonnaient tel couple de leur voisinage, dont la femme n'avait jamais été vue enceinte, de séquestrer l'un des enfants recherchés. Ainsi, grâce à un véritable travail de limier, et alors que pratiquement aucun des vingt à trente mille adultes disparus n'a refait surface, les grand-mères ont réussi à retrouver la trace de quarante-deux enfants, dont cinq, hélas, morts, sur les quelque deux cents qui ont été enlevés en même temps que leurs parents ou arrachés, à la naissance, aux femmes qui accouchaient dans les camps de détention.

En Argentine, contrairement à beaucoup d'autres pays d'Amérique latine, il n'est pas facile d'adopter un enfant. De la même manière que les militaires faisaient disparaître leurs victimes sans qu'aucune condamnation ait été prononcée par un quelconque tribunal, il semblerait aussi que, pendant ces années de dictature, l'appropriation d'enfants se soit largement substituée aux procédures normales d'adoption.

Juan Pablo Moyano est l'un des premiers enfants à avoir été retrouvés par les grand-mères. C'est une photo prise lorsqu'il avait dix-huit mois, peu avant sa disparition, et publiée dans la presse en 1983, qui a permis de l'identifier. L'enfant grandissait auprès d'une infirmière à qui on en avait fait cadeau simplement parce qu'elle l'avait trouvé beau. S'étant entendu dire « s'il vous plaît tant que cela, vous n'avez qu'à le prendre, il est à vous », elle l'a emmené, parce que sa fille, alors âgée de treize ans, aurait sans doute été contente d'avoir un petit frère. Il lui a suffi alors de le faire enregistrer comme son propre fils, tout en lui conservant son prénom. Ici, nul problème de stérilité, nul réel désir d'enfant. Juan Pablo était devenu un objet qu'on emporte, parce que ça peut toujours servir à la maison. Et c'est précisément ce que cette femme en avait fait : un petit esclave domestique.

Aujourd'hui, Juan Pablo est un enfant heureux et épanoui, qui retrouve son équilibre. Non sans l'aide, toutefois, d'une psychothérapie. « Il ne faut pas s'étonner, dit sa grand-mère, s'il se montre parfois d'un caractère un peu difficile, car il garde en lui une immense colère contre cette femme et ce qu'elle lui a fait subir de violences physiques et surtout de mensonges sur ses origines. »

LA VÉRITÉ CONTRE LA POSSESSION

« Restituer à l'enfant son histoire et son identité est l'une de nos préoccupations majeures, explique une des grand-mères. Car aucun de ces enfants n'a été abandonné. Ils ont été pris comme butin de guerre, tout comme les postes de télévision ou l'argenterie. Voilà des années que nous remuons ciel et terre pour les retrouver. Il est arrivé qu'un enfant demande à rester avec la famille qui l'a élevé et, si douloureux que cela ait pu être, la grand-mère s'est pliée au désir de l'enfant. Il est arrivé aussi qu'une grand-mère, très démunie et très âgée, refuse, malgré toutes les pressions que nous avons exercées sur elle pour l'aider financièrement, de reprendre ses petites-filles, qui continuaient de vivre heureuses une fois rétablie la vérité sur leurs origines. C'était peut-être mieux ainsi, puisque la vieille dame est décédée peu après. Et parmi ceux qui ont réintégré leur famille d'origine, rares sont les enfants qui ont souffert de quitter les gens avec lesquels ils vivaient. Ce qui les a perturbés, c'est d'apprendre qu'on leur avait menti, qu'on les obligeait à être quelqu'un d'autre qu'eux-mêmes. Tout le travail de nos psychologues consiste à les aider à se reconstruire. Nous avons eu, par exemple, le cas d'une fillette qui, bien que très heureuse en apparence avec la famille qui l'a recueillie, était encore énurésique à dix ans. Aussitôt qu'elle a recommencé à vivre avec sa vraie famille, elle a cessé de faire pipi au lit. Et prenons la petite Paula Logares, qui avait huit ans lorsque sa grand-mère l'a retrouvée. Au moment de quitter le couple qui se l'était appropriée, elle s'est retournée vers l'homme et lui a dit : "Je veux savoir ce que tu as fait de mes parents. Et toi, a-t-elle demandé à la femme, pourquoi m'as-tu toujours menti ?" Vous le voyez bien, ce que veulent les enfants, c'est connaître la vérité. »

La vérité. Un mot qui revient constamment dans la bouche du docteur Norberto Liwski, le pédiatre qui dirige l'équipe de psychologues attachée à plein temps à l'association. « Aucune relation fondée sur le mensonge et la dissimulation ne peut être saine. Plus ou moins confusément, l'enfant sent qu'on lui ment, et c'est de là que naissent les troubles de la personnalité. Dépouiller un enfant de son identité, de son passé, de son histoire, ne constitue pas la preuve d'un amour réel, mais seulement d'un désir de possession. C'est ce qu'on observe même chez les gens qui, sans avoir eu le moindre rapport avec la répression, s'en sont, d'une certaine manière, rendus complices en prenant un enfant et en le déclarant comme étant le leur, sans se préoccuper de savoir d'où il venait. Car il est difficile d'admettre que des gens aient pu adopter un enfant pendant les années les plus dures de la répression sans s'interroger sur ses origines. Et à supposer qu'on ait pu vivre en ignorant ce qui se passait dans le pays pendant ces années-là, maintenant que le drame des disparus a été révélé au grand jour, les familles adoptives qui sont réellement de bonne foi devraient se présenter à nous spontanément pour s'assurer que leur enfant n'est pas l'un de ceux que nous recherchons. Or, jusqu'ici, nous n'avons reçu la visite que de trois couples venus se faire connaître parce qu'ils avaient des doutes sur l'origine de leurs enfants adoptifs. Mais, justement, après avoir procédé à toutes les analyses de sang, nous avons pu vérifier qu'aucun d'eux n'était l'objet d'une demande de recherches. »

TRAFIC ET SÉLECTION

Selon un avocat membre de l'un des organismes argentins de défense des droits de l'homme, l'existence d'un trafic d'enfants n'est pas à exclure. « Certains des petits disparus, explique-t-il, pourraient en effet avoir été vendus pour l'adoption à l'étranger, notamment aux États-Unis. Il ne faut pas oublier que de tels trafics se pratiquent dans toute l'Amérique latine et que, contrairement aux enfants d'autres pays de cette partie du monde, les Argentins possèdent des traits particulièrement européens, avec une peau, des cheveux et des yeux souvent très clairs. »

Cette idée de « sélection », les grand-mères l'expriment également. « Les tortionnaires savaient parfaitement à qui il avaient affaire. Ils connaissaient leurs victimes, étaient tout à fait conscients de leur niveau d'intelligence élevé — nos filles et nos fils, en tout cas, étaient pour la plupart des intellectuels — et de ce fait, s'attribuaient des enfants beaux et sains dont ils étaient sûrs du patrimoine génétique. En tout état de cause, il n'était évidemment pas question de nous rendre nos petits-enfants : les répresseurs se sentaient investis d'une mission sacrée, celle de les élever à l'écart d'une idéologie et d'un contexte familial qu'ils qualifiaient de "subversifs". »

Car le plus grave est que beaucoup de bébés disparus ont été « adoptés » par ceux-là même qui ont trempé dans l'assassinat de leurs parents. Telle la petite Carla Rutila, retrouvée, au terme d'une incroyable odyssée, aux mains d'Eduardo Ruffo, un tortionnaire notoire. Telle, sans doute, Matilde Lanuscou, que l'on croyait morte avec toute sa famille lors d'une opération de commando. Mais le minuscule cercueil de ce bébé de six mois, exhumé en même temps que les cadavres de ses parents, de son frère et de sa sœur, ne contenait, enroulés dans une couverture, qu'un pyjama, une tétine et... les restes du pied d'un homme adulte, placé là pour faire le poids. De Mathilde, en revanche, pas de trace. L'un des membres du commando, un militaire dont la femme était stérile, l'aurait emportée, dissimulée entre deux coussins. Tels, enfin, la petite Mariana Zaffaroni et les jumeaux Rossetti, dont les ravisseurs, prévenus par les juges qu'il leur faudrait restituer les enfants, ont pris la fuite, les enlevant une nouvelle fois. Au prix de quels traumatismes pour les gosses ?

À DÉFAUT DE TUER

Une histoire illustre à elle seule deux cas de figure bien différents. C'est celle des enfants d'Ana-Maria et Oscar Gatica, Maria-Eugenia et Felipe, disparus à un mois d'intervalle et réunis à nouveau aujourd'hui. Si leur histoire est sans aucun doute celle qui a connu le dénouement le plus heureux, c'est aussi parce que leur père et leur mère sont là, bien en vie, pour en faire le récit.

« C'était le 16 mars 1977, raconte Ana-Maria. Nous vivions à La Plata. Felipe allait avoir quatre mois et je devais l'emmener chez le pédiatre à Buenos Aires. J'ai donc confié Maria-Eugenia, alors âgée de quinze mois, à des voisins dont le petit garçon était le filleul d'Oscar. A mon retour, j'ai trouvé leur maison vide. D'autres voisins, qui avaient également réussi à prévenir mon mari, m'attendaient pour me dire qu'en mon absence les forces de l'ordre avaient enlevé nos amis, et avec eux Maria-Eugenia. Je suis repartie aussitôt pour me réfugier avec le bébé chez des amis dans une autre ville.

Un mois plus tard, des hommes en uniforme ont fait irruption dans la maison où je me trouvais avec Felipe. Ils m'ont arraché le petit en me cassant un bras et m'ont jetée, la tête recouverte d'un sac, dans le coffre d'une voiture. J'ai été détenue dans un camp où j'ai subi les pires tortures, destinées à me faire avouer où se cachait El Negro (c'est le surnom d'Oscar). Au bout de quelques semaines, ils m'ont relâchée en espérant que je les conduirais jusqu'à lui. Ce n'est que plusieurs mois plus tard que nous nous sommes retrouvés, et dès lors nous avons vécu dans la clandestinité la plus totale, sans rien pouvoir faire pour rechercher nos enfants. »

Et pour ajouter au malheur des Gatica, le fils qu'ils ont eu ensuite est mort de maladie à l'âge de quatre mois. Enfin, en décembre 1980, naît Maria-Paz. « Nous avons alors pris la décision de nous exiler, poursuit Ana-Maria, et, toujours clandestinement, nous sommes passés au Brésil. Juan-Manuel est né là-bas. Depuis le Brésil, nous avons tenté de maintenir un contact avec les "Abuelas". De Maria-Eugenia, nous ne savions rien. En ce qui concernait Felipe, nous avions seulement pu apprendre que l'un des membres du commando l'avait remis à une infirmière qui habitait la maison voisine de celle d'où j'avais été enlevée, en lui disant qu'elle pouvait en faire ce qu'elle voulait : le garder, le donner, le jeter ou le tuer... et que cette femme prétendait avoir confié l'enfant dès le lendemain à un couple âgé venu le réclamer en se faisant passer pour ses grands-parents.

« Aussitôt revenue la démocratie, El Negro a regagné l'Argentine et a réussi à retrouver l'infirmière, qui avait déménagé. Très réticente à parler, elle s'en est tenue à sa première version des faits. Rentrée du Brésil à mon tour, je vais voir cette femme. Elle m'ouvre, me regarde avec stupeur, commence à se troubler et finit par me reconnaître comme la mère de Felipe, avec qui elle m'avait vue lorsque nous habitions à côté. Elle m'avoue que, ne pouvant garder le petit, elle l'avait fait recueillir par quelqu'un dont elle n'a accepté de révéler l'identité qu'à l'association des "Abuelas". C'est ainsi que les grand-mères ont trouvé Felipe chez une femme du nom de Nelly, notaire à La Plata. Séparée de son mari, elle avait déjà deux enfants adoptifs. Nelly avait fait inscrire Felipe comme étant son propre fils, en le rebaptisant Daniel, mais elle a eu l'honnêteté de lui dire, quand il a eu cinq ans, qu'il n'était pas sorti de son ventre et qu'elle l'avait adopté. Je dois reconnaître que le comportement de Nelly a été exceptionnel, mais il n'en demeure pas moins qu'elle ne s'est jamais donné la peine de s'assurer auprès des grand-mères qu'aucune d'elles ne recherchait cet enfant.

« Felipe s'est bien adapté à sa nouvelle vie, même s'il lui a fallu un moment pour se faire à l'idée que sa vraie famille est ici et cesser d'appeler Nelly maman. Elle fait une fois par semaine le voyage jusqu'ici pour passer la journée avec Felipe, ce qui n'est pas facile pour moi parce qu'elle reste malgré tout celle qui s'est approprié mon fils et l'a dépossédé de son identité. Je sais, car j'ai vécu deux fois plutôt qu'une la douleur d'une femme à qui on arrache son enfant, combien Nelly souffre. Mais ce n'est pas pareil. Moi, j'ai été atteinte dans ma chair, dans ce qui m'est le plus vital : les enfants que j'ai portés et que j'ai mis au monde. De toutes les tortures que j'ai subies, celle-là aura été la plus atroce. Alors j'accepte qu'elle vienne ici et je fais l'impossible pour surmonter les sentiments contradictoires, de haine, de colère et de reconnaissance, qui m'animent. D'ailleurs, vous allez la voir, elle va arriver d'un moment à l'autre... »

En effet, Nelly entre quelques instants plus tard, suivie de la ribambelle d'enfants qui, tous, semblent l'aimer beaucoup. A l'évidence, elle essaie de se faire aussi discrète que possible mais l'atmosphère restera très tendue jusqu'à son départ. Alors seulement, Oscar poursuit le récit de sa femme.

FLIC ET RAPT D'ENFANTS

« Quand Felipe nous a été rendu, en septembre 1984, nous n'avions pas encore la moindre piste en ce qui concernait sa sœur. Bien entendu, la photo de Maria-Eugenia bébé avait été diffusée par les grand-mères, parmi celles d'autres enfants disparus. Depuis l'arrivée de la démocratie, l'Association recevait toutes sortes de dénonciations et de photos envoyées anonymement mais nous n'avions pas la moindre idée de ce à quoi notre fille pouvait ressembler huit ans après sa disparition.

— Ce qui est extraordinaire, intervient Ana-Maria, c'est que parmi les centaines de photos que nous avions examinées, aucune n'a éveillé en moi l'intuition qu'il pouvait s'agir de ma fille. Un jour que j'étais à l'Association, Chicha, la présidente, m'a dit qu'elle venait d'en recevoir une de plus, mais je n'y ai pas prêté attention. Je ne l'ai regardée que trois jours plus tard. C'était la photo d'une petite fille adossée à un mur et, aussitôt que je l'ai vue, mon cœur s'est arrêté de battre. Sans reconnaître Maria-Eugenia, j'étais sûre que c'était elle. Un détail insignifiant m'avait sauté aux yeux, quelque chose dans le geste de la main, dans la forme du pouce, qui me rappelait une photo de moi au même âge. Je suis revenue le lendemain avec ma photo et j'ai placé les deux images l'une sur l'autre contre la fenêtre pour les voir en transparence. Ma main et celle de cette fillette se superposaient parfaitement, comme si elles étaient sorties d'un même moule ! Dès lors, je n'ai plus eu aucun doute.

— L'instinct d'Ana-Maria ne l'avait pas trompée, reprend El Negro, d'autant que les indications qui accompagnaient la photo concordaient avec deux autres dénonciations que nous avions reçues, accusant un certain commissaire Silva. Responsable à La Plata du placement des enfants de femmes enlevées, il se serait octroyé notre fille pour remplacer l'enfant que lui et sa femme avaient perdu. Mais celle-ci l'avait quitté, emmenant la fillette avec elle, pour vivre à San Nicola, à des centaines de kilomètres de La Plata. Nous avons aussitôt déposé une plainte contre Silva, parce qu'après tout c'est lui, et non sa femme, qui avait enlevé l'enfant. Il a été convoqué pour être soumis avec la petite à un examen sanguin. Bien entendu, il ne s'est jamais présenté.

« Sept mois plus tard, en septembre 1985, le juge des mineurs a fini par ordonner que, pour l'enfant, la prise de sang soit faite sous la contrainte. L'équipe de l'hôpital Durand s'est déplacée, la petite fille a été interceptée et piquée à la sortie de l'école. L'examen sanguin a confirmé qu'elle était bien Maria-Eugenia. A partir de là, tout est allé très vite. Sommé de nous restituer notre fille, Silva est effectivement allé la chercher à San Nicola... pour l'enlever une nouvelle fois, et le cauchemar a recommencé. Un cauchemar de dix jours au terme desquels Silva a fini par se rendre au domicile du juge avec Maria-Eugenia. Nous avons eu la chance d'avoir affaire à l'un des rares juges à ne pas s'être rangé du côté des répresseurs. En nous attendant, il a su expliquer la situation à Maria-Eugenia, avec tout le tact et la douceur nécessaires.

« La petite nous a raconté par la suite que, pendant ces dix jours de cavale, elle avait vu sa photo à la télévision et avait commencé à s'interroger sur son identité. Puis est arrivé Noberto Liwski, le pédiatre de l'Association, qui à son tour, s'est entretenu longuement avec elle. Nous étions comme des fous dans la pièce à côté. Norberto a dit à l'enfant qu'elle pourrait nous rencontrer dès qu'elle se sentirait prête et elle a voulu nous voir tout de suite. Nous sommes entrés, Ana-Maria s'est accroupie près de Maria-Eugenia, l'a entourée de ses bras et s'est simplement mise à lui chanter la berceuse que la petite préférait lorsqu'elle avait un an. Avant la fin de la chanson, elle s'était déjà serrée tout contre sa mère. C'était... » L'émotion oblige Oscar à s'interrompre et sa femme prend le relais :

« Nous lui avions préparé un dossier avec sa véritable carte d'identité, des photos d'elle à sa naissance, des dessins et des lettres que lui adressaient ses cousines et ses frères et sœur, des photos de nous tous. Puis, à sa demande, nous l'avons emmenée à Mercedes et une heure plus tard elle jouait avec sa cousine comme si elles ne s'étaient jamais quittées. Les autres enfants de la famille ont été un facteur d'intégration extraordinaire. Mais quant à nous, même si, au plus profond du désespoir, nous avons toujours eu la certitude que nous retrouverions un jour nos gosses, il nous a fallu plusieurs mois pour nous défaire de notre habitude de les compter chaque matin au réveil, tant il nous paraissait miraculeux qu'ils soient là tous les quatre ! »

Que les grand-mères aient pu retrouver certains de leurs petits-enfants tient réellement du miracle, si l'on considère le peu d'éléments dont elles disposent : de vieilles photos, parfois très floues, de bébés âgés d'à peine quelques semaines, éventuellement une empreinte plantaire, qu'il est de coutume de relever dans toutes les maternités d'Amérique latine à la naissance d'un enfant. Et, le plus souvent, pas le moindre indice, lorsqu'une « disparue » a accouché dans un camp de détention. Pourtant, rien ne les arrête.

LA VOIX DU SANG

« Elles sont formidables, ces Abuelas », dit Mary-Claire King, généticienne, professeur d'épidémiologie à l'École de santé publique de l'université de Berkeley. « Intuitivement, elles ont pensé qu'il devait être possible d'étendre aux grands-parents et aux collatéraux les méthodes utilisées pour la recherche de paternité, afin d'établir la preuve définitive de l'identité des enfants qu'elles ont localisés. Alors elles se sont adressées à l'American Association for the Advancement of Science, qui avait déjà mandaté une équipe d'experts en médecine légale et m'a désignée pour mettre en place un laboratoire capable d'effectuer ce type de recherche. La chance a voulu qu'il existe déjà à Buenos Aires un service de pointe en matière d'immuno-génétique : celui du Dr Ana Maria di Lonardo, à l'hôpital Durand, qui pratiquait les analyses d'histo-compatibilité pour les greffes d'organes, dont les tissus recèlent les gènes les plus rares, précisément ceux qui nous apportent le plus d'informations. C'est donc là que sont centralisées, depuis juin 1984, toutes les études permettant l'identification des enfants disparus. »

« Notre travail, explique Ana Maria di Lonardo, consiste à mettre en évidence les marqueurs génétiques dans le sang. En fonction de ces marqueurs, notamment du HLA, on peut établir un "indice de grand-paternité" qui détermine, jusqu'à 99,9 p. 100, la probabilité selon laquelle un enfant et ses grands-parents présumés, possédant les mêmes gènes, appartiennent bien à la même famille. Aujourd'hui, mon service accueille la Banque de données génétiques, dont le président Alfonsin a fait voter la création par le Congrès, à la demande des grand-mères. Nous avons déjà pratiqué ces analyses de sang sur environ 400 personnes appartenant à 70 familles. Neuf enfants ont été ainsi identifiés et, pour quelques autres, présentés spontanément par leurs parents adoptifs, nous avons pu vérifier qu'ils n'étaient pas de ceux qu'on recherchait. Toutes ces informations sont maintenant archivées sur ordinateur, et les échantillons de sang prélevés, congelés à − 190° C, seront conservés indéfiniment s'il le faut. En grandissant et en apprenant la tragédie qu'a vécue ce pays, des enfants de disparus seront amenés à douter de leurs origines. Ils pourront alors, même après le décès de leurs grands-parents, s'adresser à nous pour apprendre qui ils sont et retrouver leur véritable identité. »

IRÈNE BARKI

Journaliste, auteur de *Enfance volée*, à paraître en février 1988, éd. La Découverte.

CLAUDIA FONSECA

LE CADRE BRÉSILIEN : UN ENJEU INTERCULTUREL

DES FORMES D'ADOPTION INTERNE MULTIPLES AU BRÉSIL. QUANT À L'ADOPTION INTERNATIONALE ET À SES RÉSEAUX, ILS SONT RÉGLEMENTÉS DEPUIS LA PROMULGATION DU CODE DES MINEURS DE 1979.

Les études ethnologiques et historiques nous apprennent que l'adoption est un concept constitué selon les circonstances sociales et historiques dans lesquelles il surgit. En Europe occidentale, ce n'est qu'au XIXe siècle, avec les nouvelles notions sur l'enfance, que les discussions sur l'adoption commencent à toucher à la question du bien-être infantile. Avant, il ne s'agissait que de lignées et d'héritages. Mais plutôt que de voir ce changement comme évidence de la grande marche de l'humanité vers une phase avancée de civilisation, il faudrait mettre en perspective nos propres valeurs et croyances.

Surtout dans cette ère d'adoption internationale, l'idéal de « la famille », des rôles paternels et maternels, et de la socialisation d'enfants varie d'un milieu à l'autre. Les codes légaux, qui se ressemblent de l'Est à l'Ouest, ne nous disent pas grand-chose sur les subtilités en jeu car souvent ils ont été formulés selon les valeurs d'une classe dominante, alors que les enfants adoptés viennent plutôt de classes subalternes. Ici, en considérant l'« adoption » au Brésil, nous essaierons de montrer qu'il s'agit d'un enjeu interculturel, car justement ces classes subalternes, fournisseurs d'enfants, ne raisonnent pas dans des termes connus des législateurs, mais témoignent d'une vision tout autre de l'affaire.

CIRCULATION D'ENFANTS

Dans les couches populaires brésiliennes, il existe depuis longtemps une tradition d'enfants en circulation, c'est-à-dire d'enfants qui sont placés par leur mère chez une parente, marraine ou voisine — tantôt comme acte « volontaire » (pour satisfaire, par exemple, à la demande d'une grand-mère), tantôt dans des circonstances de crise, comme stratégie de survie[1]. Entre adultes, il existe un accord tacite selon lequel ce transfert de responsabilités nourricières est temporaire, le transfert de droits paternels partiel.

Bien que les rejetons restent parfois dans le foyer d'accueil tout au long de leur enfance, on n'emploie jamais le mot « adoption », on ne parle jamais de « parents adoptifs » ou d'« enfants adoptifs ». (Alors qu'il existe des termes pour beau-fils, belle-mère, etc., adoptants et adoptés s'assimilent tout simplement comme « mère », « père », « fils » et « fille ».) Il arrive que les parents biologiques ne voient pas leurs enfants pendant des années, mais ils ne considèrent pas pour autant qu'ils aient « renoncé » à leur enfant.

Pour ces gens, « abandonner » un enfant, c'est le donner « sur papier » *(de papel passado)*, c'est-à-dire consentir à une adoption « à la brésilienne » : établir le certificat de naissance de l'adopté comme s'il était né d'elles. Cette pratique, entièrement illégale, est rendue possible par le fait que beaucoup de naissances ne sont déclarées qu'au moment de l'entrée à l'école des enfants (sept ans) ou même plus tard, au moment du service militaire. (Les mères doivent, en principe, déclarer leurs enfants dans les quinze jours qui suivent la naissance ; au-delà, elles risquent une amende mais cette amende est faible et les dispenses facilement accordées.) La mère biologique, cependant, admettra cette mesure seulement dans des cas extrêmes puisque cette démarche sous-entend qu'elle n'aura plus de droits sur l'enfant ni d'emprise sur la mère adoptive.

RIEN QU'UN CONTRAT

Jusqu'à une date relativement récente, la seule manière pour un couple d'adopter légalement un enfant était celle décrite dans le Code civil de 1916, l'adoption *por escritura*. Cette modalité permet à toute personne de plus de cinquante ans (à partir de 1957, trente ans) quels que soient son sexe, sa situation matrimoniale et sa nationalité, d'adopter un enfant sur la base d'un simple contrat avec les parents biologiques. Le contrat est établi par un acte notarié et enregistré dans un bureau d'état civil. L'adopté peut avoir n'importe quel âge, il suffit qu'il ait dix-huit ans de moins que l'adoptant. Ce contrat est révocable, l'enfant conserve des liens avec ses parents biologiques et n'accède pas au droit à l'héritage de ses parents adoptifs. En bref, les adultes se passent les enfants de la même façon qu'ils se passent les biens, les terrains, etc.

Ce n'est qu'en 1979, avec le Code des mineurs, qu'on voit apparaître une notion humaniste de l'adoption, c'est-à-dire qui vise principalement au bien-être de l'enfant. Selon le Code des mineurs, pour qu'un enfant soit adoptable, il doit être en « situation irrégulière », c'est-à-dire en situation d'abandon. Mais comment définir cet état ? Selon les enquêtes, à peu près trente millions d'enfants brésiliens vivent « privés des conditions essentielles à leur santé » à cause de la misère écrasante de leurs parents[2]. Va-t-on, pour autant, renforcer l'injustice de l'inégalité économique en retirant les enfants à ceux qui ne sont pas capables de les nourrir ?

Au Brésil, il y a beaucoup plus de demandes que d'enfants adoptables. Les Brésiliens de toute classe adoptent facilement. Il suffit qu'un journal publie la photo d'un orphelin pour qu'il reçoive des dizaines de coups de téléphone. Les demandes augmentent d'une façon significative vers l'époque de Noël...

On aurait tort de croire que, parce qu'une personne est misérable, elle n'a pas envie de faire, et encore moins d'adopter, un enfant. Les enfants, que ce soit comme bébé, objet de prestige et de jouissance ou comme appui potentiel pour la vieillesse des parents, sont chéris par tous. La facilité avec laquelle les gens de revenus modestes prennent un enfant chez eux est impressionnante.

Le cas d'Adelaïde est typique[3]. Veuve de cinquante ans, elle gagnait sa vie tantôt comme mendiante, tantôt comme laveuse ; voyant ses propres enfants grandir et quitter la maison, elle a pris un nouveau-né pour lui tenir compagnie.

Leila, une autre veuve, femme de ménage sans enfant, a adopté une petite fille trisomique que sa voisine ne voulait pas. Quinze ans plus tard, alors que sa fille avait été placée dans une institution, la « mère » montre encore à tous les photos de son bébé paré des beaux vêtements de baptême.

Quand un jeune couple se sépare, souvent la parentèle des deux côtés se dispute la garde de l'enfant. Rosa a abandonné son foyer, laissant sa fille de six mois aux soins de son mari. Puisque celui-ci habitait chez son père (chauffeur de taxi à la retraite) avec son frère marié, l'enfant a été facilement absorbé dans la routine de la maison. Quand, une année après, la mère est revenue chercher son enfant, sa belle-sœur (elle-même stérile) a refusé de le rendre.

Les cas se multiplient — variations sur un thème : les enfants, on les aime. Plus on en a, mieux c'est.

LA RIVALITÉ ENTRE MÈRES

Beaucoup de personnes au Brésil n'arrivent à survivre et à se reproduire que par le déploiement de stratégies ingénieuses : la circulation des enfants en est une. La même femme placera un ou deux enfants « chez des amis » ou prendra elle-même les rejetons des autres, selon les circonstances du moment. Du point de vue de la mère biologique, placer un enfant dans un foyer adoptif n'est pas incompatible avec son image de bonne mère. Le discours pour justifier un placement tourne toujours autour du « bien-être de l'enfant avant tout » : la mère adoptive, explique-t-on, vit dans un « bon quartier », a les moyens d'envoyer l'enfant à l'école, etc. Contrairement à ce que l'on voit dans la classe moyenne, les mères qui placent leurs enfants chez autrui ne sont pas forcément considérées comme moralement indignes. Leurs propres enfants ne semblent pas leur en vouloir. Dans ce milieu, il n'est pas surprenant de voir une mère ou un père et ses enfants adultes rétablir, après des années de séparation, des liens affectifs et d'aide mutuelle.

Idéalement, la mère choisira le foyer adoptif avec soin afin de prévenir des conflits. Elle optera soit pour une proche parente, soit pour une femme qui recevra l'enfant comme « un don », c'est-à-dire qui se sentira obligée de compenser le « cadeau » par de petites aides périodiques. Mais ces cas sont plutôt rares. Et, surtout si le séjour de l'enfant dans le foyer d'accueil se prolonge, un conflit entre mères est presque inévitable.

Même si la mère adoptive a pris l'enfant pour d'autres raisons, elle voudra tout de même récolter les bénéfices à long terme du maternage. Les enfants en bas âge ne rapportent pas grand-chose au foyer. Ils peuvent mendier, ramasser des bouteilles à revendre, ou même travailler comme messager pour un entrepreneur du quartier, mais ils ne gagnent guère que le minimum correspondant à leur propre entretien. Faute de pension ou de retraite, ces gens comptent entièrement sur le dévouement filial pour rendre leur vieillesse plus facile. Après des années investies dans son enfant, la mère adoptive n'accepte pas de bon gré qu'il soit récupéré par sa « vraie » mère. Quand il s'agit d'enfants en bas âge, il arrive que la mère adoptive déménage et enregistre l'enfant comme s'il était né d'elle essayant ainsi d'effacer toute trace de sa filiation biologique. Mais, faute de mieux, elle fera tout pour dénigrer l'image de la génitrice pour éviter que l'enfant ait envie de retourner vers elle.

L'ORPHELINAT COMME MÈRE NOURRICIÈRE

L'orphelinat n'est pas conçu pour être une mère nourricière d'enfants : selon la politique officielle, soit les parents y laissent temporairement leurs enfants pendant une période exceptionnelle de crise ; soit ils les confient pour un temps indéterminé, et dans ce cas l'enfant, considéré comme abandonné, peut être adopté par une autre famille.

Toutefois, la femme pauvre qui amène son rejeton pour être « pensionnaire » dans ce « collège », a du mal à comprendre les principes de l'institution. Peut-être n'arrivera-t-elle pas à mettre de côté de quoi payer l'autobus pour se rendre à l'école les jours de visite. Ou, ce qui arrive fréquemment, son enfant sera transféré dans un nouvel établissement sans qu'elle en soit prévenue : les autorités de l'État ont beau essayer de localiser les parents de ses « clients » pour leur envoyer des avis, le labyrinthe de rues sans nom dans les bidonvilles où habitent ces gens, sans parler des déménagements constants, ne rend pas cette tâche facile. Il peut donc très bien arriver qu'une mère ne rende pas visite à son enfant pendant un ou deux ans. Néanmoins, ceux qui sont placés à l'orphelinat sont ressentis comme des membres à part entière de leur famille.

Trois jeunes ex-pensionnaires de l'orphelinat citent sans hésitation des détails (nom, âge actuel, caractéristiques physiques) concernant deux petits frères qui ont été mis à l'orphelinat avec eux neuf ans auparavant ; bien qu'incertains, comme leur mère, quant au destin de ces cadets, ils spéculent que les « bébés », étant mignons et blancs, ont dû être adoptés par quelqu'un.

Apparemment, les mères encouragent ce genre de solidarité et elles-mêmes tissent constamment des images sur le destin de leurs enfants disparus dans les services de l'État.

Surtout quand les enfants sont noirs, relativement âgés ou handicapés, c'est-à-dire difficilement adoptables, les mères n'hésitent pas à les mettre « en pension ». Justement parce que l'orphelinat ne présente pas de menace pour le statut affectif de la mère, celle-ci peut même le préférer à une famille d'accueil choisie parmi les voisins. En tout cas, les risques de perdre un enfant de vue diminuent à mesure qu'il grandit. Non seulement il dépasse « l'âge mignon » préféré par les parents adoptifs, mais son indépendance et sa mobilité croissante rendent dérisoire le détail de sa tutelle légale. Au fond, la loyauté d'un enfant ne dépend pas des lois formelles, mais plutôt de sa conscience morale, de sa fidélité à la personne qu'il considère digne du statut de mère[4].

LES FILIÈRES DE BÉBÉS

Les rumeurs sur des espèces de gangs qui séquestrent des enfants pour les vendre à l'étranger ont commencé à se répandre vers 1972. On estime à 2 000 le nombre d'enfants ainsi séquestrés et exportés du Brésil entre 1970 et 1978. En 1979, un congrès international de parents adoptifs en France a monté en épingle le problème. A la même époque, des livres publiés aux États-Unis et en Angleterre ont raconté des histoires grotesques sur le trafic de bébés du tiers monde destinés à servir de cobayes dans des laboratoires pharmaceutiques.

Bien que la plupart de ces histoires soient probablement le résultat d'une hystérie xénophobe, il est indéniable que les autorités brésiliennes ont découvert des filières, c'est-à-dire des fondations ou des agents particuliers qui font un commerce de l'adoption pour des étrangers. Il est certain qu'il y a eu des vols de bébés dans les maternités, et surtout dans les hôpitaux publics où les clients pauvres n'avaient pas les moyens financiers qui leur auraient permis d'effectuer des recherches. Mais, dans bien des cas, il s'agit sans doute de femmes pauvres qui ont monnayé leurs bébés.

Une intermédiaire américaine n'avait pas de scrupules à expliquer en détail comment elle procédait. Ayant localisé une fille qui acceptait de donner son enfant, elle l'emmenait d'abord établir un certificat de naissance en prenant soin de faire mettre un nom choisi par les parents adoptifs. Après avoir signé une procuration dans laquelle elle lui donnait plein pouvoir, la mère disparaissait. L'Américaine pouvait alors faire établir l'acte notarié, c'est-à-dire le contrat de transfert de l'enfant *(escritura)*, au nom des parents adoptifs. Avec ce contrat, ces derniers pouvaient obtenir un nouveau certificat de naissance de l'enfant à leur nom, puis un passeport brésilien et un visa d'immigration au consulat de leur pays. Ce genre de procédé a continué à être entièrement légal jusqu'en 1979, quand le Code des mineurs a été promulgué avec la disposition que toute adoption par des étrangers devait obligatoirement passer par le tribunal des Mineurs[5].

Aujourd'hui, il y a encore des avocats qui, à l'aide d'appuis politiques auprès des tribunaux des Mineurs, arrivent à offrir à leurs clients des bébés légalement adoptés. Niant le seul aspect illégal de ces transactions, c'est-à-dire l'aspect commercial, ils prétendent que les huit à dix mille dollars payés par leurs clients sont juste suffisants pour couvrir les frais légaux du procès.

L'ADOPTION LÉGALE

Comment, de nos jours, un étranger peut-il procéder pour adopter un enfant brésilien ? Il peut s'adresser soit à des fondations philanthropiques au Brésil, soit directement au tribunal *(Juizado de Menores)* ou à l'orphelinat de l'État (FEBEM : *Fundaçao do Bem-Estar do Menor*)[6].

En raison des ambiguïtés de la loi, la possibilité d'une adoption dépend en grande partie des dispositions du Juge des mineurs local. Un décret de 1982 précise clairement que les étrangers ne peuvent adopter des enfants brésiliens que si par ailleurs aucune demande d'adoption recevable n'a été faite par des Brésiliens. Le problème est donc de savoir ce qu'est une demande recevable, et qui la définit.

Les spécialistes font un tri minutieux des demandes brésiliennes. Ils éliminent d'emblée les personnes motivées par un altruisme sentimental — celles qui veulent, par exemple, accomplir un vœu — ou celles qui désirent adopter pour résoudre uniquement un problème matrimonial. La situation économique des adoptants n'est un critère que dans la mesure où il leur est demandé de pouvoir satisfaire aux besoins essentiels de l'enfant. Des couples relativement modestes peuvent donc adopter. A peu près 40 p. 100 des demandes faites par des Brésiliens sont satisfaites. Il faut noter cependant que les Brésiliens désirent un certain type d'enfant. D'après une enquête réalisée à Rio de Janeiro, 75 p. 100 veulent des enfants blancs, 70 p. 100 préfèrent des filles, et la grande majorité demande des enfants de moins de trois ans.

Récemment on a commencé à centraliser les adoptions pour pouvoir mieux les contrôler. Passée la xénophobie des années 70, on a essayé d'établir, entre autres, des programmes officiels et gratuits d'adoption orientés vers l'étranger. Dans un effort de « dénationaliser la misère », on y destine principalement des enfants métissés et plus âgés qui, autrement, resteraient à se morfondre dans les orphelinats. Ainsi, certaines municipalités (Porto Alegre, Curitiba, Salvador) ont établi des accords entre le tribunal des mineurs et des organismes étrangers d'adoption (Sourire d'enfants). En légalisant les démarches, ils cherchent à réguler l'adoption internationale pour que l'intérêt en jeu soit le bien-être de l'enfant, plutôt que le lucre.

Si les démarches administratives ont été facilitées, il reste toutefois un problème éthique, surtout en ce qui concerne la définition de l'enfant abandonné. La tendance est de faciliter la déclaration d'abandon. Si les parents d'un jeune enfant ne se manifestent pas pendant six mois, on suggère qu'il soit déclaré en situation irrégulière, alors qu'autrefois le délai était d'environ deux ans. Nous avons vu qu'il y a, dans les couches populaires très pauvres, des traditions de placement en foyer adoptif qui dispensent de la présence (même indirecte) de la mère biologique. Concevant sa responsabilité maternelle en d'autres termes, celle-ci ne comprend pas qu'on puisse la destituer de ses pouvoirs maternels. Il faut que les spécialistes de l'adoption soient conscients de cet univers alternatif de référent culturel, pas forcément pour y obéir mais au moins pour ne pas agir dans l'ignorance de cette divergence de points de vue.

CLAUDIA FONSECA

---

1. Voir Claudia Fonseca, 1985. « Valeur marchande, amour maternel et survie : aspects de la circulation des enfants dans un bidonville brésilien ». *Annales*, ESC 40(5) : 9991-1022.

2. Le salaire minimum, 250 FF par mois, permet au travailleur brésilien d'acheter exactement trois litres de lait par jour, rien de plus.

3. Les exemples cités ont été cueillis pendant des études ethnologiques dans des quartiers populaires de Porto Alegre, Brésil.

4. Voir Claudia Fonseca, 1986. « Orphanages, foundlings and foster mothers : the system of child circulation in a Brazilian squatter settlement ». *Anthropological Quarterly* 59(1) : 15-27.

5. Sur les tendances récentes dans la législation nationale et internationale, voir le numéro spécial sur l'adoption de *DEBATE* (n° 4, février 1985), publié par la Fundaçao para o Bem-Estar do Menor, Rio de Janeiro.

6. Voir monographie sur le Brésil par C. Fonseca dans le *Rapport sur l'adoption internationale*, par G. Gokalp et C. Bertrand, Service social d'aide aux immigrés, 1986.

SUZANNE LALLEMAND

UN BIEN QUI CIRCULE BEAUCOUP

EN CHINE, EN AFRIQUE ET EN OCÉANIE, LE CONTENU DES TERMES « ABANDON », « ADOPTION » EST D'UN SENS TOUT AUTRE, NE SERAIT-CE QUE PARCE QUE L'ENFANT APPARTIENT AU GROUPE PLUS QU'À SES GÉNITEURS.

Lorsqu'on jette un regard sur la circulation des enfants, on se surprend à penser que les sociétés traditionnelles se conforment à certaines publicités des grands magasins : en matière d'adoption, on trouve tout.

Sur le plan qualitatif, les contrastes sont frappants. Certaines sociétés semblent manifester un goût immodéré du déplacement enfantin, d'autres ne s'y résolvent qu'en cas d'absolue nécessité. De plus, les modalités varient énormément : de l'« adoption de crise » dont parlent les ethnologues anglo-saxons à propos d'orphelins, à ce que l'on pourrait nommer le « déplacement d'agrément », toute une gamme peut se déployer. Comme, aussi, de motivations : du côté des preneurs d'enfants la stérilité intervient, mais aussi le désir de combler un manque, l'envie d'un garçon si l'on n'a que des filles (ou l'inverse), la satisfaction d'une présence juvénile à l'âge où l'on ne procrée plus, ou le simple plaisir d'éduquer un enfant en sus des siens propres.

Du côté des donateurs, l'excès de progéniture peut être déterminant, mais aussi la volonté d'ascension sociale pour ses rejetons, tout comme l'observance de règles de redistribution ordinaire des descendants entre familiers. Sur le plan de la durée, si certaines populations admettent l'annexion définitive de l'enfant par ses tuteurs, d'autres préfèrent ne le confier que temporairement. En outre, certains groupes d'Océanie ou d'Afrique considèrent que le jeune, élevé à l'extérieur, appartient autant à ses ascendants biologiques qu'à ses éducateurs.

Aussi les ethnologues distinguent-ils l'adoption exclusive (substitution totale des droits des parents par ceux des tuteurs) de l'adoption inclusive (coexistence des droits des géniteurs et des éducateurs) et toute une gamme de formes intermédiaires ou mineures de prêts et dons partiels. Dans ce foisonnement de pratiques que, par commodité, nous nommons « adoptives », deux pôles s'esquissent cependant ; ils marquent avec force l'extrême divergence de ces perspectives dans lesquelles se situent les cessions momentanées ou définitives des enfants :

1) L'adoption est plus qu'un abandon : elle se présente comme le substitut direct de l'infanticide.
2) L'adoption est sans relation avec l'abandon : elle constitue une forme encouragée de sociabilité selon laquelle le jeune individu, être précieux et convoité, peut et doit circuler.

BÉBÉS EXPOSÉS

Moyen de contrôle de la taille du groupe, compte tenu de l'environnement et des capacités de production familiale, l'infanticide était fort courant sur les terres arctiques. En 1923, on en signalait 38 cas sur 96 naissances, dans la communauté esquimau natsilik. D'autres observations confirmèrent ultérieurement la fréquence de cette pratique, active ou passive (ainsi, l'exposition du nouveau-né au froid ambiant). Et ils la lièrent au processus adoptif : si quelque adulte entendait les cris du bébé, libre à lui de s'en emparer illico, de le faire sien. Il pouvait aussi épargner ce pénible moment à l'enfant en le retenant par avance, pendant la grossesse de la mère.

On a pu noter que la discrimination sexuelle impliquée par l'infanticide était très marquée : les filles, moins valorisées socialement — elles ne se livraient ni à la chasse ni à la pêche — étaient peu conservées. Dans l'île Southampton, dans le nord-ouest du Canada, elles ne représentaient que 34 p. 100 de la population dans la première moitié de ce siècle. Parallèlement, l'adoption s'élevait alors à plus de 40 p. 100 des enfants, et comportait une écrasante majorité d'adoptés de sexe masculin : 77 p. 100. Toujours sur cette île, vers 1957, les conditions de vie des gens s'améliorèrent sensiblement sur le plan économique, par l'attribution d'allocations et de salaires. On observa alors une baisse marquée de l'infanticide des filles (elles représentent 44 p. 100 de la population enfantine), une chute de l'adoption (21 p. 100 de l'effectif juvénile) et l'inversion de sa composition antérieure (37 p. 100 seulement de garçons)[1].

Le changement se serait opéré de la manière suivante : infanticide des filles et adoption des garçons en surnombre, avant. Puis, vers les années 50, envoi en adoption des filles, et rétention des garçons, plus appréciés, au foyer. Ces pourcentages sont discutés par d'autres spécialistes travaillant chez des groupes distincts, qui font état d'une même proportion de garçons et de filles adoptés pour la période la plus récente. Mais ils ne remettent pas en question ce mécanisme à deux vitesses de sélection de la descendance. En régression après 1950, l'adoption tend maintenant à équilibrer ses effectifs des deux sexes. Auparavant, elle a été utilisée comme moyen électif de sauvegarde de la part masculine de la population esquimau.

PETITES BRUS-ADOPTÉES

Durant la première moitié de ce siècle, en Chine continentale, le recours à l'infanticide est aussi une pratique fréquente de régulation des naissances, par suppression des excédents de progéniture. Ainsi, dans la vallée du Yang-Tsé, la paysannerie pauvre, qui disposait de terres exiguës, accueillait avec circonspection ses bouches nouvelles. Ici encore, la naissance de filles ne réjouissait guère la famille : elles coûtaient à élever et partaient ensuite se marier ; en revanche, leurs frères tenus de rester auprès des parents, étaient gage de vieillesse sécurisée. Aussi, plus que ceux-ci, celles-là étaient-elles supprimées à la naissance ; dans les années 30, on mentionne une proportion de 100 filles seulement pour 135 garçons. Parmi les rescapées, beaucoup étaient placées en ville comme domestiques et surtout données à titre de « bru-adoptée » ; 39 p. 100 de filles de cette région étaient alors élevées par leur futurs beaux-parents auxquels elles rendaient divers services ménagers, en attendant la célébration (ainsi peu onéreuse) de leurs noces avec le fils de leurs tuteurs[2].

Cette formule adoptive particulière fut dénoncée en son temps par diverses personnalités, dont Mao-Tsé-Tung, déplorant que « pour éviter le fardeau des dépenses matrimoniales, 5 à 6 familles sur 10 prennent une bru-adoptée ». Les pratiques de la Chine insulaire se démarquaient de celles du Yang-Tsé. Au nord de Taïwan, les recensements précis des années 1900-1920 montrent que plus de 50 p. 100 des filles étaient ainsi cédées, contre une somme symbolique, à la famille de leur conjoint potentiel. Mais l'ampleur même de ces déplacements féminins équilibre ici la survie des individus des deux sexes (100 filles pour 99 à 115 garçons).

Et les enfants de sexe masculin ? Ils faisaient l'objet de déplacements infiniment plus modestes, à la même époque ; on estime que quelque 5 p. 100 étaient vendus (fort cher) à la naissance en vue de l'adoption, dans la région ; ailleurs ils étaient remis à des consanguins stériles[3]. Les formes de cession enfantine, en Chine, variaient donc grandement selon le sexe ; les filles ne perdaient pas leur identité initiale, nécessaire à leur statut d'alliée ; et les garçons devenaient généralement le fils de leurs nouveaux parents, l'héritier et le célébrateur du culte funéraire.

Aussi, selon les régions, les Chinois utilisaient vis-à-vis de leur progéniture féminine tantôt la formule esquimau appliquée aux filles (infanticide et relative dispersion), tantôt celle imposée aux garçons de l'Arctique (dispersion massive). La sélection de la descendance, en milieu de pénurie, passait donc par une manipulation des moyens de contrôle en « aval » des naissances — mise à mort et redistribution — eux-mêmes modulés en fonction de l'usage social des sexes en présence.

Dans les sociétés où les ressources sont plus abondantes et assez également réparties, où l'idéal familial requiert un grand nombre de descendants, l'adoption ne se présente guère comme substitut de l'infanticide ou de l'abandon. Le coût de l'enfant est ressenti comme largement inférieur à son apport sur le plan économique et affectif. Le moteur de la circulation enfantine n'est pas alors le fardeau matériel et éducatif, mais une éthique globale de l'échange, du don entre familiers, par rejetons interposés. Et diverses structures socio-familiales tendent à ces prises en charge autorisées, voire encouragées, des enfants des uns par les autres.

Énumérons quelques-uns des facteurs qui facilitent ces transferts juvéniles.

GÉNITEURS MAIS NON POSSESSEURS

Les ethnologues constatent que là où le groupe familial concentre plusieurs dizaines de personnes, le couple se voit impartir un rôle assez mince, des responsabilités réduites, une autonomie parcimonieuse. Aussi les parents directs ne sont-ils pas nécessairement les propriétaires en titre de leurs propres descendants, fils du lignage, plus que de tels conjoints particuliers. Cette minimisation du droit des ascendants biologiques rend compte de pratiques qui peuvent paraître étonnantes aux Occidentaux. Chez les Gonja du Ghana, le couple remet assez systématiquement une part de ses rejetons à leurs proches : une fille pour la sœur du père, un garçon pour le frère de la mère. Si les époux sont suffisamment prolifiques, il est bon, alors, qu'ils se dessaisissent d'un autre garçon pour un frère du père, et d'une fillette pour la mère de la mère.

Cependant, si les options adoptives sont quelquefois inscrites avec précision dans les structures parentales, chez d'autres populations il peut être difficile de savoir par avance quels parents, éloignés ou non, se chargeront d'un jeune consanguin : ainsi, dans un sous-groupe Akan du Ghana, des spécialistes ont collecté des récits de vie, et notamment la biographie d'un instituteur. Le père de celui-ci mourut précocement, et sa mère s'installa dans un village dépourvu d'école. Poursuivant ses études, il fut placé chez une série de membres de la famille étendue : d'abord chez le frère de sa grand-mère maternelle puis il revint ; ensuite, il vécut chez un oncle maternel ; puis il alla s'installer chez le fils de sa grand-mère maternelle, après un autre séjour près de son premier tuteur, et il finit son périple dans la demeure citadine d'un consanguin plus lointain[4].

Précisons que le sous-groupe en question est matrilinéaire. Mais si le jeune individu « appartient » électivement à la famille de sa génitrice, les droits et les devoirs exercés à son endroit par les parents utérins semblent relativement équivalents ; aussi, sur le plan de la juridiction traditionnelle, leurs personnes sont-elles, à l'occasion, quasi interchangeables.

FILS DE PLUSIEURS PÈRES

En Océanie comme en Afrique, les systèmes d'appellations utilisés pour nommer les gens de la famille assimilent souvent certains oncles au père, certaines tantes à la mère. Ces dénominations qui regroupent, grâce à des termes communs, les géniteurs avec leurs frères et sœurs, voire avec des cousins même éloignés, ne sont pas les simples marques d'un respect de type filial ; leur fonction ne s'épuise pas non plus dans la pure expression d'une similitude générationnelle. En effet, un même mot utilisé pour désigner l'ascendant biologique et l'un quelconque de ces consanguins signifie deux choses : soit que ce second individu peut participer activement à l'éducation et aux soins requis par celui qui le nomme « père » ; soit aussi qu'une permutation des rôles entre les deux adultes est possible, le géniteur pouvant s'effacer au profit de cet autre « père ». Le vocabulaire marque ainsi les capacités d'intervention, voire de substitution de gens d'âges comparables et de consanguinité proche ou diffuse, au sein d'une configuration familiale qui leur assigne des responsabilités potentiellement analogues.

Ainsi, chez les Kotokoli du Togo, il est fréquent qu'un homme, mû par l'affection et la déférence, offre à son aîné un premier fils ; ou bien il peut déléguer ses droits paternels à un cadet, dont la maigre descendance personnelle l'apitoie. Ces dons, peu voyants puisque frères ou cousins cohabitent dans un même espace, matérialisent la similitude de position occupée par les différents « pères » d'un même enfant. Ces discrètes redistributions de progéniture sont d'ailleurs malaisées à observer, puisque l'identité des appellations des donateurs et récipiendaires par rapport à l'enfant tend à en occulter la fréquence.

AÏEUX EXIGEANTS ET AMIS TENDRES

Si les gens de la même génération entretiennent des rapports d'égalité relative, les liens entre générations distinctes sont généralement plus hiérarchisés. Aussi, les vrais « propriétaires » des enfants sont moins les géniteurs ou leurs frères que les parents de tous ces gens ; il est donc habituel que les aïeux revendiquent auprès d'eux la présence de leurs petits-enfants. Chez les Agni-Bona de Côte-d'Ivoire, la jeune femme qui a quitté père et mère pour se marier doit à ceux-ci son premier enfant ; elle serait bien mauvaise fille si elle ne s'acquittait de ce tribut. Chez les Esquimaux Inuit du Canada, les ascendants du mari et de l'épouse ont aussi la possibilité de capter la progéniture du couple. Et chez les Gonja, déjà cités, la troisième fille d'une femme, appelée « enfant de la poitrine », a sa destination inscrite dans son nom : elle est remise à sa grand-mère maternelle.

En revanche, les rapports entre adultes de la même génération, notamment lorsqu'ils sont consanguins éloignés, ou amis sans lien de parenté, sont moins contraignants. La rétention est aussi mieux admise, la cession y gagne plus de prix. Et ce qui fait l'originalité de la circulation juvénile est justement la qualité des liens entre donateurs et receveurs. A Arno, dans les îles Marshall, lorsqu'il y a transfert de progéniture de géniteurs à tuteurs non apparentés, les uns et les autres se considèrent comme consanguins, à partir de ce moment ; ils s'appellent « frères » et « sœurs ». Aux îles Ellis, toujours en Océanie, des amis peuvent décider de devenir « frères adoptifs ». Pour ce faire, ils échangent des terres ; ils peuvent aussi décider d'adopter chacun un enfant de l'autre. Dans ce contexte, la stérilité ou l'excès de bouches à nourrir ne semble guère constituer le moteur de ces transferts. Ils visent surtout à développer un réseau d'obligations réciproques, absolument volontaires, aux limites ou à l'extérieur de la consanguinité : là où la famille propose encore son modèle de fonctionnement communautaire, mais là où elle ne peut en aucune façon l'imposer.

LORSQUE L'ADOPTION EST UNE ALLIANCE

Dans la société occidentale, la démarche adoptive consiste en une simulation de parenté, non pas entre donateurs et récipiendaires, mais entre tuteurs et adopté. On insère le jeune arrivant comme le serait un « vrai » rejeton du foyer, on feint avec lui la consanguinité. Or, dans beaucoup de sociétés pré-industrielles, on tend plutôt à rabattre le processus adoptif du côté de l'alliance, on en fait une sorte d'analogue du mariage. Mais il est plusieurs manières de lier la circulation juvénile et celle de conjoints. D'abord, l'enfant peut être considéré comme partie intégrante des prestations matrimoniales par la famille qui cède une femme à autrui : ainsi, chez les Kayab, Kachichere, Kagoro du Nigeria, le père « rachète » à la naissance ceux des enfants qu'il désire garder pour lui ; les autres reviennent à la famille de l'épouse exclusivement.

L'adoption peut aussi se présenter comme un substitut du mariage : les Gonja pratiquaient, sans enthousiasme excessif, une union préférentielle entre cousins. Or, on l'a vu, ils préfèrent aujourd'hui se remettre, entre frères et sœurs, des enfants qui ne se marieront point. Mais ces derniers auront la même fonction : ils cimenteront des liens familiaux que le temps et l'espace risquent de distendre. Plus que des exemples que l'on pourrait multiplier à loisir, deux faits déjà mentionnés contribuent à établir le parallélisme fréquent de l'adoption et du mariage : d'une part le respect et la permanence de l'identité initiale de l'enfant — élément indispensable dans l'instauration des rapports d'alliance. D'autre part, le fait que ce qui est valorisé dans l'opération de transfert est moins (ou autant) le jeune individu lui-même que la nature des relations ainsi impulsées ou maintenues entre tuteurs et géniteurs. Le lien, amenuisé, du parent au rejeton est alors compensé par une intensification des rapports avec ceux qui l'ont pris. De même, les familles qui s'allient doivent fréquemment renoncer à ceux-là mêmes qui ont matérialisé l'alliance...

Abandon pour certains, l'adoption, au sens large du terme peut aussi apparaître comme une institution échangiste dont les ressorts ne sont pas nécessairement le drame de foyers éclatés, l'angoisse de la stérilité ou la charge d'un excédent de progéniture. Institution souple, la circulation des enfants en société traditionnelle insiste souvent sur l'appropriation collective des descendants, sur le partage des droits et des devoirs, sur la volonté de resserrer ou d'instaurer des liens entre adultes. Loin d'être exclusivement une forme de rejet du jeune individu, elle peut aussi le valoriser en tant que gage d'alliance.

SUZANNE LALLEMAND

Ethnologue — Chercheur au CNRS. Auteur de *Une famille mossi*, CNRS, Paris, 1977 ; avec G. Delaisi de Parseval : *L'art d'accommoder les bébés*, Seuil, Paris, 1980 et d'articles : « L'adoption des enfants chez les Kotokoli du Togo », in *Anthropologie et société*, 1980, 4, 2, pp. 19-37 ; « Ethnologie et adoption » in *Lieux de l'enfance*, 1985, pp. 63-79.

1. **R.W. Dunning : « A note on adoption among the Southampton Island Esquimo » *Man*, nov. 1962.**
2. **H.T. Fei : *Peasant Life in China*, Oxford University Press, 1946.**
3. **A.P. Wolf, C.S. Huang : *Marriage and Adoption in China*, Stanford University Press, 1980.**
4. **C. Oppong, W. Bleek : « Economic Models and Having Children : Some Evidence from Khahu, Ghana », *Africa*, 1982, 52, 4.**

4

LES DERNIERS AVENTURIERS DES TEMPS MODERNES

Si les pères sont les derniers aventuriers des temps modernes, que dire alors des parents adoptifs ! Cette parenté sociale, légitime n'est pas encore clairement assimilée dans les consciences. Pourtant, le débat vrai/faux parent semble bien être un faux débat.

Bravant les souffrances de la stérilité, ces parents affrontent démarches et attente de l'enfant ; des parents à part entière avec des enfants de toutes les couleurs, qui doivent faire fi de l'image chargée d'intolérance que leur renvoie parfois la société. Instinct maternel, instinct paternel, instinct d'adoption... n'est-ce pas une seule et même chose ?

PENSER L'ADOPTION

entretien avec
MICHEL SOULÉ

Psychiatre des hôpitaux, directeur du COPES. Auteur ou co-auteur de : *L'adoption, données médicales, psychologiques et sociales*, ESF, 1978 ; *La dynamique du nourrisson*, ESF, 1983 ; *Le nouveau roman familial*, ESF, 1984 ; *Le secret sur les origines*, ESF, 1984 ; *Traité de psychiatrie de l'enfant et de l'adolescent*, PUF, 1986.

Autrement. - Alors que l'adoption ne concerne en fait qu'un petit nombre de familles, on note un intérêt croissant pour ce sujet au sein des médias et du public.

Professeur Soulé. - Les formes particulières de filiation ont toujours fait l'objet d'un intérêt que je dirai être global. Dans toutes les civilisations, et prenons la nôtre, la filiation, le fait d'être père, d'être mère, d'être fils, d'être fille, a toujours été à l'origine de profondes angoisses. Les réponses se feront sur plusieurs axes. Mais en fait chacun d'entre nous a ses propres systèmes de réassurances. L'un d'eux, le plus simple, consiste à croire à la filiation biologique. « C'est mon sang », « il est de mon sang »..., les liens du sang semblent alors justifier l'affection parentale et filiale et permettent de rassurer.

Aussi s'est-on toujours interrogé sur la façon dont pouvaient « s'établir » les familles qui ne bénéficiaient pas des mêmes systèmes de réassurance ; d'où cet intérêt porté à l'adoption, et surtout depuis 1966, date à laquelle la loi l'a authentifiée et reconnue comme un mode de filiation à part entière. Depuis lors elle a été véritablement médiatisée. En effet les médias, qui reflètent les inquiétudes du public, lui ont donné une large place. Des thèmes particuliers, presque des fantasmes, revenaient et reviennent encore sans cesse : « Les parents adoptifs sont-ils des vrais parents »... « Enfants adoptés et parents adoptifs vont-ils s'aimer ? »... « Mais à l'adolescence ces enfants adoptés vont chercher leur *vraie* mère et vont, à leur tour, abandonner leurs parents adoptifs »... Comme si c'était une vraie mère parce que biologique ! Alors que c'est au sein des familles « biologiques », ou dites « légitimes » que l'on dénombre le plus d'adolescents qui font le voyage pour Katmandou !

La crise de recherche à ce moment de la vie n'est absolument pas liée à l'adoption.

Quelle est la place de l'adoption aujourd'hui et plus particulièrement face aux nouvelles filiations nées de la procréation assistée ?

L'adoption n'est plus aujourd'hui quelque chose d'original. La preuve en est qu'autrefois les parents adoptifs me demandaient s'il fallait confier à l'institutrice que l'enfant était adopté ; et cette dernière s'interrogeait sur la nécessité d'une pédagogie particulière... ! Quant au protagoniste, il se vantait auprès de ses petits camarades de son adoption. A l'heure actuelle, une telle révélation dans une cour de récréation n'attire plus beaucoup de succès ! L'adoption a été banalisée, et cela pour plusieurs raisons : la loi de 1966, son acceptation par la société, cet intérêt nouveau porté à l'enfant, tout le monde aujourd'hui désire en avoir un. La famille adoptive est considérée maintenant comme une famille normale ; et c'est tant mieux ! D'autres modes de filiation font désormais l'objet de la curiosité du public et sont d'intérêt médiatique ; ce sont les techniques de procréation assistée, tels que l'insémination artificielle avec donneur, la fécondation in vitro, le don d'ovocyte. A leur apparition, nous pensions, avec René Frydman et Georges David, que les problèmes allaient être tout à fait différents et de fait ce sont exactement les mêmes que ceux posés par l'adoption ! Prenons le cas du donneur de sperme, qui soulève tant d'interrogations ; eh bien ! en matière d'adoption l'enfant n'est-il pas « donné » par l'administration ou par d'autres procréateurs ?

Alors que nous sommes en pleine période de dénatalité, le discours sur le désir d'enfant n'a jamais été aussi intense. N'occulte-t-il pas parfois la notion d'intérêt de l'enfant ?

Je crois que, tant en matière d'adoption que de procréation assistée, cela dépend de la position que l'on occupe.

Un médecin, par exemple, qui vient d'annoncer à un couple qu'il est définitivement stérile désirera réparer cette injustice et tiendra à tout mettre en œuvre pour qu'il puisse avoir un enfant. J'ai reçu dernièrement en consultation un couple confronté à ce problème. La DDASS n'était pas très encline à leur confier un enfant car le mari était âgé. Lorsque je suis en leur présence, j'ai envie de plaider en leur faveur, d'intervenir, d'écrire, etc. On souffre alors avec ce couple marqué par sa stérilité, et qui a un réel désir d'enfant. Ce sont de telles situations qui permettent aux médias de crier régulièrement au scandale en mettant en parallèle enfants abandonnés en France et dans le tiers monde, et couples stériles. Mais la péréquation n'est pas si simple à réaliser !

Par contre, toute personne responsable d'enfants délaissés ou abandonnés, dans une pouponnière, dans un foyer, en placement nourricier, et qui est donc du côté de l'enfant, n'a nullement envie de les distribuer à n'importe qui. Et cela d'autant plus que l'on sait que certains d'entre eux pourraient vivre des expériences douloureuses s'ils étaient mis en présence de certains parents adoptifs. Elle deviendra forcément sélective, cherchant l'intérêt de l'enfant, dans telle ou telle adoption ; d'où cette procédure administrative, qui paraît parfois longue aux candidats, et qui comprend un entretien avec un psychiatre. Le rôle de celui-ci n'est ni d'évaluer les postulants ni de leur accorder la permission d'avoir un enfant, comme l'imaginent très souvent ceux-ci, mais de constater s'ils ont bien fait le deuil de l'enfant imaginaire et s'ils ont dépassé toutes les blessures nées de la stérilité. Le médecin doit les aider à envisager les problèmes qui peuvent naître de l'adoption, c'est le parti pris du réalisme : l'enfant adoptable sera très rarement un nourrisson, et aura déjà un passé familial, il pourra avoir certaines particularités de couleur, ou un handicap physique ou mental... Il ne s'agit donc pas de faire passer des tests de parentalité mais de les aider à parcourir le chemin nécessaire. Cette procédure, ces précautions permettront à l'État de se justifier auprès de l'enfant en arguant que l'engagement a été pris en son nom avec toutes les assurances humaines du moment.

En outre, comme le nombre des candidats à l'adoption est beaucoup plus élevé que celui des enfants à adopter, l'administration et les œuvres d'adoption peuvent se permettre d'être sélectives. Mais cette disproportion, cette « pénurie » d'enfants adoptables, n'est pas une raison suffisante pour se lancer dans une quasi-importation d'enfants comme certains le préconisent. Certes, élever un enfant adopté est à la portée de très nombreux couples, car cela ne pose pas plus de problèmes que l'éducation de n'importe quel enfant. Mais parfois l'éducation d'un enfant venant de l'étranger peut se heurter à des difficultés particulières que certains parents adoptifs ne seront pas à même de résoudre, et c'est pour cela qu'il faut être vigilant.

La notion d'intérêt de l'enfant dépend donc de la situation occupée par les protagonistes ; et les deux points de vue sont tout à fait valables et ne sont pas forcément contradictoires.

L'adoption d'enfants handicapés est un phénomène récent. Existe-t-il une limite à l'adoptabilité ?

La majorité des ouvrages sur l'adoption, il y a une quinzaine d'années, consacraient un chapitre aux contre-indications à l'adoption de l'enfant handicapé. Aujourd'hui, il faut absolument réviser ce jugement. Il n'existe pas de limite à l'adoptabilité. L'adoption est possible si des parents se proposent pour considérer tel enfant ayant tel handicap comme leur propre enfant. Mais je précise bien mes mots ; je parle d'une adoption véritable, cela signifie qu'ils sont prêts à le considérer comme *leur* enfant. On ne pourra donc accepter que des candidats qui auront mûrement réfléchi et qui seront parfaitement conscients des difficultés posées par cette adoption un peu particulière.

Il faut que les parents aient fait le deuil de l'image classique de l'enfant. En effet, aucun couple lors d'une grossesse ne souhaite que l'enfant soit handicapé. Adopter un enfant handicapé est l'aboutissement d'un long cheminement.

L'adoption d'enfants venant de l'étranger ne donne-t-elle pas une nouvelle dimension au phénomène adoptif en Occident ?

Devant la diminution des enfants adoptables en France, beaucoup de couples demandeurs se sont tournés vers l'étranger. Là encore cette décision n'est envisageable qu'après un long cheminement. Car même si un enfant n'est pas très différent d'un autre, la position « naturelle » est celle de la circonspection face à ceux qui sont différents par l'ethnie, la couleur, les coutumes, le passé. Bien des couples seront à même de faire cette évolution. Mais on ne peut adopter ces enfants en affichant un optimisme excessif : « Les enfants sont tous pareils, cela ne pose aucun problème »... Car des difficultés, il y en a et il y en aura. Il faut donc qu'elles soient bien envisagées par les candidats, sinon enfants et parents en souffriront.

Un des premiers dangers est l'idéalisation presque mystique de l'enfant étranger qui va être perçu comme vierge de tout passé, messager d'une culture que les parents veulent magnifiée.

En fait, les parents qui refuseront de faire cette évolution réaliste tenteront de trouver une échappatoire dans l'idéalisation. Par contre, l'enfant de couleur abandonné sur le territoire français ne se prête pas à cette attitude. Il ne vient pas de loin, il n'est pas « vierge » de tout péché et de tout passé. Au contraire, les enfants maghrébins portent encore l'image du passé colonial et font l'objet du racisme ambiant. Mais enfants noirs et d'origine nord-africaine abandonnés dans les DDASS sont désormais adoptés sans difficulté lorsqu'ils sont très jeunes.

Les parents doivent donc avoir à

l'esprit que l'enfant a un vécu antérieur parfois lourd à porter, qu'il présentera peut-être plus tard un aspect physique différent. Lorsque les adoptants « vivent » mal la différence de leur enfant, ce dernier ne peut que le ressentir et leur en vouloir à son tour ; d'où la nécessité de cette évolution afin d'arriver à se détacher du milieu ambiant qui n'est pas toujours à l'acceptation de la différence.

Tous les parents « biologiques » dont l'enfant présente une particularité physique ou mentale affrontent quotidiennement le regard railleur ou malveillant de la société. Ce n'est donc pas une situation particulière à l'adoption. Par contre ce que partagent bien des adoptants, c'est un douloureux passé de stérilité ; stérilité que la couleur de peau de leur enfant leur rappellera sans cesse et qu'il affichera au regard des autres. Mais lorsque les parents auront bien « intégré » leur stérilité, le teint foncé de leur enfant ne sera rien de plus qu'une particularité familiale. Très souvent, les adoptants finissent par oublier la couleur de peau de leur enfant et disent le voir blanc.

Pour bien des familles, l'adoption d'un enfant étranger est une expérience unique et extrêmement enrichissante. En effet, elles vont s'intéresser à son pays d'origine, à sa culture, et lui promettre de l'y emmener. De plus cet enfant aura la possibilité d'avoir dans son roman familial des références tout à fait autres.

L'adoption a toujours fait progresser. Elle a été un fer de lance qui a fait comprendre que les liens parents-enfant n'étaient pas de droit divin, et que les liens du sang n'étaient pas les seuls possibles. Mais c'est aussi parce que les mentalités ont évolué que l'adoption est devenue ce que nous connaissons aujourd'hui.

L'adoption d'enfant venant de l'étranger et celle d'enfants handicapés vont être à l'origine d'une nouvelle évolution. L'idée de particularité née d'un handicap ou de la couleur de la peau sera de mieux en mieux acceptée. En France déjà, c'est relativement bien toléré.

Le roman familial d'un enfant abandonné et élevé en institution va-t-il se construire de façon différente ?

Non, absolument pas.

Le roman familial est un concept qui a été très édulcoré et banalisé. Au sens strict, c'est le fruit de l'imagination de tout préadolescent, en période de latence, qui s'invente non pas des parents mais des imagos parentales différentes. Il les imagine habitant « quelque part ». Évidemment il les idéalise et leur donne toute puissance, ou tout du moins il les construit comme il les voudrait. C'est une façon d'essayer de résoudre le conflit œdipien sans jamais vraiment s'y confronter. C'est tout à fait banal. Et l'adoption est une situation qui semble réaliser celle du roman familial, d'où cette curiosité du public pour cette forme particulière de filiation. C'est la raison pour laquelle le roman familial est à l'origine de bien des mythes et contes.

Comme l'a montré Freud, il finit par accepter que sa mère n'est pas récusable, et seul le père est remis en cause. A ce moment-là, l'enfant va s'en inventer un autre et va essayer de lui donner des éléments de réalité. Le but est de destituer son père. C'est une façon d'affronter son conflit œdipien. C'est en ce sens que le roman familial est culpabilisé puisqu'il est très agressif à l'égard du père qu'il destitue. C'est la raison pour laquelle le roman familial sera refoulé, oublié, et lorsqu'il resurgit c'est souvent sous une forme culpabilisée. Or quels que soient le milieu et la situation réelle, l'enfant va construire son système de références. Ainsi, l'enfant placé en institution va répartir, dans la réalité, les rôles paternel et maternel sur un éducateur, la lingère ou la cuisinière, ou même deux éducateurs du même sexe. Il peut en même temps construire deux autres imagos parentales, différentes et idéalisées, puisque c'est une production de son imaginaire.

La réponse au questionnement de l'enfant adopté sur ses origines se fera-t-elle différemment ?

A la question « d'où je viens » les parents adoptifs comme tout parent devront répondre par une information sur la grossesse et l'accouchement, mais à la différence de ces derniers qui s'esquivent sur le sujet, ils devront expliquer *et* la fécondation *et* les relations sexuelles.

C'est-à-dire leur stérilité, l'échec de la rencontre des gamètes, et de l'autre côté le plaisir et l'entente du couple. Les parents adoptifs, eux, travaillent à découvert, devant la curiosité de l'enfant.

Autrement dit les premiers sont obligés d'expliquer l'adoption. Et ce n'est pas en lisant le Code civil qu'ils y arriveront !

Et « la révélation », comment doit-elle se faire ?

Je préfère le terme d'information à celui de « révélation ».

Je conseille toujours aux parents adoptifs de dire à l'enfant : « Nous ne pouvions pas T'avoir. Quand à *toi*, tu étais déjà né, et la dame qui t'avait mis au monde ne pouvait pas t'élever et cela pour trois raisons : ou elle était morte, ou elle était malade, ou elle n'avait pas les moyens de t'élever. Laquelle est-ce de ces trois causes, je ne le sais ; mais une chose est certaine ; tu étais très malheureux, et tu n'arrivais pas à avoir de parents. Comme tu étais petit, tu ne pouvais pas téléphoner, des gens l'ont fait à ta place et nous ont prévenus. » A ce moment-là, ils doivent lui demander comment il fallait réagir devant une telle situation. Et en général, l'enfant réinvente alors l'adoption en s'exclamant : « Eh bien ! il fallait me mettre chez toi ! »

La mère adoptive doit insister sur deux points : sur celui d'avoir été très malheureuse de n'avoir pu être enceinte de *lui*, et, deuxièmement, sur l'impossibilité pour cette dame, qui elle l'avait porté, de le garder. Elle doit avouer qu'elle a été privée du plaisir de le porter, et en fait de tout ce que la grossesse apporte de narcissique : cette impression de constituer un être humain, de lui apporter la nourriture, la complétude... tout comme l'enfant, lui, a envie de réfléchir à ce plaisir de l'union de la mère et du fœtus ainsi que du nourrisson qu'il fut. Il ressent là un manque narcissique.

La mère doit lui expliquer qu'elle déplore le temps perdu et les moments douloureux qu'ils ont tous vécus, mais qu'il n'y a plus qu'à le rattraper !

En matière d'adoption, la réciprocité est totale et il faut s'en servir !

Certains parents émettent des craintes devant la nécessité de la « révélation », arguant que l'enfant risque de les en aimer moins. Mais celui-ci peut avoir exactement la même angoisse, celle d'être moins choyé parce que adopté !

propos recueillis par
BRIGITTE TRILLAT

FRANCK MADINIER, DOMINIQUE BESSON

FACE À FACE

ADOPTANT, ADOPTÉ

ENQUÊTE SUR UNE QUÊTE... STÉRILITÉ ET HUMANISME SONT LES RAISONS PRINCIPALES QUI MÈNENT DES COUPLES VERS L'ADOPTION. DANS NOTRE SOCIÉTÉ MULTIRACIALE, LES ADOPTANTS SONT PARFOIS AMENÉS À MODELER LEURS DÉSIRS EN FONCTION DE LA RÉALITÉ.

L'infécondité (terme préféré par le milieu des adoptants à celui de stérilité, qui aurait un caractère irréversible) est de très loin la première cause du recours à l'adoption. Tantôt le couple envisage l'adoption tout en continuant un traitement médical, ou en commençant à recourir à la procréation assistée ; tantôt, l'adoption est l'ultime remède de ceux qui n'ont pu surmonter ou guérir leur stérilité : l'âge des adoptants est alors plus élevé.

Parfois, la demande d'adoption a un but humanitaire : le désir d'offrir à un enfant orphelin ou abandonné la chance d'avoir une famille : cette situation se retrouve chez des adoptants qui ont déjà une famille, souvent nombreuse. La demande aboutit alors plus facilement, soit parce que les couples ont déjà fait la preuve qu'ils étaient des parents convenables, soit, surtout, parce que les enfants qu'ils désirent ou acceptent de recueillir peuvent être âgés, de couleur, handicapés ; n'étant pas stériles, ils ne souhaitent pas l'enfant de race blanche, en bas âge, qui servirait d'enfant de substitution à celui qu'ils n'auraient pu engendrer eux-mêmes.

Enfin, plus marginalement, on trouve, comme autrefois, des demandes de couples assez âgés qui, tout d'un coup, craignent de vieillir seuls, ou veulent un successible aux biens acquis pendant toute une vie. Certains, même, refusent de mettre au monde un enfant dans une société en crise, mais se chargent volontiers d'enfants déjà nés.

QUI ADOPTERA ?

Devant les motivations invoquées, l'immense pouvoir détenu par les organismes publics ou les associations privées, intermédiaires obligés dans le processus adoptif, apparaît d'autant mieux que les enfants adoptables sont rares. L'instruction détaillée du dossier de chaque couple permet au personnel de choisir de façon à peu près discrétionnaire où est l'intérêt de l'enfant, et donc de décider, à peu près arbitrairement, que tel couple aura un enfant et que tel couple n'en aura pas.

Le personnel interrogé est conscient du pouvoir qu'il détient, et trouve bien lourde la responsabilité, qui lui incombe, de décider dans l'intérêt de l'enfant. Si la candidature des personnes seules est presque automatiquement écartée, parce que l'on considère toujours que l'enfant a besoin, de préférence, de deux parents, et qu'il risque de se retrouver seul au monde en cas de décès de l'adoptant unique, il est très difficile d'évaluer les garanties morales, la solidité de la structure familiale, les capacités éducatives des futurs adoptants, qu'il faut jauger en deux ou trois entretiens.

Toutes les institutions se targuent de n'opérer aucune distinction en fonction de l'origine socio-professionnelle des candidats, mais certaines catégories, minoritaires dans la société française, sont surreprésentées : professions libérales, cadres moyens et supérieurs, professions médicales et paramédicales, enseignants. Cette surreprésentation s'accentue lorsqu'il s'agit de l'adoption des enfants étrangers. Il nous est dit à plusieurs reprises que les organismes publics essayent d'orienter les adoptants les plus aisés vers l'adoption internationale, qui coûte cher, pour réserver les enfants français ou nés en France, quelle que soit leur race, aux demandeurs de condition plus modeste, qui n'auront aucun frais à exposer.

Il faut d'ailleurs souligner que les difficultés financières ne sont souvent pas un obstacle dirimant à l'adoption, car la famille des adoptants aide lorsqu'elle le peut. Outre cette solidarité familiale, existe aussi une assez grande solidarité entre les couples adoptifs.

QUI SERA ADOPTÉ ?

Ce qui nous a paru le plus frappant, c'est l'essor considérable de l'adoption d'enfants étrangers : les statistiques que nous avons établies à partir des dossiers d'adoption des années 1975, 1985 et 1986, auprès des tribunaux de grande instance de Lyon, Saint-Étienne, Le Puy-en-Velay, Dijon et Annecy indiquent un renversement de tendance : en 1975, 79,8 p. 100 des enfants adoptés sont français ; 15,8 p. 100 sont asiatiques. En 1985-1986, il n'y a plus que 40,2 p. 100 d'enfants français adoptés entre 41,2 p. 100 d'enfants asiatiques.

Dans la région Rhône-Alpes en général, l'adoption étrangère est passée de 25 p. 100 en 1977 à 66 p. 100 en 1985.

L'explication qui nous est fournie tient à la longueur et à la difficulté de l'adoption d'enfants français : la DDASS de Lyon a de 400 à 450 demandes en instance, et seulement 40 enfants par an à donner en adoption : elle indique comme délai d'attente aux couples adoptants entre huit et dix ans au minimun.

De nombreux enfants français font l'objet d'hésitations de la part de la mère, qui revient à plusieurs reprises sur sa décision d'abandon ; les services dénoncent d'ailleurs l'effet désastreux sur les nouveau-nés et les très jeunes enfants de ces abandons différés (car la mère finit toujours, lorsqu'elle a formé un projet d'abandon, par s'y résoudre). Une politique d'information et de « déculpabilisation » est menée très activement par les associations s'occupant d'adoptions et par les institutions d'accueil mères-enfants, mais la pression sociale est très forte, et les décisions d'abandon restent d'ailleurs très rares.

Les enfants étrangers viennent en majorité d'Asie. Certaines associations nous ont parlé d'une mode, l'enfant asiatique étant considéré comme « joli » et s'intégrant facilement. Il est vrai aussi que ces enfants ont été proposés en grand nombre au moment où les réfugiés arrivaient en masse et où la France accueillait les rescapés des boat people.

Les enfants venus d'Amérique du Sud (11,6 * en 1985-1986), arrivent de Colombie, d'Haïti, du Mexique, du Brésil et du Salvador, régions inconnues de l'adoption en 1975. D'Europe centrale ont été adoptés 1 enfant en 1975, 9 en 1985-86.

Le gros risque que fait courir l'adoption d'enfants étrangers est que, comme cela s'est produit à plusieurs reprises, un pays ferme tout à coup ses frontières. Ainsi la Colombie a-t-elle cessé d'envoyer des enfants en France depuis juin 1986. L'adoption d'un enfant étranger coûte d'autant plus cher que le pays d'origine exige assez souvent que les adoptants aillent chercher leur enfant, qu'ils aillent le voir à plusieurs reprises, qu'ils payent un avocat, et participent aux frais de séjour de l'orphelinat. Bien évidemment, les couples en instance d'adoption font tout ce qu'ils peuvent, et même plus, pour se conformer aux exigences du pays de leur enfant, qu'ils vont voir parfois pendant plus d'un an avant qu'on le laisse sortir du pays. De toute façon, ils ne se plaignent jamais, de peur de retarder encore le moment tant attendu.

Très peu de bébés français sont adoptables ; 70 p. 100 des pupilles de l'État ont plus de douze ans. Plus les adoptants sont âgés, moins ils demandent des enfants jeunes. Les célibataires acceptent plus facilement, et parfois même en la sollicitant, l'adoption d'enfants plus âgés.

Les services de l'Aide sociale ne confient en tout cas à peu près jamais en première adoption des enfants handicapés physiquement ou mentalement ; l'adoption des enfants handicapés, même gravement, tels les enfants atteints de mongolisme, est en général bien vécue, car les adoptants, parents d'autres enfants, ont l'expérience et la patience nécessaires. La plupart des associations qui confient des enfants handicapés essayent d'assurer une bonne information et une bonne préparation de la famille adoptive.

Ce qui est caractéristique de l'adoption telle que nous l'avons per-

TABLEAU 1
RÉPARTITION DES ENFANTS ADOPTÉS SELON LEUR NATIONALITÉ ET LA CATÉGORIE SOCIO-PROFESSIONNELLE DES ADOPTANTS

CATÉGORIE SOCIO-PROFESSIONNELLE DES ADOPTANTS	*PAYS D'ORIGINE DES ENFANTS ADOPTÉS*										*TOT. ENFANTS ADOPTÉS*	
	FRANCE		*EUR. CEN.*		*ASIE*		*AMÉR. SUD*		*AFRIQUE*		*SELON CAT. SOC. PROF. DES ADOPTANTS*	
ANNÉES	*1975*	*85-86*	*1975*	*85-86*	*1975*	*85-86*	*1975*	*85-86*	*1975*	*85-86*	*1975*	*85-86*
AGRICULTEURS-OUVRIERS AGRICOLES	4	2	—	—	—	1	—	1	—	—	4	4
PATRONS INDIVIDUELS COMMERÇANTS	14	6	—	4	5	9	—	5	1	—	20	24
PROFESSIONS LIBÉRALES CADRES SUPÉRIEURS	28	11	1	1	5	19	—	11	—	1	34	43
PROFESSEURS, CADRES MOYENS	20	29	—	—	9	11	—	12	—	5	29	87
EMPLOYÉS	28	41	—	2	5	39	2	3	—	6	35	91
OUVRIERS-ARTISANS	32	16	—	2	1	7	—	2	2	—	35	27
PERSONNELS DE SERVICE	1	1	—	—	—	—	—	—	—	1	1	2
AUTRES ACTIFS	19	22	—	—	4	15	1	3	1	—	25	40
TOTAL ENFANTS ADOPTÉS SELON ORIGINE	146	128	1	9	29	131	3	37	4	13	183	318

Les tableaux 1 et 2 sont le résultat d'une enquête inédite, réalisée auprès des tribunaux de grande instance de Lyon, Saint-Étienne, Dijon et le Puy-en-Velay ; enquête gracieusement effectuée, courant 1987 par des étudiants de doctorat de droit de la famille de l'université Jean-Moulin (Lyon).

TABLEAU 2
RÉPARTITION DES ENFANTS ADOPTÉS SELON L'ÂGE DES ADOPTÉS ET DES ADOPTANTS

ÂGE ADOPTANTS / *ÂGE ADOPTÉS*	30 à 44		35 à 39		40 à 44		45 à 49		50 à 55		+ 55		TOTAL (2)	
– 1 an	20	6,3%	23	7,3 %	14	4,4%	1	0,3%	–	–	–	–	58	18,3%
de 1 à 5 ans	33	10,4%	72	22,7 %	49	15,5%	16	5 %	–	–	–	–	170	53,6%
de 5 à 10 ans	12	3,8%	21	6,6 %	18	5,7%	12	3,8%	3	0,9%	–	–	66	20,8%
+ de 10 ans	4	1,3%	4	1,3 %	2	0,6%	7	2,2%	6	1,9%	–	–	23	7,3%
total (1)	69	21,8%	120	37,9 %	83	26,2%	36	11,3%	9	2,8%	–	–	317	100%

TABLEAU 3
DÉCISIONS EN MATIÈRE D'ADOPTION DE MINEURS TRIBUNAL DE GRANDE INSTANCE DE PARIS, 1982

	ADOPTION PLÉNIÈRE	*ADOPTION SIMPLE*	*REJET*
ENFANTS FRANÇAIS	103	3	
ENFANTS ÉTRANGERS	89	4	1
ENFANTS DU CONJOINT	19	25	1
TOTAL	211	32	2

TABLEAU 4
SITUATION SOCIO-PROFESSIONNELLE DES ADOPTANTS
(enfants mineurs autres que les enfants du conjoint)

<table>
<tr><th></th><th colspan="2">ENFANTS FRANÇAIS</th><th colspan="2">ENFANTS ÉTRANGERS</th><th>TOTAUX</th></tr>
<tr><td>SALARIÉS industries, commerce, agriculture, fonction publique (emplois subalternes)</td><td colspan="2">17</td><td colspan="2">10</td><td>27</td></tr>
<tr><td>COMMERÇANTS ET ARTISANS</td><td colspan="2">0</td><td colspan="2">2</td><td>2</td></tr>
<tr><td>EXPLOITANTS AGRICOLES</td><td colspan="2">0</td><td colspan="2">0</td><td>0</td></tr>
<tr><td>PROFESSIONS LIBÉRALES</td><td>8</td><td rowspan="2">89</td><td>11</td><td rowspan="2">81</td><td>19</td></tr>
<tr><td>CADRES MOYENS ET SUPÉRIEURS (secteurs privé ou public)</td><td>81</td><td>70</td><td>151</td></tr>
</table>

Source des tableaux 3 et 4 : G. Sutton, vice-président honoraire au tribunal de grande instance de Paris, in *L'adoption des enfants étrangers*, Économica, 1986.

çue à travers notre enquête, c'est que la plupart des familles adoptives n'ont jamais d'enfants uniques : toutes comportent deux ou trois enfants, quelques-unes six ou sept enfants. A partir du troisième enfant, on confie souvent des enfants typés, à problèmes, ou lourdement handicapés. Que les premiers enfants soient adoptifs ou naturels, le désir d'adoption des familles « nombreuses » est toujours fondé sur une grande générosité à l'égard de l'enfant, à qui l'on veut donner une famille, et l'on ne soucie plus du tout de combler un désir d'enfant.

FRANCK MADINIER
ET
DOMINIQUE BESSON
Juristes

LE HANDICAP, CE SONT LES AUTRES QUI LE VOIENT

entretien avec
MARIE-ODILE LEGUET
Responsable nationale du secteur « Accueil à vie » de l'association SOS, Enfants sans frontière.

ÊTRE ENCEINTE NATURELLEMENT DE SON MARI, ALORS QUE LE DIAGNOSTIC D'ASTHÉMOPERMIE TOTALE ÉTAIT SANS APPEL, PUIS FAIRE LE CHOIX D'ADOPTER SANS AUCUNE DISCRIMINATION UNE CORÉENNE, ANNE, UN ENFANT D'ORIGINE MAGHRÉBINE, VINCENT, UNE PETITE FILLE TRISOMIQUE 21, CLAIRE, ET MILITER POUR LEUR ADOPTION, TEL FUT LE CHEMINEMENT DE MARIE-ODILE LEGUET ET DE SON MARI. UN PLAIDOYER POUR LE RESPECT DE LA DIFFÉRENCE.

Autrement. - Quel a été votre cheminement ?
Marie-Odile Leguet. Nous avons su très vite après notre mariage que mon mari avait une asthémospermie totale. C'est une nouvelle terrible pour un couple, surtout lorsqu'il désire avoir quatre enfants, d'apprendre qu'il est stérile. Ce fut un moment de souffrance intraduisible. Ou l'on sombrait, ou l'on survivait. Nous avons opté pour la seconde solution. La stérilité oblige, parce qu'elle comdamne à l'abnégation du plaisir pour un couple à se reproduire, à se dépasser.

Nous avons donc décidé d'adopter. Peu de temps après avoir fait les premières démarches pour adopter Anne, notre fille qui vient de Corée, j'ai appris que j'étais enceinte de mon mari. J'ai, et nous avons vécu dans une euphorie indescriptible. Emmanuelle fut attendue comme le messie. Mais cette joie était mêlée d'angoisses terribles : la peur de l'erreur, de la perdre. C'est tellement inimaginable pour un couple qui a été déclaré stérile d'apprendre qu'il va connaître la paternité et la maternité, par la chair. Mais nous savions qu'un tel miracle ne se reproduirait pas et, de toute façon, nous avions décidé avec mon mari d'adopter au moins un enfant, même si nous en avions eu trois ou quatre à nous.
Nous avons donc eu Anne, par l'intermédiaire d'une œuvre. A ce moment-là, nous n'aurions jamais envisagé de prendre en charge un enfant handicapé. Mais au fil des adoptions, nous avons progressé. Pour Vincent, qui nous a été confié par la DDASS de Paris, nous avions spécifié que nous acceptions un enfant présentant un handicap physique, mais qui le laisserait autonome ; et nous n'avions évidemment posé aucune condition sur l'ethnie.
Nous avons donc eu Vincent, d'origine marocaine, à la peau très foncée car métissé noir. En fait, en 1977, il était considéré comme un enfant dit à particularité, parce que Maghrébin ! Ce n'est plus le cas aujourd'hui et tous ces enfants sont adoptés sans difficultés. Mais, nous avons dû subir le racisme, et nous avons compris ce que signifiait intégrer un handicap social. Ce sont en fait Anne et Vincent qui

nous ont fait faire le chemin vers Claire.

Comment passe-t-on du handicap physique au handicap mental ?
C'est beaucoup plus simple qu'on ne le croit !
Nous souhaitions avoir quatre enfants. Nous avions toujours été guidés par le désir de fonder une famille, mais une vraie, pas une reproduction du couple, un garçon, une fille. Et c'est véritablement au troisième que se produit l'éclatement.
A l'arrivée de Vincent, nous avions donc trois enfants et j'ai décidé d'arrêter de travailler. A partir de ce moment-là, j'ai été responsable, pour l'œuvre SOS Enfants sans frontière, du secteur des enfants handicapés et donc chargée de trouver des familles adoptives pour ces enfants. En côtoyant ces familles, en voyant l'intégration des trisomiques 21, je me suis dit, pourquoi pas nous ! Ce sont des enfants différents, certes, mais avant tout, des enfants ! Mon mari fit plus lentement cette démarche. Je lui avais fait part de mon projet, nous en avons longuement parlé. Ce n'est que plusieurs mois plus tard qu'il me donna son accord. Au début, il était inquiet de l'avenir d'un enfant trisomique, de son autonomie, et un jour les obstacles envisagés disparaissent...
Nous avons déposé notre demande et à partir de ce jour-là, nous avons traversé de terribles moments d'angoisse : nous étions-nous trompés ? N'avions-nous pas présagé de nos forces ?
Puis Claire, ce superbe bébé de trois mois, est arrivée. Et toutes les angoisses sont oubliées et dépassées par le quotidien des biberons et des couches.

Pourquoi un enfant trisomique plutôt qu'un autre handicapé mental ?
Dans les DDASS, les handicapés mentaux sont en grande majorité trisomiques. Outre des enfants très lourdement handicapés physiquement, pour lesquels, je dois l'avouer, je ne me sentais pas de courage, il y a des enfants réanimés à la naissance. Mais je ne peux assumer un enfant qui restera grabataire toute sa vie. De plus, je connaissais bien les enfants trisomiques par les familles à qui j'en avais confié. Et je savais que c'étaient des enfants tout à fait extraordinaires.
De plus en plus de familles acceptent d'adopter des trisomiques. On trouve en effet chez des gens simples, qui ne demandent pas un enfant blanc et parfait, un potentiel de générosité incroyable. Il en est de même pour les enfants atteints dès leur naissance par le sida, plusieurs ont déjà été abandonnés, je sais que nous n'aurons aucune difficulté à trouver des familles qui les adopteront. Les DDASS ne nous ont pas encore contactés à cette fin.
En fait, le problème vient du manque d'information. On ne sait rien sur la trisomie. La plupart des gens l'assimilent à la folie et confondent maladie mentale et handicap mental ; alors que c'est un retard dû à une erreur de la nature, dont ces enfants ne sont pas responsables.
Ce sont des enfants merveilleux qui ont une perception incroyable des choses et un rapport particulier à la nature. Claire parle aux oiseaux, par exemple. Ils ont des ressources que l'on ne connaît pas. Certes, il y a des degrés dans la trisomie ; mais je suis de plus en plus persuadée que l'on peut développer ces ressources cachées et arriver à un épanouissement insoupçonné des enfants trisomiques, s'ils sont aimés, choyés et bien intégrés dans une famille qui les a désirés.
Moi-même, je n'aurais jamais pensé qu'elle serait si autonome. Elle mangeait et s'habillait seule à deux ans. Elle comprend tout. A cinq ans aujourd'hui, elle sait

parfaitement ce qu'elle veut et remet une bûche dans la cheminée si le feu s'éteint, ouvre la porte au chat qui miaule dehors... Elle va à l'école maternelle et entrera en cours préparatoire à six ans en classe dite intégrée. Ce sont des classes composées d'enfants dits normaux et de trisomiques qui ont un certain nombre d'activités séparées. La création de ces classes n'a pas été sans mal ! Nous avons vraiment dû lutter auprès de tous les ministères concernés.

Lorsque vous avez été enceinte de votre fille, si elle avait été trisomique, comment auriez-vous réagi ?
Cela aurait été une souffrance terrible, car nous ne l'aurions à ce moment-là, ni désiré, ni envisagé. Mais nous ne l'aurions jamais abandonnée. Je ne me sens aucun droit sur la vie ou la non-vie. Mais je sais que nous aurions lutté.
Aujourd'hui, notre démarche est celle d'un choix conscient, mais qui ne peut se faire que si l'on a eu son comptant d'enfants normaux. C'est l'aboutissement d'un cheminement qu'il nous a été possible de faire grâce à la stérilité. La stérilité a été la chance de notre vie, car elle nous a obligés à un dépassement. Sans cela, nous n'aurions pu connaître tout notre potentiel. Nous n'aurions pas su jusqu'où nous pouvions aller. Chaque adoption nous a fait progresser, nous a obligés à déplacer notre système de valeurs, mais l'adoption de notre trisomique l'a fait éclater. Sans Claire, nous n'aurions rien compris à la vie ! C'est une enfant merveilleuse, particulièrement douée, joueuse, rieuse.

Et le regard des autres ?
Il est souvent très pénible.
L'entourage familial, du côté de mon mari, a totalement refusé notre démarche ; et cela a été crescendo au fur et à mesure des adoptions. Celle de Claire, trisomique, nous a définitivement classés parmi les cinglés !
Dans le quartier, nous sommes bien intégrés, les gens nous parlent. Mais lorsque nous nous promenons, je sens bien très souvent que l'on nous prend pour des fous ! Et d'autres nous considèrent comme des saints !
C'est un mélange de commisération et de pitié devant notre folie douce. Nous devons affronter deux types de réflexion : « Pourquoi avez-vous adopté des enfants si différents, alors que vous en aviez une à vous ? » et « Vous saviez que cette enfant était trisomique 21 ? » ; et comme je réponds toujours par l'affirmative, je sens surgir un malaise. Ce regard des autres me pèse et me complique la vie. Jamais je ne me suis permis de leur dire de s'occuper de leurs affaires, mais j'en ai vraiment envie. Le handicap mental n'est pas encore intégré par la société.

Que signifie intégrer un handicap au sein d'une famille ?
Mon mari et moi l'avions intégré avant même son arrivée. Pour nous, c'est une enfant différente ; tout comme chacun d'entre nous est différent. Les acquisitions de la parole, de la marche, sont plus lentes ; mais où est l'importance ? Dans le cas de la trisomie, la différence est plus sensible à cause du faciès.
C'est en fait l'éternel débat de la norme qui est reposé. Qu'est-ce que la normalité ? Personne ne peut y répondre. Une chose est sûre, c'est que cette notion de norme doit être révisée, déplacée. Nous en avions parlé à nos autres enfants et les avions préparés. Nous avions d'ailleurs été frappés par une réflexion de notre fille aînée qui nous avait demandé si, un jour, elle devrait en être responsable. Nous avons pris une assurance-vie en faveur de Claire,

qui ne serait donc pas à la charge de ses frères et sœurs si nous décédions. Dans la vie de tous les jours, dans leurs jeux, ces derniers estiment que leur sœur doit les suivre et ils ne lui passent rien. mais ils savent, quelque part, qu'elle est différente et sont particulièrement attentifs à son égard. Mon fils, une fois, m'a dit : « Claire restera toujours une petite fille ? »
Intégrer un handicap, c'est comme l'intégration d'une race différente. Mais lorsqu'on le vit, on l'oublie. Mon fils, Vincent, je ne l'ai jamais vu noir ! Le handicap, ce sont les autres qui le voient !

Un film a été réalisé, et est régulièrement « mis à jour » sur la vie de Claire, dans le cadre de la vidéothèque internationale, du CNAM et de STARCAM Production. *La Chance de notre vie*, par M. Saladin et A. Casanova, STARCAM Production, 29, rue du Pont, 92200 Neuilly-sur-Seine.

propos recueillis par
BRIGITTE TRILLAT

CATHERINE BONNET

LA MATERNITÉ ADOPTIVE

APPELÉE ENCORE MATERNITÉ « SOCIALE » FACE À L'ÉCLOSION DES « NOUVELLES » MATERNITÉS GÉNÉTIQUES ET UTÉRINES, LA MATERNITÉ ADOPTIVE A PLUSIEURS DIZAINES D'ANNÉES D'EXISTENCE. MALGRÉ SON GRAND ÂGE, UN MALAISE SUBSISTE. LES MÈRES ADOPTIVES PEUVENT-ELLES ÊTRE CONSIDÉRÉES COMME DES MÈRES À PART ENTIIÈRE, ALORS QU'ELLES N'ONT PAS TRANSMIS LEUR PATRIMOINE GÉNÉTIQUE, PORTÉ ET MIS AU MONDE LEUR ENFANT ?

Face à une difficulté même banale entre une mère adoptive et son enfant, il n'est pas rare que l'environnement ne puisse s'identifier à la mère, comme il est d'usage dans les familles fondées sur les liens du sang.

Quelque chose insupporte. Les fantasmes se bousculent. Cette femme a-t-elle sa place auprès de l'enfant puisqu'elle n'est pas la génitrice ? Ne vaudrait-il mieux pas s'emparer de sa fonction maternelle pour s'occuper de cet enfant ? N'a-t-elle pas abusé de la situation en prenant l'enfant d'une autre ? A-t-elle vraiment l'« instinct maternel » alors qu'elle n'a ni procréé ni mis au monde cet enfant ?

Un doute plane sur les droits et les capacités des mères adoptives à exercer leur parentalité. Mais si elles ne sont pas de vraies mères, qui sont les mères de leurs enfants ?

Serait-ce la génitrice ? Cette femme qui l'a abandonné ? L'ambiguïté surgit, celle qui pèse sur l'abandon et retombe sur l'enfant, fruit d'un autre couple, tenu caché, peut-être enfant du péché. Face à l'enfant, il y a deux femmes... Enfant partagé ? L'enfant a-t-il deux mères ?

LIENS DU CŒUR LIENS DU SANG

Pensées fugitives, tenues secrètes, jamais directement abordées, attitudes fréquemment ressenties en dépit d'une législation devenue claire après des procès passionnels. L'incertitude est encore présente à propos de la qualité des liens tissés entre une mère adoptive et son enfant.

Deux travaux récents apportent des résultats plus scientifiques sur ce vécu.

Une enquête menée par l'association Enfance et Famille d'Adoption auprès de familles adoptives ayant secondairement donné naissance à un ou plusieurs enfants a permis de recueillir des témoignages[1]. Quelques paroles de mères sur le vécu de ces deux expériences maternelles, volontaire et biologique :

« Joie intense de pouvoir assumer l'adoption et une grossesse. Ce sont deux façons de donner la vie. »

« Sensation d'être une privilégiée d'avoir connu les deux formes de maternité. »

« Les enfants ne sont pas mis au monde une fois pour toutes. C'est chaque jour que nous essayons de les engendrer. A cet égard, il n'y a pas de différences entre enfants biologiques et enfants adoptés. »

Aucune spécificité des liens tissés avec les enfants adoptifs ou biologiques. Les difficultés sont les mêmes que dans les familles habituelles avec cette particularité pour les enfants adoptés d'avoir à accepter des racines biologiques autres. Les parents paraissent même parfois plus investis de responsabilité vis-à-vis de leurs enfants adoptés. Si problème il y a, il vient le plus souvent de la réaction de l'extérieur face à la particularité de la filiation.

Lors d'une recherche pour l'INSERM sur l'allaitement maternel, des entretiens auprès de mères adoptives ont permis d'approfondir les aspects psychologiques du non-allaitement par impossibilité biologique[2].

Les résultats ont apporté non seulement une compréhension fantasmatique à l'allaitement au sein mais ont permis de mieux cerner l'impact de l'absence d'interaction biologique pour la maternité adoptive.

Le contact mère sein-bouche bébé est récupéré dans une recherche d'échanges sensoriels intenses, le plus souvent tactiles, au travers de câlins, caresses, soins, bains, port dans les bras. « Si je les avais mis au monde, dit l'une d'entre elles, je les aurais tripotés, suçaillés, alors j'ai recherché un plein de contacts physiques qui me permettait de les sentir corps à corps contre moi. »

La transfusion du lait, secrétion maternelle, dans le corps de l'enfant est plus difficile à réaliser physiquement. Au-delà de ses qualités alimentaires spécifiques, le lait maternel est vécu par ces deux mères, comme :

— un transmetteur de vie (le lait, c'est la vie qui passe) ;

— le symbole de la maternité (« par son jaillissement, le lait consacre la maternité ») car il exhibe au regard des autres la sécrétion maternelle, et la puissance de son jet exalte la spécificité individuelle, voire familiale. La présence du lait est la dernière étape de la fabrication d'un enfant (« la poursuite naturelle de la procréation »).

Alors, que donner de soi à l'enfant, faute de sécrétion biologique ?

Les mères adoptives transfusent un véhicule de remplacement en donnant d'elles-mêmes, de leur temps, au-delà des besoins alimentaires de l'enfant. Voici leurs mots :

« Je suis coincée, comblée, c'est l'allaitement permanent. »

« Il ne faut pas que je me laisse sucer complètement, d'ailleurs je fais d'autres choses que de m'occuper d'eux, car il faut que je continue à avoir une substance à transmettre. »

Les mères adoptives ont ainsi reconstruit l'expérience fusionnelle physique d'une tétée en l'absence de l'interaction biologique. Leurs fantasmes sur l'allaitement sont les mêmes que ceux des femmes qui procréent et accouchent. Elles peuvent faire le deuil de la sécrétion lactée et investir des échanges intimes avec leur enfant.

TRANSMETTRE LA VIE PAR L'AMOUR ET LA PAROLE

Toutes ces femmes ont exprimé leur vif intérêt « à avoir le droit à la parole sur un événement de la relation mère-enfant d'où elles se sentaient exclues ». « Elles espéraient voir leurs paroles inscrites dans une publication. » L'une d'entre elles résume leur état d'esprit : « Le fait de ne pas avoir mis au monde mon enfant et ne pas l'avoir allaité est une expérience incommunicable et qui donne le sentiment de ne pas être comprise par les autres mères, et pourtant je me sens vraiment mère. »

Le désir de reconnaissance de leur maternité est clairement exprimé et a motivé consciemment leur participation à la recherche. Si des difficultés existent, elles viennent le plus souvent du regard des autres. Une maternité sans part génétique et sans l'interaction biologique de la grossesse et de l'accouchement est-elle une vraie maternité ?

Les mères adoptives nous donnent une réponse. L'absence d'interaction biologique peut se reconstruire dans une interaction physique avec l'enfant, où se tissent des liens semblables à l'autre maternité. L'impossibilité à transmettre la part génétique et à procréer doit-elle exclure ces femmes de la maternité avec un grand M ?

Quelle expérience humaine doit définir la maternité ? La procréation avec transmission du patrimoine génétique ? L'interaction biologique de la grossesse, de l'accouchement, de l'allaitement ? Le tissage des liens affectifs ? Où et quand commence la maternité pour une femme ?

Les mères adoptives, quelle que soit l'origine de la stérilité du couple, rompent la loi du groupe social. Elles ne produisent pas et ne reproduisent pas d'enfant. La fonction « reproduction » est empêchée ; et en droit français, la mère est la femme qui accouche de l'enfant. Dans ces conditions, il n'est pas étonnant que, pour certains, la mère adoptive soit encore celle qui a été incapable d'avoir survécu à la transgression de la procréation, aux misères de la grossesse et aux risques de l'accouchement.

N'y a-t-il pas là une confusion, qu'il faudrait dissiper, entre la capacité de procréer et la capacité à investir un enfant pour lui-même et de lui transmettre la vie par l'amour et la parole ? La castration est encore menaçante pour chacun. Ne reste-t-on pas enfoncé dans des idées archaïques où s'empilent des équations obscures et fausses : stérilité = impuissance, mère adoptive = incapable ?

Faut-il faire des gamètes sexuelles les dépositaires de la fonction parentale ? Faut-il obligatoirement passer par des rituels pour être reconnue comme une mère à part entière dans une société ?

Face à l'explosion des nouvelles parentalités suscitées par les procréations artificielles, ne pourrait-on pas redéfinir le concept de maternité, plutôt que de voir s'établir une pyramide hiérarchique entre toutes ces maternités, ladite « vraie », la génétique, l'utérine, la sociale ? Laquelle serait en haut, laquelle serait en bas ?

CATHERINE BONNET

1. Revue *Accueil* : « Les liens du sang : un mythe ? », n° 5-6, septembre 1985.
2. Du même auteur : « Comment s'inscrit l'impossibilité biologique à allaiter au sein chez les mères adoptives ? » in *Psychodynamique de l'allaitement maternel*, rapport dactylographié non publié, sous la direction du Pr Soulé, ATP-INSERM, juillet 1985, n° 828006 et 828008. « Sein sans lait », in *Lieux de l'enfance*, n° 6-7, juin-septembre 1986.

LA MÈRE AUX QUARANTE ENFANTS

entretien avec
CLAUDETTE COMBES

Agrégée de lettres, auteur de plusieurs ouvrages sur Victor Hugo, de nombreux romans, et de récits autobiographiques relatant la vie de la famille qu'elle a fondée avec son mari, Patrick Lemarié : *Les Enfants de la joie*, Robert Laffont, 1979 : *Les étoiles naissent de la nuit*, Robert Laffont, 1980 ; *En flagrant délit d'espérance*, Robert Laffont, 1982 ; *Ils ont blessé l'aurore*, Robert Laffont, 1983 ; *A l'ombre des lilas*, Marcel André, 1985 ; *Au point du jour*, Cid Édition, 1987[1].

Autrement. - Vous avez adopté vingt-quatre enfants et en avez élevé quarante, quel a été votre cheminement ?
Claudette Combes. - Cette démarche a répondu chez moi à une vocation profonde, à un besoin viscéral que j'ai ressenti à l'adolescence. D'aussi loin que je me souvienne, j'ai toujours su que j'adopterais des enfants. Et j'ai eu cette chance extraordinaire de pouvoir réaliser mes désirs d'adolescente.
Lorsque j'ai rencontré mon mari, je lui ai fait part de ma vocation d'adopter sept enfants ; sept... parce que c'est un chiffre sacré, et l'on pensait en mettre un au monde pour connaître la maternité par la chair. Puis nous avons dit dix, puis douze et désormais nous n'avançons plus de chiffre !
Dès que les gens ont su que nous acceptions de prendre en charge et d'adopter des handicapés, des torturés, on nous en a proposé d'autres. Nous ne pouvions refuser, nous qui avions l'habitude de ces enfants dits à particularités, et de plus, cela aurait été inhumain.
Au début, je ne pensais pas qu'un jour nous adopterions des handicapés mentaux ; cela me faisait peur. Un handicap physique, ce n'est rien, au bout d'un certain temps, on ne le voit plus. Mais face à un handicapé mental, je craignais de me trouver en présence d'un enfant muré, et de ne pas être capable de trouver le « sésame, ouvre-toi ». En fait, le problème ne se situe pas à ce niveau-là. Ce que je désire pour Angèle par exemple, qui est microcéphale, c'est qu'elle soit heureuse, elle qui restera toujours une enfant, à cause de son très lourd handicap.
Et dans le cas du mongolisme, on ne peut parler de véritable handicap ; c'est un retard ; il suffit de ne pas être pressé et de se dire tout simplement qu'ils marcheront à trois ans et non à un, qu'ils liront à huit ans au lieu de six... etc. Et à vingt ans, ils auront une autonomie suffisante pour se débrouiller seuls.
C'est ainsi que la famille s'est agrandie et que notre vie s'est centrée autour des enfants.

Votre premier ouvrage racontant votre histoire, *Les Enfants de la joie*, vous a amené des enfants. Il y a eu un effet de boule de neige.
Effectivement, ce livre nous a fait connaître et à partir de ce moment-là, on nous a proposé directement des enfants. Ainsi, Alphonse qui a aujourd'hui dix-sept ans et que nous avons eu à dix, nous a été « envoyé » par une

dirigeante d'une DDASS, qui avait lu mon livre.

Il était dans une institution et il commençait à se plaindre de ne pas avoir de famille. Elle a pensé que nous étions celle qui lui conviendrait le mieux. Il était sans bras, ni jambes. Il en a été de même pour les deux petits Indiens qui viennent d'arriver. Une directrice d'orphelinat était venue visiter en Bretagne deux enfants placés dans des familles ; elle est passée prendre le thé et en voyant chez nous Angelo qui est trisomique, elle a trouvé tout à fait extraordinaire que nous acceptions des handicapés mentaux. Lorsqu'elle nous a donc proposé d'en adopter deux, nous avons immédiatement dit oui.

En Inde, la malnutrition chronique et le manque de soins médicaux leur laissaient peu de chance de survie. Mais nous avons eu beaucoup de difficultés car le tribunal indien ne voulait pas rendre le jugement d'adoption en notre faveur. En effet, ces enfants sont ressentis comme une honte, une honte que l'on cache et que l'on n'exporte surtout pas ! Nous les avons attendus deux ans !

Il est certain que ces juges n'étaient pas habitués à statuer sur une adoption d'enfants microcéphales. Il faut avouer que même en France des thérapeutes affirment que ces derniers ne peuvent être élevés qu'en institution. C'est effrayant ! Ils ont le droit comme tout autre d'avoir une famille. Ils ont une perception de l'amour, de la tendresse, surtout la petite fille que nous venons d'accueillir qui n'est pas une handicapée profonde.

Et votre premier handicapé mental ?
Ce fut Angelo, qui est trisomique 21.

Auparavant, nous avions eu des handicapés que je dirais sociaux, et qui étaient très retardés. Je pense à Ariel qui est arrivé chez nous à dix ans, et qui ne possédait que dix à quinze mots. Il n'était jamais allé à l'école, et avait été battu et torturé encore bébé ; et qui plus est alcoolique à la naissance car on lui versait de l'alcool dans son biberon !

Son retard avait été provoqué par les coups, la violence, l'alcoolisme...

Mon mari a réussi à lui apprendre à lire à quatorze ans. Dès qu'il trouve un emploi, il prend peur et le quitte. Il s'occupe désormais du jardin. C'est un jeune homme de vingt ans tout à fait adorable, apte à vivre avec ses frères et sœurs, mais qui panique dès qu'il n'est plus avec nous !

Si nous ne l'avions pas recueilli, il serait certainement à l'hôpital psychiatrique. A l'orphelinat, il se tapait la tête contre les murs. Lui, nous l'avons eu très vite, en quelques heures !

Ce n'est pas un handicapé de naissance mais de la misère et de la société !

Comment arrivez-vous à donner à chacun le temps et l'amour nécessaire ?
Victor Hugo disait de l'amour qu'il est ce « pain merveilleux qu'un Dieu partage et multiplie ». Je pourrais aimer cent mille enfants ! Le problème effectivement, c'est le temps.

Nous portons toute notre attention aux petits et aux nouveaux arrivés. Nous ne cessons de leur répéter que nous les avons attendus, que nous les aimons, qu'ils sont précieux... Lorsqu'ils entendent de telles paroles durant des années, ils sont comme immergés dans cet amour et ils n'ont pas besoin de notre présence de façon constante ; de plus frères et sœurs, ils sont très soudés et s'entraident.

Au début, vous songiez à épancher toute la détresse humaine... et vous avez cheminé.
Oui, et c'était naïf. Je n'aurais

jamais pensé que cela prendrait de telles proportions. Aujourd'hui je suis plus ferme pour protéger mes enfants. J'ai cru pendant longtemps que l'amour pouvait guérir les plaies les plus profondes... qu'un enfant aimé à n'importe quel âge pouvait ressusciter. Je sais maintenant qu'il est parfois trop tard, que c'est irréversible. Bettelheim le dit fort bien dans un livre qui porte ce titre, *L'Amour ne peut pas tout.*

A l'ère de la famille nucléaire, ne pensez-vous pas que vous redéfinissez la famille ?
Nous faisons reculer les limites de la famille. C'est un terme que j'ai toujours envisagé au sens large. C'est l'inverse de « famille, je vous hais ». A la limite, l'humanité est une famille.

Vous disiez vous-même tout à l'heure qu'il y a une limite. Vers qui étendre cette limite, vers les petits... ?
Pour les petits, je ne conçois pas de limites : nous avons récemment adopté deux enfants de huit ans, du Brésil, l'un noir et l'autre blanc, des enfants de la rue qui seraient devenus drogués ou délinquants. En revanche, c'est malgré nous que la famille s'est ouverte en tous sens. Lorsque nous habitions cette immense demeure que nous avions dénommée « L'Arche de Noé », nous surprenions chaque matin des jeunes et des moins jeunes qui s'étaient introduits de nuit par les fenêtres ouvertes et qui dormaient sur le canapé. Nous ne pouvions et nous ne savions pas les mettre dehors. Ils avaient entendu parler de nous et venaient à notre rencontre. Nous avons alors été soixante, soixante-dix tous les jours à table. C'était trop, beaucoup trop. Mais ce fut une expérience. Et tous ceux que nous avons recueillis et souvent adoptés, à cette époque-là, s'en sont sortis. Ils ont récolté des graines d'amour, et ils ont compris que l'on pouvait vivre autrement que dans la violence, et cela même dans une famille si grande ; je dis bien famille et non communauté, comme bien des gens disaient sans cesse. Mais nous ne le referions pas.

Après l'adoption de petits enfants, comment en êtes-vous arrivés à l'adoption d'adolescents et même plus vieux, et à ce désir d'intégration des cas sociaux ?
C'est Mme Lemire, directrice de l'œuvre du Rayon de soleil, qui nous avait « donné » notre petite fille indienne, originaire de Calcutta, qui nous a envoyé, un jour, un télégramme nous demandant si nous voulions accueillir Alexis, âgé de vingt-trois ans, totalement perdu et errant sur le pavé de Paris. Nous avions quelques appréhensions. Lorsque Alexis est arrivé, nous l'avons traité en grand copain, en frère. Nous n'avons pas pris la mesure de l'immensité de sa carence affective, qui était un véritable gouffre. Il a tout fait pour nous alerter ; alcoolisme, vol, fugue, tentative de suicide, jusqu'au jour où nous avons compris qu'il désirait nous appeler, « papa » et « maman ». Ce fut une véritable révélation pour nous. Nous découvrions qu'à vingt-trois ans, il était parfois encore nécessaire de pouvoir prononcer ces mots. Et c'est lui qui nous a demandé de penser à tous ceux qui étaient dans sa situation.

Et sont alors arrivés Aladin, vingt-neuf ans, qui sortait de prison, puis Anselme, dix-neuf ans, et une myriade de garçons et de filles, délinquants et à problèmes. Nous en avons trop recueilli à la fois. Nous n'aurions plus ni la force, ni le courage aujourd'hui de prendre en charge de telles personnes ; nuit blanches, épuisement, démultiplication permanente, c'est incomparablement plus exténuant que des nourrissons. Les drogués surtout sont très demandeurs. On ne peut les laisser une minute à eux-mêmes, sinon, ils fuguent, rechutent, font des tentatives de suicide...

N'avez-vous pas craint pour l'équilibre des enfants que vous aviez déjà, en voulant intégrer des adolescents et même des adultes qui étaient si pertubés ?
Je pensais qu'ils avaient tous la même carence affective : qu'ils soient enfants de la DDASS, vivant dans la rue, ou avec quelques années de plus et sortant de prison. Ces derniers, d'ailleurs, ont toujours respecté les petits, car dans le milieu carcéral, l'enfant est sacré. Ils étaient même trop permissifs. Lorsqu'il y avait des tensions, elles éclataient le soir à la veillée, après le coucher des petits. Ces derniers ne se rendaient compte de rien. Évidemment, ils auraient représenté un danger pour les plus jeunes s'ils étaient restés sur le chemin de la délinquance, mais ce ne fut pas le cas, tout du moins pour la majorité.

Ne croyez-vous pas que vous avez donné à vos enfants une image forte et un peu particulière de la mère ?
Je leur ai donné l'image d'une mère sûre, aimante et qui le leur dit ; une mère à leur écoute, qui prend sur elle une part de leur souffrance, qui tente d'écarter les épines de leur chemin, avec pour idéal celui de les ouvrir aux autres.

Je suis mère dans ma chair. J'ai vécu l'attente de notre premier enfant de la même façon que celle du vingtième ; j'ai porté en mon sein chacun des enfants que j'ai adoptés. Un mois avant leur arrivée, telle une femme qui va accoucher, je ne dors plus, je tourne en rond, je ne pense qu'à ça. Et cette attente a très souvent duré plus de neuf mois. Pour nos enfants indiens, elle fut de deux ans ! Deux années durant lesquelles j'ai été véritablement habitée par leur présence.

Lorsque j'apprends qu'un enfant va arriver, je suis comme ivre, j'en danse, j'en ris...

Je ne fais pas de différence entre ceux que j'ai eu grands et les plus petits ; mais avec ceux-ci je ressens une sorte d'osmose charnelle qui est impossible avec un adolescent ou un adulte. Un bébé qui se blottit dans vos bras est comme un poussin qui essayerait de se réchauffer, alors que je traite les grands comme des compagnons, des frères humains. J'adopte les enfants dans ma chair, et l'adoption ne devient pas une filiation seulement parce que sur le livret de famille les enfants sont inscrits et dits être nés de Claudette et de Patrick.

Tous les prénoms de vos enfants commencent par A, A comme amour, A comme adoption, n'y a-t-il jamais eu de problèmes d'identité pour les plus grands qui avaient porté un prénom pendant vingt ans ou plus ?
Non, cela n'a jamais posé de problèmes. Au contraire, ce sont eux qui, dès leur arrivée, désirent changer aussi vite que possible de prénom. Car ce nom avec lequel ils ont souffert pendant huit ou dix ans symbolise l'enfant rejeté, battu, torturé qu'ils ont été. En changeant de prénom, ils vivent comme une seconde naissance.

Et si vous deviez recommencer ?
J'agirais de la même façon, avec moins d'erreurs — peut-être encore que les erreurs sont nécessaires pour nous faire aller plus loin...

1. A commander chez l'auteur à La Sérénité, 35350 Saint-Méloir-des-Ondes.

propos recueillis par
BRIGITTE TRILLAT

POURQUOI MILITER POUR L'ADOPTION ?

Adopter est une démarche individuelle, et pourtant nous, parents adoptifs, nous existons en tant qu'associations et nous militons. Militer pour l'adoption est de toute évidence un mililantisme altruiste qui coupe court à tout militantisme corporatif, même si l'un des objectifs de cet engagement est aussi celui de la continuité de la présence de militants qui, en se passant le flambeau, permettront d'atteindre le but fixé : que chaque enfant ait une famille.

Militer pour l'adoption, c'est penser l'enfant, l'enfant qui pourrait être adopté, et qui a besoin que l'on se mobilise, que l'on se regroupe, que l'on fasse toujours plus, que l'on se dépasse.

Militer pour l'adoption, c'est militer pour des milliers d'enfances et d'adolescences possibles.

C'est aussi un engagement, avec soi-même et les autres militants, contre l'inacceptable.

L'inacceptable de voir des enfants qui traînent véritablement dans des institutions, ou que l'on brinquebale de famille d'accueil en famille d'accueil ; l'inacceptable de constater que des dossiers ne sont pas étudiés dans les délais les plus brefs, au motif que leur situation juridique n'est pas claire, alors que leur situation de délaissement est, elle, manifeste, et cela depuis des années parfois.

C'est aussi un engagement pour l'optimisme car il s'agit d'enfants. Tout doit être entrepris pour qu'un enfant, quels que soient son âge, sa couleur, son handicap moteur ou mental, soit adopté, car il est adoptable. A tous les niveaux et à tout moment, nous devons être présents pour expliquer qu'un enfant est un enfant ; qu'il est inacceptable qu'un enfant de plus de six ans soit classé parmi ceux dits « à particularité » et que les DDASS, encore trop souvent, non seulement ne les proposent pas à l'adoption mais n'informent pas les postulants de leur existence ou, pis encore, dissuadent ces derniers de les adopter.

Militer pour l'adoption, c'est aussi transmettre une expérience, c'est témoigner d'un vécu de parents adoptifs, riche d'enseignement pour tous ceux qui désirent adopter ; et c'est aussi désirer aider ceux qui vont accueillir des enfants, quels que soient leur âge, leur particularité physique ou mentale, ou leur origine.

Enfance et familles d'adoption, Fédération nationale des Associations de foyers adoptifs, 35, rue Saint-Georges, 75009 Paris.
La fédération édite une revue trimestrielle, *Accueil*, et a publié un magnifique recueil de textes et de dessins de personnalités de tous horizons. *Des Parents Bientôt*, 1987, au profit de l'association.

MARC GRIVEL

CATHERINE BERTRAND

DES ENFANTS, DES PAYS ET DES CHIFFRES

MALGRÉ D'ABONDANTS TÉMOIGNAGES ET COMMUNICATIONS DE PSYCHOLOGUES, L'ADOPTION INTERNATIONALE DEMEURE TRÈS MAL CONNUE AU NIVEAU SOCIOLOGIQUE. IL N'EXISTE PAS EN EFFET DE DONNÉES STATISTIQUES NI D'ENQUÊTES GLOBALES SUR LA POPULATION QUI ADOPTE DES ENFANTS ORIGINAIRES DE L'ÉTRANGER. QUANT À CELLE DES ENFANTS, ELLE EST UNIQUEMENT RECENSÉE LORS DES COMPTAGES ANNUELS EFFECTUÉS PAR LE MINISTÈRE DES RELATIONS EXTÉRIEURES ; Y ÉCHAPPENT LES « SUPPOSITIONS » D'ENFANTS[1] ET CEUX ENTRÉS SANS VISA. ON SE PROPOSE DONC DE RASSEMBLER ICI LES RÉSULTATS D'ÉTUDES FRAGMENTAIRES RÉALISÉES À DES TITRES DIVERS, GÉNÉRALEMENT À L'ÉCHELLE D'UN DÉPARTEMENT[2].

L'adoption internationale, bien que concernant désormais l'ensemble de la population française, demeure toujours le fait de catégories socio-professionnelles supérieures, les cadres et intermédiaires (classification INSEE). Les commerçants et les artisans sont moins représentés ; les agriculteurs, les ouvriers et les employés non qualifiés le sont peu. A l'intérieur des catégories cadres et professions intermédiaires, les professions les plus représentées sont les cadres administratifs et commerciaux d'entreprise, les enseignants et chercheurs, les professions libérales et les ingénieurs d'une part, les professions intermédiaires commerciales ou administratives d'entreprise, les professions intermédiaires de la santé et du travail social, les techniciens d'autre part. La comparaison entre Paris et la province fait apparaître un glissement en province au profit des catégories intermédiaires et des employés.

La principale raison invoquée pour expliquer le recours à l'adoption est la stérilité (stérilités primaire et secondaire, risques génétiques), ou une impossibilité autre à procréer (célibat). Le dépouillement des dossiers en cours d'agrément en 1985 dans les DDASS de Paris et de l'Hérault (tableau 1) et l'analyse des demandes d'information adressées au SSAE (tableau 2) donnent respectivement les pourcentages suivants : stérilité ou risques divers, 76,5 p. 100 (tab. 1) 70 p. 100 (tab. 2) ; célibat, 7,5 p. 100 (tab. 1) 17,1 p. 100 (tab. 2). On ne peut qu'être frappé par la relative importance du nombre des demandes émanant de célibataires, l'adoption n'échappant probablement pas, en dépit de la difficulté des démarches, au phénomène du développement de la famille monoparentale.

Ayant recours à l'adoption pour des raisons de stérilité, la très grande majorité des candidats n'ont pas d'enfants biologiques. On assiste cependant à la constitution de familles relativement nombreuses par adoptions simultanées ou successives. Il semblerait qu'indépendamment du souhait de ne pas faire de l'enfant adopté un enfant unique, existe un désir très partagé de renouveler l'expérience de l'adoption.

LES DÉMARCHES ET LE CHOIX DES PAYS

Les données très fragmentaires ne peuvent inspirer que des remarques générales. Beaucoup de candidats ont une idée sur l'origine ou le type de l'enfant qu'ils aimeraient adopter. La préférence peut être ancienne (voyages ou travail dans un pays, par exemple), ou émerger lors de la rencontre d'enfants adoptés par d'autres ou de campagnes des médias, la nationalité se précisant en fonction des possibilités. Ceci ne signifie pas que des démarches n'aient pas été faites auparavant pour une adoption d'un enfant né en France.

Peu nombreux sont en effet ceux qui déclarent avoir opté d'entrée et exclusivement pour une adoption à l'étranger. Par ailleurs, même lorsqu'une préférence ou un rejet sont exprimés d'entrée, ils peuvent évoluer au fil des possibilités (pays avec lesquels travaillent les œuvres françaises intermédiaires, pays qui s'ouvrent à l'adoption tandis que d'autres se ferment, offre d'enfant dans un pays initialement non désiré). S'il n'est donc pas question d'affirmer que l'ensemble des adoptants ont des critères précis et définitifs, l'existence de préférences qui peuvent orienter les démarches donne des indications intéressantes sur la représentation qu'ont certains de la filiation adoptive. On retiendra à titre indicatif les résultats d'une enquête non directive menée en 1985 auprès d'une quarantaine de personnes en cours d'adoption ou ayant déjà adopté ; les adoptants qui avaient choisi de faire des démarches en Amérique latine se déclaraient sensibles soit au type de l'enfant, soit à son origine « méditerranéenne » (problématique de la ressemblance). Ainsi cet adoptant :

« Les personnes qui attribuent les enfants sont très conscients des problèmes d'intégration et ne donnent pas les enfants noirs aux Européens. Elles ne les donnent qu'à des parents noirs ou à des Américains qui vivent dans des États où il n'y a pas de problèmes raciaux. Demander quelqu'un avec le type sud-américain c'est très bien reçu. Quand on dit le type sud-américain ou le type colombien, ils savent très bien ce que cela veut dire : c'est pas noir et frisé, c'est pas blanc, c'est très défini. Le type kabyle en Afrique du Nord, c'est très défini. »

Inversement, toutes les personnes interrogées qui avaient fait des démarches en Asie évoquaient leur fascination pour les cultures de cette région et les voyages qu'elles y avaient effectués. (L'ensemble des personnes enquêtées avaient adopté, ou faisaient des démarches sans passer par l'intermédiaire d'œuvres françaises).

Bien que les œuvres d'adoption françaises demeurent probablement les intermédiaires essentiels si l'on se réfère au nombre d'adoptions réalisées chaque année (des pays comme l'Inde ou la Corée n'acceptant que les candidatures présentées par leur intermédiaire), un nombre croissant de personnes tentent l'aventure directement dans les pays étrangers, auprès de tribunaux et d'avocats ou d'œuvres locales. C'est à Paris que ce type de démarche est le plus fréquent.

On peut parler d'une sorte de géographie mouvante, selon que les pays s'ouvrent ou se ferment ou instaurent progressivement, devant l'afflux des demandes, des critères restrictifs quant au profil des candidats. Les candidats qui ne sont pas acceptés tenteront alors leur chance dans des pays moins sollicités.

Le tableau 3 présente le nombre de visas délivrés pour les enfants, par pays, entre 1980 et 1986. Les substitutions d'enfants à la naissance et les entrées clandestines ne sont pas comptabilisées (en particulier et surtout récemment, entrée irrégulière d'enfants en provenance du Portugal).

A noter actuellement : l'importance croissante des adoptions effectuées au Brésil ; la fermeture de la Colombie ; le développement des adoptions aux Philippines.

CATHERINE BERTRAND
Sociologue

1. C'est le fait d'attribuer à une femme un enfant dont elle n'a pas accouché.
2. A. Gokalp, C. Bertrand : *L'Adoption étrangère, une aventure humaine complexe*, vol. 3 annexes, Service social d'aide aux émigrants, Paris 1986 (dépouillement des dossiers en cours d'agrément dans les DDASS de Paris et de l'Hérault en 1985, analyse des demandes d'information adressées au SSAE, enquête non directive réalisée en 1985 auprès d'une quarantaine d'adoptants). M. Truel, *Les adoptants et l'adoption d'un pupille de l'État dans le département du Gard*, mémoire octobre 1984.

TABLEAU 1
CAUSES DE L'ADOPTION. DOSSIERS DDASS

	NOMBRE	%
STÉRILITÉ PRIMAIRE	84	57,5
STÉRILITÉ SECONDAIRE	14	9,6
RISQUE GÉNÉTIQUE	8	5,3
CHOIX D'ADOPTER	6	4,1
RENONCE A PROCRÉER (âge)	4	2,7
RECOURS A IAD POUR 1er ENFANT	2	1,4
CÉLIBATAIRE	11	7,5
INCONNU	17	11,9
TOTAL	146	100

TABLEAU 2
CAUSES DE L'ADOPTION. COURRIER SSAE

	NOMBRE	*%*
CÉLIBATAIRE	69	17,1
STÉRILITÉ PRIMAIRE	244	60,5
STÉRILITÉ SECONDAIRE	31	7,7
RISQUES GÉNÉTIQUES	8	2,0
CHOIX D'ADOPTER	46	11,4
DIVORCÉ	3	0,7
CÉLIBATAIRE STÉRILE	2	0,5
TOTAL	403	100

TABLEAU 3
ÉTATS DES VISAS DES ENFANTS ADOPTÉS

	1980	*1981*	*1982*	*1983*	*1984*	*1985*	*1986*
CORÉE	531	478	815	889	822	944	736
INDE	173	256	186	161	180	147	155
COLOMBIE	151	171	175	166	231	173	137
ROUMANIE	7	145	102	92	70	41	51
INDONÉSIE	4	21	55	133	néant	néant	néant
HAÏTI		25	53	88	47	58	35
CHILI		19	48	103	90	101	108
ÎLE MAURICE	1	10	31	38	50	29	98
LE SALVADOR		8	26	48	82	10	15
BRÉSIL		10	23	50	129	225	289
SRI LANKA		7	20	72	126	193	297
PHILIPPINES		13	18	21	13	9	19
POLOGNE	11	13	16	19	20	18	66
PÉROU	27	34	13	4	1	3	32
LIBAN	25	17	15	15		5	16
BOLIVIE			10	8	10	2	4
THAÏLANDE	5	4	7	5	7	néant	13
GUATEMALA		2	7	15	4	4	11
COSTA RICA		7	6	2	7	néant	7
NÉPAL		6	6	5	néant	2	4
ÉQUATEUR		6	4	1	néant	4	3
MADAGASCAR		3	3	6	8	12	56
MEXIQUE		1	3	5	8	6	36
PAKISTAN		1	2	néant	néant		
HONDURAS			2	4	néant	5	6
PORTUGAL	1		1	néant	néant		
CHINE		1	1	néant	néant		
GRÈCE		1	1	néant	néant		
PARAGUAY			1	néant	néant		
RUANDA			1	néant	néant	2	13
DJIBOUTI			1	néant	néant		
JÉRUSALEM			1	néant	néant		
ÉTATS-UNIS d'AMÉRIQUE			1	néant	néant		
BULGARIE	20	3		néant	néant		
BANGLA DESH				néant	néant		
JAPON		4		néant	néant		
VIETNAM (HANOÏ)		1		néant	néant		
YOUGOSLAVIE				1	néant		
ÉTHIOPIE				1	1	2	16
TOTAL	956	1 264	1 654	1 952	1 906	1 995	2 223

Les statistiques du ministère des Relations extérieures (service des visas — Direction des Français à l'étranger).

JACQUELINE COSTA-LASCOUX

DU FANTASME À LA RÉALITÉ

L'ADOPTION D'ENFANTS ÉTRANGERS EST UN PHÉNOMÈNE RÉCENT. IL S'EST SURTOUT DÉVELOPPÉ À PARTIR DE LA FIN DES ANNÉES 70 ET VA SANS CESSE EN SE DIVERSIFIANT. AU-DELÀ DES RAISONS STRUCTURELLES TENANT AUX DIFFICULTÉS DE L'ADOPTION DE NATIONAUX, L'ADOPTION ÉTRANGÈRE RECOUVRE UN ENSEMBLE DE REPRÉSENTATIONS ET D'ATTITUDES (POIDS DU COLONIALISME, DU RACISME, IDÉE DE CULTURE SUPÉRIEURE OU INFÉRIEURE...) TANT CHEZ LES ADOPTANTS QUE DANS LES DEUX SOCIÉTÉS EN PRÉSENCE, QUI DÉPASSENT LE CADRE STRICT DE LA PROCÉDURE.

Nombre d'enfants adoptables en France, aujourd'hui, sont issus de milieux relativement défavorisés ou marginalisés, de communautés immigrées — lorsqu'il s'agit d'enfants nés hors mariage — ; d'autres présentent des handicaps physiques ou mentaux. Ainsi, la distance culturelle ou la difficulté d'identification à l'enfant « prolongement de soi » ou à l'enfant « idéalisé » s'inscrit déjà dans l'adoption d'enfants nés en France. A cette distance psychologique, sociale ou physique, s'ajoutent des délais d'attente qui avivent le désir d'enfant en le rendant parfois inaccessible. Les parents qui décident d'adopter des enfants étrangers expriment souvent cette double aspiration : une attente moins longue et un enfant qui a « la beauté de l'ailleurs ». Écoutons des parents que nous avons interviewés :

« La finesse de ses mains m'a rappelé celle des mains de ma grand-mère... » (L'enfant est « autre » mais il rappelle un parent.)

« Nous avons choisi notre enfant parmi d'autres, il nous a choisi... et cela a mis moins de temps d'aller à Bogota que d'attendre les réponses de la DDASS. »

Tout est ainsi interprété dans le sens d'une adoption étrangère qui serait différente, bien au-delà du statut juridique de l'enfant. Les déceptions causées par la « pénurie des adoptables » et la longueur ou la lourdeur des procédures cherchent ainsi une compensation dans la quête de l'enfant désiré, hors du territoire national.

La perspective d'un choix élargi parmi les nombreux enfants abandonnés du tiers monde accrédite l'idée d'une procédure plus rapide, malgré l'éloignement et les problèmes juridiques posés, et celle d'une adoption qui comblerait plus complètement la demande : « Nous pourrons adopter deux ou trois enfants en même temps... des frères et sœurs, des enfants d'un même village, d'une même ethnie... ou au contraire, un de chaque continent, et de pays différents », rêvait à haute voix un couple candidat à l'adoption. L'image de ces familles ayant recueilli plusieurs « mineurs isolés » du Sud-Est asiatique ou présentant la palette diversifiée des origines de leurs enfants venus d'horizons lointains reste vivace dans l'esprit des couples interviewés. Autrement dit, l'adoption étrangère répondrait à des aspirations que l'adoption sur le sol national ne satisferait plus : rapidité de procédure, choix et nombre des enfants. Les faits, pourtant, démentent souvent les attentes.

Les médias ont contribué à sensibiliser l'opinion publique en faveur des enfants du tiers monde. Plus récemment, le développement des nouvelles techniques de procréation a favorisé l'analyse comparée des différents moyens d'« avoir un enfant à soi ». L'adoption permet le « deuil » de la stérilité, mais les complications auxquelles se heurtent les couples lorsqu'il s'agit d'adopter un enfant français inclinent à envisager la solution de l'adoption internationale. Par ailleurs, ceux qui critiquent les abus de la procréation assistée mettent en contrepoint les possibilités de prise en charge éducative et affective des enfants orphelins ou abandonnés dans les pays pauvres. Le narcissisme de quelques couples stériles et le mercantilisme de milieux médicaux spécialisés mériteraient donc moins d'être encouragés que la générosité à l'égard d'enfants qui sont « déjà là ».

Par-delà les illusions qu'encouragent le désir inassouvi d'enfant, les souffrances de la stérilité, les astreintes auxquelles le traitement de celle-ci a conduit, y a-t-il une réelle spécificité de l'adoption étrangère ? La question doit être soulevée dans un premier temps pour aborder, ensuite, les motivations des adoptants et les représentations qui viennent se superposer aux faits attestés dans les dossiers administratifs, les jugements d'adoption, les statistiques.

UNE FILIATION À PART ENTIÈRE

La distance ethnique ou socio-culturelle joue comme une raison supplémentaire de choisir l'adoption plénière, et non comme une reconnaissance de la différence qui conduirait à un simple parrainage affectif et matériel. Cette préférence pour l'adoption plénière est d'autant plus nette qu'elle s'applique à des enfants légèrement plus âgés que dans les adoptions de nationaux. Une fois sur place, les requérants semblent moins exigeants sur les conditions d'âge qu'ils ne le sont au départ. Dans l'étude portant sur une année d'adoptions d'enfants étrangers au tribunal de grande instance de Paris, G. Sutton[1] note : « 57,55 p. 100 des enfants français et 48,39 p. 100 seulement des enfants étrangers avaient moins de deux ans. De plus, si l'on totalise pour chaque groupe les deux premières classes d'âge, on trouve une proportion de 87,74 p. 100 d'enfants français âgés de moins de six ans et 78,50 p. 100 seulement d'enfants étrangers du même âge.

On peut encore relever que les enfants de six à douze ans sont, proportionnellement, deux fois plus nombreux dans le groupe des mineurs étrangers que dans celui des français (19,35 p. 100 du groupe contre 9,43 p. 100). »

Les parents adoptants que nous avons interviewés insistaient tous sur le désir de construire une famille comme si l'enfant adopté était le leur. En vérité, l'absence de ressemblances physiques sert à prouver une filiation affective, prônée comme un lien plus fort et plus durable. Tel père, engagé dans une association d'aide au tiers monde, dira :

« Nous ne sommes pas racistes et nous voulons le montrer. Kim saura qu'elle est notre fille, parce qu'il n'y a pas de différence entre les races et qu'elle aurait pu naître de notre sang. Nous avons eu la chance de l'avoir très jeune. Ce qui compte c'est de l'avoir élevée comme notre enfant. Elle est un membre à part entière de notre famille. »

Ainsi, l'adoption plénière d'un enfant en bas âge crée une filiation volontaire que les adoptants revendiquent en tant que telle. Il s'agit d'effacer les aspects négatifs que les différences visibles pourraient entraîner. Cette situation n'est pas dénuée, chez certains, d'un arrière-plan de militantisme :

« En adoptant un petit Vietnamien et une petite fille cambodgienne nous avons fait un acte en accord avec nos idées et nous élevons nos enfants dans cette idée de la paix. »

La relation affective est ici consolidée par la relation éducative, les deux se nouant dès le plus jeune âge dans l'adoption plénière. En un sens, ces nouvelles familles s'établissent sur le fondement d'une fraternité universelle au regard de laquelle la transmission héréditaire ou la communauté de sang et de culture n'est qu'un épiphénomène. L'adoption plénière entre dans une vision humaniste, et humanitaire, qui dépasse l'appartenance à un groupe déterminé. L'adoption étrangère affiche l'acte généreux d'adoption. Certains couples n'ont-ils pas renoncé à procréer eux-mêmes pour prendre en charge des enfants du tiers monde, victimes de la guerre, de la famine ou d'un destin sordide (délinquance, drogue, prostitution) ?

Il se produit parfois « une idéalisation tout à fait déraisonnable de "l'enfant étranger", au point que les préjugés raciaux sont transmués en "idéalisation parfois mystique". »

UNE GÉNÉROSITÉ AFFICHÉE

L'adoption d'enfants étrangers exprime d'autant mieux l'élan généreux qui la fonde qu'elle ne cherche pas à nier ou à masquer une stérilité du couple ou de l'un des parents. La dissemblance est l'occasion d'affirmer la qualité d'adoptant et de louer l'adoption comme une valeur en soi ; l'attitude des parents est un acte gratifiant et généreux. L'adoption étrangère apparaît plus charitable et plus fraternelle, en ce qu'elle porte l'emblème d'une assistance totale à des enfants, sans recourir à un faux-semblant de parenté par le sang. La question du secret des origines est résolue *de facto*, lorsque l'adopté est physiquement très différent de ses parents et que la filiation volontaire est une évidence.

Une ambiguïté subsiste, cependant. Les couples ayant adopté un enfant étranger se posent rarement la question des réticences des États d'origine à consentir à une adoption plénière. Le silence de la plupart des parents interviewés est aussi éloquent que les quelques remarques rapides qui sont faites pour éluder l'interrogation : « Il n'y a aucun pays qui veuille reconnaître qu'il y a de la misère chez lui ! »... « Chez eux, les enfants ne comptent que lorsqu'on veut les emmener ; mais un de plus ou de moins ! » Plus généralement, les obstacles dressés par le pays étranger sont envisagés à trois points de vue : l'adoption n'en est que plus aventureuse et difficile, donc plus valorisée — « on a payé le prix... notre enfant a vraiment été désiré... ça a été une véritable épreuve » ; la rupture avec le milieu de naissance peut être complète, sans mauvaise conscience ; l'enfant aura peut-être moins la tentation d'y retourner. Ainsi, le caractère initiatique de l'adoption étrangère et les conflits juridiques qu'elle entraîne se conjuguent pour justifier une coupure physique et culturelle d'avec le pays de naissance.

La non-reconnaissance de l'adoption par certains pays, tels les pays islamiques[2], la pluralité des types d'adoption selon les législations, la nationalité différente des parents adoptants, la délicate question de la loi applicable et des effets des jugements étrangers[3] sont la source de nombreuses incertitudes. Les parents sont assez prolixes dans le récit des difficultés procédurales rencontrées. En revanche, peu osent formuler la remarque fondamentale rappelée par Mache Simon-Depitre[4] :

« Le fait est qu'imposer à un enfant un statut en opposition avec celui qu'il possède dans son domicile d'origine en créant en quelque sorte un enfant boiteux *(limping child)* serait lui faire un cadeau empoisonné. »

L'un des problèmes essentiels des adoptions étrangères réside dans le cercle inévitable des représentations Nord-Sud. L'enfant étranger n'est pas n'importe quel enfant. Dans l'immense majorité des cas, il s'agit d'un mineur né dans un pays pauvre et lointain de l'Europe ou de l'Amérique du Nord. L'adoption dite étrangère est l'adoption d'enfants victimes de la guerre, de la famine, des déplacements de population, des catastrophes naturelles qui ravagent les pays du tiers monde. Les représentations que véhicule la notion de sous-développement peuvent entraîner des réactions de condescendance, de paternalisme, voire de mépris ou de rejet de la part de la société d'accueil. L'adoption serait moins l'acte individualisé concrétisant le désir d'enfant qu'une nouvelle expression des échanges nord-sud.

L'adoption étrangère, telle qu'elle est pratiquée en France, ne concerne pas tous les pays étrangers. Les statistiques, même imparfaites, indiquent des tendances que confirment les entretiens avec des candidats à l'adoption et avec des parents adoptifs. L'origine géographique des enfants adoptés regroupe prioritairement les pays d'Asie, plus précisément d'Asie orientale et d'Amérique latine. Les cas d'adoption d'enfants des pays maghrébins sont très rares — notamment parce que l'adoption n'est pas admise en droit islamique mais également dans les mentalités du pays d'origine et peut-être dans celles du pays d'accueil — pour des considérations religieuses ou ethniques. Les mêmes raisons semblent intervenir dans le faible nombre d'enfants adoptés venant d'Afrique noire, avec une hostilité marquée des États et des populations à l'adoption de leurs enfants par des non-Africains. Il faut noter, par ailleurs, que les jugements d'adoption par des Français peuvent faire l'objet de transcriptions directes et par là même ils ne figurent pas dans nos statistiques.

Il est délicat de démêler les causes du plus ou moins grand nombre d'adoptions d'enfants de telle ou telle nationalité étrangère. Les oppositions juridiques ou politiques sont connues, même si elles ne sont pas toujours explicitées par les administrations ni expliquées aux requérants ; ceux-ci parcourent parfois inutilement des milliers de kilomètres en ignorant les conditions de l'adoption à l'étranger. Mais, par-delà les obstacles institutionnels, l'adoption étrangère met en jeu trois registres de la vie du couple, de l'enfant et de la société : le réel, le symbolique et l'imaginaire. La quête d'identité de l'enfant passera par ces trois registres et bien des échecs ou des réussites de son éducation et de son intégration à la nouvelle famille en dépendront.

AU-DELÀ DE L'AMBIVALENCE

Les entretiens avec les candidats à l'adoption d'enfants étrangers révèlent souvent une ambivalence fondamentale. L'altérité est valorisée : la différence n'empêchera pas l'amour, celui-ci triomphant de celle-là ; l'adoption apparaîtra comme un commencement, qui fera oublier les souffrances passées et construira un nouveau « roman familial ». Certains parents avouent qu'ils n'auraient pu adopter des enfants de telle ou telle autre origine ethnique. A l'inverse, le pays d'origine est un lieu mythique : « pays que l'on ira visiter ensemble, plus tard », celui avec lequel il y aura une coupure mais qui sera décrit à l'enfant. En réalité, de quel pays s'agit-il ? L'éloignement géographique et culturel devra être dédramatisé, médiatisé. Bien des parents ont l'illusion d'une reconstruction de « l'ailleurs » à travers leur propre regard et leur propre histoire. Or, là encore, les représentations collectives se surajoutent à l'imaginaire familial. L'enfant adopté pourra-t-il échapper à sa quête de l'origine hors des interprétations de ses camarades de classe, des voisins, des médias ? Quelle identité se forgera-t-il à la découverte des stéréotypes qui ont cours sur la misère, les retards technologiques, les luttes tribales ou religieuses, les massacres qui sévissent sur sa terre natale ? Un jeune d'origine africaine, refusant de travailler en classe, déclarait à ses parents et à son institutrice : « Je suis africain, je n'ai pas besoin d'apprendre à lire ou à écrire. »

Le recul n'est pas suffisant pour juger de l'avenir des enfants étrangers adoptés. Des études sur le long terme seront nécessaires, mais il convient de les mener avec prudence et sens de la relativité, une recherche centrée sur les échecs risquerait d'attribuer à l'adoption étrangère ce qui vient d'un conflit familial ou d'une difficulté personnelle aux causes multiples. Et il faut se garder de l'explication facile en termes de stéréotypes. Pourtant, les réflexions des cliniciens et des sociologues méritent d'être prises en compte quant à la symbolique de l'échange avec le pays étranger. L'extranéité de l'enfant adopté suppose que les parents aient réellement fait le deuil de leur stérilité et accepté la dissemblance comme une valeur ; les tentatives de dénégation de celle-ci par la quête de ressemblances extérieures reposent sur l'illusion d'une identification symbiotique. De même, l'ignorance des représentations collectives et des hiérarchies normatives qui gouvernent les relations internationales, de l'échange inégal des cultures, la négation des résistances des sociétés d'origine ne pourront que générer des contradictions porteuses de souffrance et de ruptures.

Les adoptions d'enfants étrangers les plus harmonieuses semblent être celles qui vont à la rencontre d'un enfant-individu, dépouillé des emblèmes paternalistes ou narcissiques de parents plus soucieux de leur propre image et de leur fantasme de générosité tiers-mondiste que de la construction d'une relation originale. La transparence des procédures serait, certes, un progrès non négligeable mais elle ne peut combler le besoin de lucidité sur les interrogations soulevées par l'étrangeté de l'enfant adopté.

La symbolique de l'adoption est celle du choix qu'il s'agit d'assumer totalement, mais sans prosélytisme excessif et sans négation des prégnances du milieu social.

JACQUELINE COSTA-LASCOUX

Directeur de recherche au CNRS, laboratoire de sociologie juridique, Paris II. Travaille sur l'acculturation juridique liée aux phénomènes migratoires. Auteur de : *Les Algériens en France. Genèse et devenir d'une migration*, Paris, Publi-Sud, CNRS, 1985 ; « Acquisition de la nationalité française, une condition d'intégration » in *Questions de nationalité, histoire et enjeux d'un code*, L'Harmattan, Paris, 1987.

1. *In : L'Adoption d'enfants étrangers, Economica, 1986,* p. 15.
2. B. Trillat, « Les législations sur l'adoption et la kafala au Maghreb », colloque Droit de la famille en islam, Paris, 29 septembre 1987.
3. M. Simon-Depitre, « L'adoption d'enfants étrangers en droit international privé français » *in : L'Adoption d'enfants étrangers, op. cit.*, pp. 31-42.
4. North, cité par M. Simon-Depitre, *id.*, p. 36.

LAURENT SEAILLES

QUAND LES AMÉRICAINS ADOPTENT

LE MARCHÉ « GRIS » DE L'ADOPTION AUX ÉTAT-UNIS, OU LE PASSAGE OBLIGÉ PAR LES AGENCES SPÉCIALISÉES, PEUT ÉTONNER LE LECTEUR HABITUÉ À L'ADMINISTRATION JACOBINE FRANÇAISE.

Les Américains sont, dans le monde, les plus nombreux à recourir à l'adoption : ce sont environ 140 000 adoptions qui sont ainsi prononcées chaque année.

Historiquement, le concept d'adoption n'apparaît aux États-Unis qu'au milieu du XIXe siècle. Il s'agit, en fait, le plus souvent, d'adoption intrafamiliale, c'est-à-dire concernant des enfants orphelins ou abandonnés appartenant à la famille élargie (petits-enfants, neveux, nièces) et qui était qualifiée « d'apprentissage » ou, pour trouver un terme plus approprié, de « parrainage ». Ces adoptions intrafamiliales représentent aujourd'hui plus de 90 000 adoptions par an.

Mais il s'agit aussi parfois d'adoption d'enfants abandonnés par des familles victimes de la misère dans les régions les plus pauvres en Grande-Bretagne. Ces enfants étaient amenés aux États-Unis dans une perspective de développement et de peuplement. Les adoptions sont donc réalisées avec un minimum de formalités permettant de légaliser *a posteriori* des situations de fait conformément à la législation en vigueur dans chaque État, libre en la matière, à la seule réserve de respecter les dispositions de la constitution fédérale.

La formule de l'adoption, absente de la tradition juridique britannique qui inspire le droit américain, n'est donc apparue que récemment et pour répondre d'une manière pragmatique à la nécessité d'intégrer à la société américaine des enfants orphelins ou immigrés, ce qui n'empêchait pas que cette intégration était souvent brutale.

Si le système français formalisé par le Code civil napoléonien de 1803 trouve son origine dans le droit romain et répond à la préoccupation de créer une descendance au profit d'une famille qui en était dépourvue en permettant de sauver un nom et un héritage, le système américain, par contre, s'inscrit dans une conception plus moderne, centrée sur le concept de l'intérêt de l'enfant qui n'est apparu qu'au XIXe siècle.

Ces origines particulières contribuent à expliquer ces jeux caractéristiques de l'adoption aux États-Unis : son importance quantitative : environ 50 000 adoptions extrafamiliales par an et le fait que un tiers des adoptants ont déjà des enfants biologiques.

L'ADOPTION INDÉPENDANTE

On remarque, d'autre part, l'existence, à côté d'adoptions organisées par des agences publiques ou privées agréées, d'adoptions « indépendantes » c'est-à-dire réalisées, théoriquement en tout cas, sans intermédiaire.

Le maintien jusqu'à aujourd'hui, dans la plupart des États américains d'une législation permettant l'adoption indépendante a toujours favorisé la persistance d'un marché noir non négligeable. En effet, s'il est illégal de vendre un bébé, et pour un médecin ou un avocat, non agréé comme agence d'adoption, de service d'intermédiaire pour des placements en vue d'adoption, rien n'interdit à un avocat, par exemple, de recevoir de l'argent pour aider et conseiller quelqu'un dans le cadre d'une transaction touchant au placement ou au consentement à l'adoption d'un enfant.

Ainsi, si la somme versée par le couple d'adoptants pour couvrir à la fois l'indemnisation de la mère biologique pendant la fin de sa grossesse, le paiement des frais d'accouchement et les honoraires de l'avocat ne dépasse pas un montant variant de 10 à 20 000 F, on considérera que cette transaction ne constitue pas une vente illégale d'enfant et qu'il ne s'agit alors pas de marché noir.

C'est dans ce contexte juridique que s'est développé dans les années 50 le « marché gris » de l'adoption au détriment des placements réalisés par les œuvres d'adoption agréées.

Depuis une dizaine d'années, les adoptions dites « indépendantes » mais présentées par des avocats représentaient environ 30 p. 100 du total des adoptions (600 jugements prononcés chaque année), les agences privées en assurant elles aussi 30 p. 100 et le service public étant responsable des derniers 40 p. 100. C'est ainsi qu'un avocat new-yorkais, particulièrement bien organisé, a pu contribuer à la réalisation d'une centaine d'adoptions en une année, soit 3 à 5 fois plus que certaines agences agréées.

LES ARGUMENTS POUR L'ADOPTION INDÉPENDANTE

Les défenseurs de l'adoption indépendante invoquent la liberté des parents biologiques de choisir la famille qui va adopter leur enfant, que ce soit directement en la rencontrant effectivement et en nouant parfois des relations presque « amicales », ou bien encore par le biais d'une annonce, de conversations téléphoniques, ou encore par celui d'un intermédiaire choisi et en qui les candidats à l'adoption, comme les parents biologiques, ont confiance. Par ailleurs, cette formule permet d'éviter aux enfants les placements temporaires dans les pouponnières coûteuses ou dans des familles d'accueil qui font vivre une rupture supplémentaire aux enfants.

Le succès de l'adoption indépendante apparaît enfin lié de manière inversement proportionnelle au capital de confiance accordé aux agences d'adoption et aux services de protection de l'enfance. Il est reproché à ces agences la longueur des délais d'attente, la lourdeur des procédures imposées aux adoptants et, plus globalement, leur incapacité à mettre en place des solutions stables pour les enfants qui leur sont confiés en faisant constater leur état d'abandon par les tribunaux et en leur permettant d'être adopté.

LES DANGERS DU « MARCHÉ GRIS »

L'adoption indépendante comporte, cependant, des dangers et des inconvénients spécifiques : d'une part, elle ne donne habituellement lieu à aucune enquête approfondie sur le passé, les motivations et les conditions d'accueil offertes par les candidats à l'adoption ; d'autre part, le placement de l'enfant a inévitablement un caractère précaire.

En effet, les parents biologiques disposent d'un délai de rétractation qui varie, selon les États, de un à trois mois. Régulièrement, des mères reviennent sur leur consentement à l'adoption pendant le délai réglementaire, causant une détresse bien compréhensible chez les adoptants. En 1986, une mère biologique a même tenté, malgré le caractère définitif de son consentement, de contester, devant les tribunaux, la validité de ce dernier, laissant peser ainsi une grave menace sur les adoptants.

Enfin, le « marché gris » donne lieu à d'inévitables dérapages. C'est ainsi que des détectives se sont spécialisés dans le démarchage auprès de jeunes futures mères démunies. Ces sollicitations ont lieu aux États-Unis mêmes, ou dans d'autres pays du tiers monde et en Amérique du Sud, en particulier, les jeunes femmes étant invitées à se rendre aux États-Unis pour accoucher et consentir à l'adoption de leur enfant. Ce dernier avatar de l'impérialisme n'est pas sans poser de sérieuses questions.

LES PETITES ANNONCES

C'est ainsi que, si certains journaux acceptent de publier des petites annonces du type : « Jeune couple, marié depuis sept ans, dans l'incapacité d'avoir un bébé, désire adopter un nouveau-né blanc — tous les frais médicaux pris en charge — téléphoner à partir de 5 heures », d'autres s'y refusent catégoriquement, tandis que les associations de parents adoptifs préfèrent ne pas prendre position sur ce sujet délicat.

Il est enfin clair que le recours aux petites annonces, pour solliciter des mères prêtes à consentir à l'adoption de leur enfant, constituera, par la suite, une référence dans le développement du phénomène des « mères porteuses ».

L'ADOPTION D'ENFANTS ÉTRANGERS

Le nombre décroissant de bébés américains en bonne santé adoptables (18 000 actuellement) et la tradition d'accueil d'enfants en provenance des pays sous-développés expliquent le recours toujours important à l'adoption d'enfants étrangers, parallèlement aux différents « parrainages » organisés par les nombreuses associations humanitaires.

C'est aujourd'hui la Corée qui, en autorisant chaque année le départ de plus de 5 000 enfants (soit 60 p. 100 du total des adoptions d'enfants étrangers aux États-Unis) contribue de la manière la plus massive à cette politique qui prend, ici, les proportions d'une véritable institution.

A côté de l'Inde et des Philippines qui laissent partir aux États-Unis, chaque année, environ 500 enfants, deux pays d'Amérique latine participent activement à ce marché de l'adoption : la Colombie pour 600 enfants et le Salvador pour environ 400, alors que les autres pays ont une attitude plus réservée (Mexique, Chili, Brésil, Honduras, Guatemala) en permettant l'adoption de 100 à 150 enfants chaque année. Les couples d'adoptants qui acceptent de passer outre aux préjugés raciaux d'une partie de la population américaine doivent, cependant, dépenser des sommes importantes pour surmonter les obstacles administratifs ou les exigences de fonctionnaires corrompus. C'est ainsi que de nombreux couples peuvent indiquer que les meilleurs intermédiaires pour l'adoption dans certains pays sont les chauffeurs de taxi qui connaissent tous les méandres et la bureaucratie et le prix de chaque pièce administrative.

Aux préjugés raciaux d'une partie de la population blanche et au souci de prendre en compte, à l'occasion de chaque placement, les caractéristiques physiques de l'enfant, s'est ajoutée, depuis une quinzaine d'années, la préoccupation de faciliter l'identification de l'enfant à ses parents adoptifs.

Cette préoccupation rejoint enfin les caractéristiques de l'organisation des services sociaux américains dont de nombreuses agences ont un caractère confessionnel ou même culturel. En matière d'adoption, chaque agence confessionnelle s'adresse à ses ressortissants (catholiques, baptistes, anglicans, israélites, etc.) et les agences publiques sont, quant à elles, tenues à la suite de décisions de la Cour suprême, de s'efforcer de respecter les origines raciales et confessionnelles des enfants confiés en vue d'adoption.

Les enfants indiens dans les États d'implantation indienne traditionnelle bénéficient même de législations protectrices spécifiques. C'est ainsi que les tribus indiennes bénéficient d'une priorité absolue pour la prise en charge des enfants abandonnés d'origine indienne, qui se fait de manière collective par les membres de la tribu.

LE SECRET DES ORIGINES

Depuis une quinzaine d'années se développe, aux États-Unis, une campagne pour remettre en cause le secret de la filiation et des associations pour la « défense de la liberté des adoptés » se sont organisées pour obtenir la levée du secret des origines des adoptés.

En effet, le secret des origines des adoptés érigé par la Législation de 47 des 50 États américains, est décrit par les militants de ce mouvement comme une atteinte injustifiée et intolérable aux droits fondamentaux des adoptés de connaître comme chaque être humain leurs racines.

Les organisations professionnelles américaines avaient contribué depuis la Seconde Guerre mondiale à lever progressivement le secret qui entourait l'adoption, en préconisant une « révélation » de plus en plus précoce à l'enfant, de la particularité de sa filiation, puis de certaines caractéristiques non identifiantes des parents biologiques. Pourtant, malgré les nombreuses campagnes de presse, la publication de témoignages bouleversants de mères biologiques, d'adoptés qui avaient vécu des « retrouvailles », et les recours devant les divers tribunaux, le principe du secret des origines reste, aujourd'hui encore, solidement établi. C'est pourquoi de nombreux adultes adoptés ont encore recours à des détectives, épluchent les registres de l'état civil, les registres électoraux et les carnets mondains pour tenter de retrouver leurs géniteurs.

LAURENT SEAILLES

Sous-directeur de l'Enfance et de la Famille, DDASS du Val-d'Oise.

JACQUES TESTART

DON ET ADOPTION DES ŒUFS HUMAINS

ON STOCKE, ON CONGÈLE LES ŒUFS D'HUMAINS SURNUMÉRAIRES. QUE FAIRE DE CES « PERSONNES HUMAINES POTENTIELLES » ? LES DONNER À UN COUPLE STÉRILE EN VUE D'UNE IMPLANTATION ?... ADOPTION OU PRÉ-ADOPTION ?

L'adoption d'un œuf[1] humain est le dernier avatar, ou bien le plus noble ricochet, de la FIVETE[2]. Rappelons que l'œuf est devenu disponible pour l'adoption en conséquence du recours à deux méthodes nouvelles[3] destinées à améliorer l'efficacité de la FIVETE. D'abord la production simultanée de plusieurs ovules grâce à des traitements hormonaux administrés à la femme ; ainsi augmente-t-on les chances de disposer d'au moins un œuf fécondé à transplanter dans l'utérus à l'issue de la FIV. Ensuite la conservation par le froid de certains œufs fécondés s'ils sont trop nombreux pour être rendus ensemble à l'utérus ; ainsi autorise-t-on des chances ultérieures de grossesse sans renouveler les risques, le trauma et le coût du cycle FIVETE.

L'ŒUF ÉPARGNÉ

La méthode de congélation des embryons que nous avons mise au point, inspirée des travaux de J.-P. Renard chez l'animal, conduit à un résultat considérable : le potentiel de développement jusqu'à l'enfant d'un œuf conservé par le froid est comparable à celui d'un œuf non congelé. Rappelons qu'avant la disposition de cette méthode les œufs fécondés « en surnombre » (au-delà de trois) étaient voués à la destruction. Ainsi, grâce à la congélation, l'œuf est épargné au double sens du respect et de l'économie : l'œuf peut être sauvé, le couple thésaurise. On comprend donc que les lieux où on pratique la FIVETE commencent à gérer des épargnes vitales, c'est-à-dire à conditionner, stocker, maintenir puis délivrer des embryons humains déposés là par leurs géniteurs. Parmi ces derniers, le plus grand nombre choisira la restitution de l'œuf, lequel sera alors introduit dans l'utérus maternel dans l'espoir qu'il devienne un enfant. Mais d'autres ne souhaiteront pas cette restitution, presque toujours parce que leur désir d'enfant a été entre-temps satisfait ; ils déclareront l'œuf abandonné. Avec l'accord du couple géniteur il est alors possible de proposer à un autre couple l'adoption de l'œuf orphelin.

Deux points doivent être ici précisés. D'abord, il n'existe aucun mécanisme biologique permettant à l'organisme d'accueil de reconnaître la singularité de l'embryon : celui-là qui est étranger à la mère sera accepté exactement comme s'il était le sien. Ensuite, dans la situation de rareté des œufs disponibles pour l'adoption, le bénéfice du don ne pourrait actuellement concerner que des couples pour lesquels les méthodes de PMA (procréation médicalement assistée) sont inadaptées, soit par suite d'une grave carence fonctionnelle des ovaires, soit parce qu'il existe un risque connu de transmission d'une maladie génétique.

LE PROJET POUR L'ŒUF

Est-ce par dérive inconsciente du raisonnement techniciste ou par suite de leur confrontation quotidienne avec le drame de l'infécondité que les praticiens de la FIVETE ont d'emblée accepté l'éventualité du don ? Les règles proposées à l'hôpital Antoine-Béclère étaient simples et claires : don anonyme et gratuit, accord spontanément produit par le couple géniteur, enquête génétique pour diminuer le risque d'adoption d'un œuf anormal, entretiens psychologiques pour s'assurer de la responsabilisation des donneurs et receveurs. Pourtant, le 15 décembre 1986, le Comité national d'éthique[4] émettait un avis défavorable au don-adoption de l'embryon humain ; nous y reviendrons. J'avais suggéré un nouveau nom pour cette nouvelle pratique : l'ATOU (adoption par transfert de l'œuf dans l'utérus)[3], mais je renonce aujourd'hui à ma proposition : il y a déjà tant de sigles autour des PMA que le contenu sensible des actes se glace derrière les initiales des FIVETE, IAD, IAC, GIFT, etc. N'en ajoutons plus ! Pourtant, je continue d'être séduit par cette idée de faire adopter un œuf, car, de tous les bébés surprises de la FIVETE, c'est celui qui me réconcilie le mieux avec mon métier, qui me disculpe des ambivalences nées de l'usage des innovations antérieures. Car il se pourrait bien que, parmi toutes les innovations des PMA, l'adoption de l'œuf soit la seule qui recèle des vertus morales indiscutables. Particulièrement en permettant un bénéfice social à l'issue d'actes sophistiqués et coûteux, lesquels ne concernent qu'une frange de la population ; en optimisant les conditions pour l'adoption de l'enfant, l'accueil prenant place neuf mois avant même la naissance.

Il faut ici rechercher en quoi l'adoption d'un œuf diffère de celle d'un enfant ou lui ressemble. Depuis toujours, des hommes et des femmes ont adopté des enfants, soit pour compenser une déficience physiologique, soit dans le but délibéré de venir en aide à des enfants abandonnés. Il devient aujourd'hui possible d'adopter l'œuf, promesse d'enfant, et la chose est si nouvelle qu'on doit s'interroger sur ce qu'est l'œuf et sur ce qu'il n'est pas, sur le motif d'accueillir un étranger qui n'éprouve pas la souffrance. Dans nos pays, l'adoption n'arrive que par l'existence préalable de l'adoptable, ceci est vrai de l'enfant comme de l'embryon. L'œuf adoptable (mais pas toujours l'enfant adoptable) est celui qui ne correspond plus à la motivation qui l'a fait exister car, même abandonné, l'œuf *in vitro* fut toujours le fruit d'un projet d'enfant. Ne pas moraliser sur la motivation des auteurs d'enfants au moment de commettre ou de concevoir. L'enfant comme l'embryon, par les vertus communes de l'innocence, échappent à ce questionnement. Mais reconnaître, du point de vue de l'individu adopté, les circonstances les plus atténuantes à l'abandon parental s'il sait avoir été d'abord désiré. Abandonné parce que non prévu, donc non souhaité, ou bien parce que irrecevable ultérieurement, au moment de venir ; l'œuf donné, justement parce qu'il est né en laboratoire, est toujours initialement du côté de ce qu'il est convenu de nommer le désir d'enfant.

ET LES PETITS POIS

Quand ceux-là donnent leur œuf, ils donnent des chromosomes, ils donnent d'eux-mêmes, comme une version possible de leur substance fondamentale[4]. On peut, on doit, dire que cette version-là des identités mêlées n'est arrivée que par hasard parmi d'autres versions possibles en nombre infini, tant la loterie génétique est imprévisible. Et aussi que les auteurs ne savent rien de ce produit, de cet œuf singulier, rien de plus que l'étranger qui acceptera de l'adopter. Pourtant, on doit dire aussi que cet œuf ne pouvait être identiquement singulier s'il n'avait été conçu par ces géniteurs-là — d'où le tracas possible de ces derniers à imaginer qu'un enfant, vivant en un lieu inconnu et avec des inconnus, est détenteur de messages mystérieux puisés dans leur propre singularité par l'alchimie génétique. Certains principes de l'hérédité devaient être pressentis avant même que le moine Mendel ne marie ses petits pois mais d'avoir découvert les mécanismes ne libère pas des préjugés, au contraire... La génétique moderne a produit les supports objectifs de l'égoïsme génique et de la méfiance devant l'étrangeté, comme si l'identité d'un enfant se résumait à une arithmétique des gènes ; ADN, chromosomes, particules codantes sont les représentations indiscutables qui nourrissent le narcissisme triomphant au moment de procréer. Imagine-t-on la victoire du déisme si des rudiments d'âme étaient découverts dans des particules de chair ?...

DU ZYGOTE À L'ENFANT

Chacun croit savoir ce qu'est un enfant, produit complexe des gènes, du ventre, de la famille, du nom et de la culture. Mais on est assez perplexe pour qualifier un fœtus et plus encore un œuf humain. Si le nouveau-né est de mieux en mieux considéré comme une personne, l'œuf dont il est issu serait soit « personne humaine potentielle », soit « potentialité de personne humaine », selon les définitions distinctes proposées par différents membres du Comité national d'éthique[5]. La première définition prend en compte une réalité culturelle, tandis que la seconde est davantage un concept biologique. En fait, des processus complexes d'organisation permettent la transition de la potentialité de personne (l'œuf) à la personne (l'enfant) et peuvent être aussi évoqués pour la transition de l'enfant à l'adulte. Ces processus relèvent du biologique mais n'évitent pas le juridique ni l'affectif, c'est-à-dire que toute tentative pour reconnaître l'originalité du zygote de l'homme prend ses repères dans la nature et la culture mêlées. Qu'il suffise de rappeler que les droits accordés à l'enfant ne sont pas ceux de l'adulte, qu'ils gagnent dans l'ontogenèse. Faute de pouvoir reconnaître des seuils significatifs dans l'évolution du zygote à l'imago, on peut bien accorder à l'œuf de l'homme le label de « personne humaine potentielle », ce qui ne précise pas ses droits mais appelle à un certain respect. C'est sur ce respect qu'il faut s'entendre.

L'enfant né force la sollicitude parce qu'on voit d'évidence son appartenance à l'humanité et, en même temps, son individualité parmi les humains. L'œuf ne dévoile pas qu'il est de l'homme ; on doit donc pour le respecter savoir cette qualité et accepter d'imaginer ce qu'il adviendrait de l'œuf s'il retournait à l'homme. Cela fait toute la différence entre la puéricultrice attachée successivement à des milliers d'enfants et le biologiste qui a usé toutes les représentations physiques de l'humanité débutante dès l'observation microscopique du dixième embryon. Si l'émotion de la puéricultrice devant chaque enfant qui rit ou qui pleure, ou qui dort, est le garant du respect qu'elle lui portera, c'est seulement l'intérêt que d'autres hommes témoignent à cet œuf-là qui justifie et encourage le respect. Car le potentiel d'humanité n'a aucun sens hors l'humanité. L'enfant sauvage, celui qui est élevé par des bêtes, fut au moins imbibé des respirations, odeurs et des bruits de la femme qui le porta ; le voilà accédant à l'humanité malgré son néant de culture. Nous savons aujourd'hui tenir l'œuf au froid dormant en attente de l'humain qui l'acceptera, de la chaleur utérine qui en fera un enfant. L'œuf connaît l'état sauvage dans l'azote liquide mais c'est seulement entre le temps de l'abandon et celui de l'adoption, dans la durée finie où s'opère le relais des désirs que l'humanité a de lui.

Aussi est-il surprenant que le Comité national d'éthique rappelle au respect de l'œuf au moment même où il accepte sa destruction après vingt et un mois, et sans retenir l'éventualité de son adoption. On connaît des problèmes juridiques qui aggravent les obstacles à l'adoption d'un enfant. Pour les juristes, l'adoption d'un œuf est plus scabreuse encore car l'œuf n'existe pas selon la loi ; il faudra donc l'inventer, définir un statut juridique de l'œuf humain. C'est par cet argument que le Comité national d'éthique recommande de surseoir à la pratique du don d'embryon d'un couple à un autre. On remarquera que, dans le même avis, le don d'ovule reçoit un agrément ; même si sa réalisation nécessite une intervention chirurgicale sur une femme consentante mais n'en tirant aucun bénéfice personnel ; même si l'œuf, aussi dépourvu de statut qu'un œuf abandonné, est volontairement conçu à cet usage. Suivant l'exemple plus ancien du don de sperme, le don d'ovule devient acceptable, contrairement à celui de l'œuf fécondé, lequel préexiste pourtant à la décision du don. Au-delà des arguties juridiques, on est en droit de voir là un nouveau symptôme de la mystique génique : le pur-sang est bienvenu, le demi-sang est toléré, mais l'étranger demeure plus suspect que le bâtard d'antan.

Ainsi, il y a bien des similitudes entre l'adoption d'un œuf et celle d'un enfant. Certains craignent que la première se fasse au détriment de la seconde, que les enfants abandonnés restent privés de parents parce que l'adoption de l'œuf serait préférée. C'est oublier que des multitudes d'enfants sont déjà délaissés et potentiellement adoptables, c'est oublier aussi la variété des structures psychologiques qui conduisent à l'adoption : l'œuf abandonné n'est pas un concurrent.

Le droit d'adopter un œuf pourrait venir freiner l'acharnement thérapeutique demandé par certains couples stériles. En présence d'une demande d'enfant qui rencontre l'offre d'un œuf, on ne comprendrait pas que la seule issue soit la destruction de ces espoirs.

JACQUES TESTART

Directeur de recherche INSERM (unité 187)
Responsable du laboratoire de Fécondation *in vitro* de l'hôpital Antoine-Béclère, Clamart.

1. Les mots « œuf » ou « embryon » sont ici utilisés indifféremment pour désigner le produit de la fécondation d'un ovule par un spermatozoïde.
2. Fécondation *in vitro* et transfert d'embryon.
3. Voir J. Testart, L'Œuf transparent, éd. Flammarion, coll. Champs, 1986.
4. « Rose, son nom de cerise en ce jardin d'hiver », J. Testart, *Esprit*, octobre 1986, pp. 79-84.
5. « Avis relatif aux recherches sur les embryons humains *in vitro* et à leur utilisation à des fins médicales et scientifiques », *Lettre d'information du Comité national d'éthique*, n° 7, Documentation française, 1987.

DOMINIQUE GRANGE

DE LA PROCRÉATION ARTIFICIELLE À L'ADOPTION

AVOIR TOUT FAIT POUR CONCEVOIR UN ENFANT PAR LES TECHNIQUES DE PROCRÉATION ASSISTÉE, PUIS RÉALISER QUE L'ON PEUT EN AVOIR UN À SOI, ET DEVENIR PARENT SANS PROCRÉER, TELLE FUT LA DÉMARCHE DE DOMINIQUE GRANGE QUI TÉMOIGNE

Faut-il encore le dire — l'écrire — que la stérilité est un puits sans fond de souffrance et misères en tous genres ?... D'abord inexprimable, ce sentiment si particulier d'une injustice qui pourrait bien, si elle devait se généraliser, en venir à compromettre l'avenir de l'espèce humaine, se mue peu à peu en désespoir à mesure que les années défilent, apportant leur lot de larmes et d'attentes vaines, rendant soudain bien encombrant tout cet amour qu'on avait à donner et qui vous reste sur les bras, inopportun, sans objet, puisque le désir d'enfant est demeuré lettre morte.

Mais si en d'autres temps une douloureuse résignation a trop souvent étouffé chez les femmes frappées de stérilité — on ne parlait guère en ces temps-là de stérilité masculine — toute velleité de révolte contre l'intolérable « malédiction », il n'en va plus de même aujourd'hui. C'est la combativité qui est de règle, depuis que la science a peaufiné de nouvelles techniques permettant, sinon de vaincre, du moins de contourner certaines de ces stérilités. Ajoutons que les médias se sont, depuis le début des années 80, si largement faits l'écho de chacun des succès remportés par cette médecine dite « du désir », qu'il est devenu pratiquement impossible pour les couples concernés de résister à la tentation d'aller voir de ce côté-là s'il n'y aurait pas, pour eux aussi, quelque miracle à glaner au fond de la marmite du grand sorcier.

LA DÉESSE AMANDINE

L'appel d'air fut si puissant, lorsqu'en 1982 naquit Amandine, que nombreux furent ceux et celles qui se laissèrent emporter brutalement par cette vague d'espoir incroyable. Je m'y jetai pour ma part la tête la première, certaine de livrer là ma dernière bataille, et surtout animée de la conviction que celle-ci ne pouvait que se solder par une victoire : une fécondation *in vitro* (FIVETE) réussie, autrement dit une vraie grossesse parée de toutes ses rondeurs et tout au bout, les bonheurs de la maternité.

Tandis que certains — déjà ou bientôt célèbres — services hospitaliers assistaient avec stupéfaction à l'invasion de centaines de candidates éperdues du désir de procréer à n'importe quel prix, les listes d'attente s'allongeaient démesurément, imposant des délais de plusieurs années aux futures patientes qui n'étaient pas accourues les premières. A cette époque, aucun chiffre, aucun pourcentage de réussite ou d'échec ne circulait encore. A dire vrai, le mot même d'échec n'était pas prononcé, on avait donc toutes les raisons de croire que le redoutable fléau se trouvait en passe d'être anéanti pour de bon. Il suffit pour en avoir confirmation de se reporter aux gros titres qui firent la une des journaux et magazines dans les années 82-83. C'est dans ce climat d'euphorie générale que je tentai par deux fois la FIVETE et par deux fois échouai. Comme à tout ancien combattant, il ne me resta plus, pour preuve de mes blessures, que quelques dizaines de centimètres de cicatrices, et pour stigmatiser mon ardeur dans ce combat désespéré, un beau certificat de stérilité définitive, médaille dérisoire et sans panache qui me renvoyait pour toujours à l'arrière, là où on ne se bat plus.

Face à la violence d'un tel échec, la question essentielle de la nécessité de poursuivre ou non se posait désormais, non plus en termes de persévérance mais d'un véritable acharnement dont toutes les conséquences étaient trop rarement évoquées. Certaines femmes s'entêtèrent ainsi jusqu'à cinq, six, dix tentatives... Les praticiens prétendent vouloir se limiter à six, mais dans la réalité il en va tout autrement. J'ai même rencontré une patiente qui venait d'enregistrer son quatorzième échec ! Parle-t-on jamais de ces cas-là au cours des débats, émissions et autres colloques qui donnent la parole aux spécialistes mais dont, presque toujours, sont absentes les « usagères » ?

Je décidai pour ma part d'en rester là avec les nouvelles techniques de procréation, avant que celles-ci, à force de médicaliser ce qui s'était initialement exprimé en moi comme un désir légitime et naturel, ne finissent par m'en déposséder tout à fait après m'avoir robotisée jusqu'au tréfonds de mes abysses hypophysaires. Dès lors, l'envie de prendre la parole à mon tour, d'engager une éventuelle réflexion, voire de donner l'alerte, s'imposa à moi comme une urgence. Mon témoignage[1] parut, en février 1985, dans le climat d'autosatisfaction évoqué plus haut. La plupart des médias réservèrent un accueil glacé, pour ne pas dire hostile, à cette voix dérangeante qui s'élevait seule pour dire que la réalité était parfois bien différente de celle qu'ils décrivaient et le parcours des couples stériles plus souvent jalonné de cauchemars et de défaites en série que de réussites miraculeuses. Le consensus du silence étouffa mon cri et avec lui celui de nombreuses femmes victimes des mêmes épreuves, dont je recevais régulièrement des lettres bouleversantes tant la similitude de nos itinéraires, de nos angoisses, et de nos découragements était frappante.

LE DEUIL DE L'ENFANT BIOLOGIQUE, UNE ÉTAPE NÉCESSAIRE

À partir de cette réflexion, cependant, s'imposa peu à peu l'image de plus en plus évidente d'un autre enfant que celui jusqu'ici fantasmé, un enfant issu d'un autre ventre, qui existerait — ou peut-être existait déjà — et dont le besoin d'amour et de reconnaissance suffisait déjà à faire naître en moi l'envie de l'aimer inconditionnellement sans en rien savoir. Petit à petit, je me libérai du désir d'être enceinte, comme un animal se débarrasse d'une peau morte, pour découvrir en moi un désir d'enfant tout neuf, sans artifices, dépouillé de toute préoccupation narcissique quant à l'héritage génétique de cet être à venir dont on nous dirait le moment venu, au mépris des lois de la filiation biologique : « Voici votre fils ! »

Aujourd'hui, pour avoir décrit dans un second livre[2] la longue marche qui mène au bonheur d'adopter un enfant, je pourrais être tentée de comparer ce parcours lent et ardu à celui de la lutte contre la stérilité, mais je ne le ferai pas. Car si l'adoption n'est en aucun cas une technique de procréation — ce que chacun sait —, elle ne doit pas pour autant être considérée comme l'ultime remède à la stérilité, ce qui est, hélas ! trop souvent le cas. Il faut avoir fait le deuil de l'enfant biologique pour créer les meilleures conditions psychologiques et affectives à l'accueil d'un enfant inconnu, nécessairement différent de l'enfant imaginaire, et susceptible pour cette raison de décevoir l'attente de ceux qui vivraient encore dans la frustration de n'avoir pas réussi à se reproduire. De tels cas ne sont pas rares, malheureusement, et peuvent conduire à des situations de rejet de part et d'autre, toujours beaucoup plus dramatiques pour l'enfant qui a déjà derrière lui plusieurs déplacement successifs, voire plusieurs abandons.

Il devrait être plus couramment dit et répété que l'adoption consiste avant tout à donner une famille à un enfant qui n'en a pas, et non à combler un manque chez un couple stérile. Il y faudrait, me semble-t-il, une préparation, une réflexion, qui restent encore bien sommaires comparées à tout ce temps consacré aux démarches administratives et à la paperasse. Tout cela finit par vous envahir la tête en vous mobilisant un peu trop sur les aspects secondaires de l'adoption et insuffisamment sur sa dimension essentielle. Cela me paraît regrettable, car passé l'émotion des premiers instants, la magie de la rencontre, puis le bonheur à regarder grandir et progresser leur enfant venu d'ailleurs, si les parents de celui-ci n'ont pas eux-mêmes réglé certains problèmes antérieurs à son arrivée, comment pourront-ils faire face lorsque, inévitablement, se poseront les vraies questions : « Pourquoi ma mère m'a-t-elle abandonné ? » « Est-ce qu'un jour je pourrai retourner dans mon pays d'origine ? Retrouver les traces de ma famille ?... » Peut-être moins de contrôles et davantage de dialogue seraient-ils souhaitables pour prévenir malaises, blocages, échecs dramatiques et éviter ainsi des erreurs parfois si graves que c'est à travers elles la cause entière de l'adoption qui se trouve ébranlée.

On aurait tort, par ailleurs, de minimiser le rôle considérable de l'image médiatique, trop systématiquement donnée, de l'adoption internationale qui, sous l'emballage de trafics sordides aux mains d'avocats véreux et d'escrocs de tout poil, ressort régulièrement dévalorisée, défigurée, apparaissant comme une entreprise proprement scandaleuse. Il ne s'agit nullement de contester la réalité d'un certain nombre de tractations intolérables aboutissant ni plus ni moins à vendre fort cher des enfants dont il n'est même pas toujours certain que les parents aient consenti à l'adoption. Mais peut-être gagnerait-on à privilégier un peu moins ce côté « polar », sans aucun doute plus croustillant pour le public, pour montrer également les aspects largement positifs de l'adoption internationale pratiquée de façon parfaitement légale dans la majorité des cas. Et oublier parfois ces histoires de fric pour entendre à leur tour les histoires d'amour...

Comme à toute expérience que l'homme tente de mener à bien, il faut à la démarche de l'adoption, non seulement tout l'amour du monde, mais aussi le nécessaire approfondissement de cette confrontation soudaine avec un être humain dont on ignorait tout jusque-là, y compris qu'il ne lui a été donné aucun choix de vie, pas même celui de nous accepter — ou non — comme parents... Et c'est peut-être d'abord pour cette raison-là que nous, parents adoptifs, n'avons pas droit à l'erreur. N'oublions pas que nos enfants nous ont été « confiés » et que c'est d'honorer cette confiance-là qu'il s'agit, puisque aussi bien ils ne nous ont pas choisis, nous, plutôt que d'autres, et se sont retrouvés, par le jeu de procédures judiciaires de garde ou d'adoption définitive, sous notre entière responsabilité.

A eux notre tendresse inépuisable et notre vigilance de chaque instant. A eux aussi notre respect pour le chemin qu'il leur a fallu faire pour nous aimer.

DOMINIQUE GRANGE

Journaliste écrivain (auteur des livres indiqués en note).

1. ***L'Enfant derrière la vitre* (en réédition chez Stock/Laurence Pernoud.**
2. ***Je t'ai trouvé au bout du monde (Journal d'une adoption),* Stock/Laurence Pernoud), 1987.**

5

ADOPTÉ, QUI SUIS-JE ?

Abandonné, adopté.

Une histoire particulière. A ceux qui la vivent, la société appose cette double étiquette. Mais si stigmates il y a, ils existent surtout dans la conscience des autres. L'adopté se sent fils ou fille de... même si la question de son origine subsiste.

JEAN GUYOTAT ET MARGUERITE AUDRAS DE LA BASTIE

MORT, NAISSANCE ET FILIATION

L'ADOPTION EST-ELLE SOURCE DE DÉLIRES DE FILIATION SPÉCIFIQUES ?

Il existe en pathologie mentale des troubles qui permettent d'approcher de façon intéressante le fonctionnement psychique du lien de filiation. Ce sont les délires de filiation et certaines psychoses puerpérales.

Dans le délire, le patient nie sa propre filiation et se fabrique une néofiliation, le plus souvent grandiose. Dans certaines psychoses puerpérales, on peut dire que la patiente substitue à son propre enfant qui vient de naître un enfant imaginaire, sorte de double d'elle-même. Mais en dehors de ces situations extrêmes, on sait qu'il existe chez tout enfant une phase, vers quatre-cinq ans, au cours de laquelle il se crée une filiation imaginaire aux dépens de sa filiation réelle. Freud l'a décrite sous le nom de « roman familial », terme repris dans un ouvrage de Marthe Robert intitulé *Roman des origines ou Origine du roman.* Il existe bien, en effet, lorsque l'on touche à cette problématique, une dimension romanesque importante, qui n'est pas pour rien dans l'émotion qu'elle soulève.

Le lien de filiation peut être défini comme ce par quoi un individu se vit et se trouve situé par rapport à ses ascendants et descendants réels et imaginaires.

Dans certaines cultures, l'identité, voire le destin de l'individu, découle de sa situation dans la lignée, son rang de naissance (par exemple le fait d'être né après la mort d'un enfant, né de cette mort en quelque sorte). C'est le cas dans beaucoup de cultures africaines notamment, mais on retrouve assez largement cette situation en dehors des cultures occidentales.

En effet dans notre culture au contraire, qui, elle, part de l'individu, cette appartenance à la lignée est beaucoup moins apparente lors de l'affirmation de l'identité personnelle dans la vie quotidienne et sociale mais elle s'exprime, en fait, dans certaines institutions indirectement. Et justement lorsqu'il est question, ce qui est le sujet de ce numéro, de rupture dans la filiation.

On peut en effet décrire dans le lien de filiation, ci-dessus défini, deux axes, deux lignes de force en quelque sorte, qui s'équilibrent l'une l'autre : d'une part la filiation instituée, d'autre part la filiation narcissique ou imaginaire.

LA FILIATION INSTITUÉE

La filiation instituée désigne ce par quoi un sujet est dit fils ou fille de X, petit-fils ou petite-fille de Y, mère ou grand-mère Z... Cette filiation découle d'une part de l'organisation des structures langagières : nom du père, patronyme, mais éventuellement matronyme, qui se transmet en principe au fil des générations : place du sujet dès sa naissance dans le discours du groupe, du groupe familial notamment. On conçoit donc qu'à propos de l'adoption, de l'abandon, se développe dans le discours du groupe familial et social élargi une problématique qui stigmatise ou non l'enfant qui se trouve porteur de cette rupture intervenue à la génération précédente, que le nom soit transmis ou non. Car même s'il y a filiation adoptive légitime, le discours et les attitudes familiales ne sont pas tout à fait les mêmes que lorsque se recouvrent filiation instituée et filiation de sang. Il n'en résulte pas obligatoirement des troubles car des compensations se font ; mais il est vrai que, par exemple, dans les délires de filiation et même dans d'autres troubles plus discrets, on rencontre une assez grande fréquence de brèches dans la filiation instituée (absence du père, changement de patronyme, etc., mésalliance vécue de la même façon). D'autre part, indépendamment des structures langagières, la filiation se base sur des règles juridiques, d'appartenance, d'héritage. Ainsi, à l'occasion d'une difficulté d'héritage, voit-on apparaître des situations critiques éventuellement en rapport avec de telles singularités.

LA FILIATION NARCISSIQUE

Mais il est plus intéressant d'étudier la filiation instituée comme étant en relation dialectique d'équilibre avec ce que l'on a nommé plus haut filiation imaginaire ou narcissique. On a vu que les parents de substitution dans les délires étaient souvent d'origine illustre : descendants eux-mêmes d'une lignée brutalement interrompue : Louis XVI, le tsar Nicolas, mais aussi, à l'inverse, quelquefois Hitler. Sur ces personnages se projette en effet une image mégalomaniaque positive ou négative de la part du sujet délirant. Mais ceci correspond à une dimension secrète que tout un chacun possède en soi et qui est liée à cette image narcissique d'immortalité, de reproduction de soi-même, fantasme que l'on retrouve dans les mythes de la pureté de la race, de parthénogenèse (issu du même sexe sans mélange avec l'autre sexe...) mais aussi dans tout ce qui à trait au double, et à la littérature sur le double.

L'adoption de jumeaux, surtout monozygotes (relativement fréquente), va ainsi amplifier le fantasme de redoublement. Cette filiation narcissique est aussi une filiation de corps pour corps, dont on retrouve l'image dans les pratiques magiques (qui se transmettent elles-mêmes mystérieusement de génération en génération...) : cela signifie une maladie pour une guérison, une mort pour une naissance : système bien différent du mythe vivant qui s'exprime dans la culture d'une nation en temps de guerre, par exemple : « Là où je meurs renaît la Patrie », qui ramène le sujet à sa place dans le groupe, la lignée, l'Histoire.

Nous avons enfin remarqué que des événements violents ou tragiques lorsqu'ils se répètent dans une lignée, notamment dans le cas des maladies authentiquement héréditaires, accentuent ce caractère narcissique du lien de filiation : notamment enfants morts, morts prématurées ou violentes, suicides...

Sur cette situation de l'enfant abandonné, adopté, se projette au maximum l'imaginaire du groupe sur la filiation, avec ce qu'il y a de particulier dans ce que l'on appelle l'économie narcissique du fonctionnement mental : c'est-à-dire que le destin de l'enfant trouvé est à la fois grandiose (Moïse) mais aussi son inverse, celui qui marque d'un destin funeste une lignée. Ainsi la famille et le groupe participent à la construction de cette image, le plus souvent ambivalente, positive et négative ou bénéfique et maléfique, ce qui explique le caractère souvent passionnel en noir et blanc, les fantasmes de marquage par le destin, de meurtre ou de vol d'enfant, qui guident les attitudes des uns et des autres, et masquent la réalité psychologique quotidienne familiale, vécue tant par les adoptants que par les adoptés.

Ce sont ces mouvements affectifs qui se développent dans ces situations que nous connaissons bien maintenant avec les techniques de biologie de la reproduction, comme l'insémination artificielle par donneurs anonymes par exemple (IAD). On sait que le devenir des enfants nés par l'IAD est beaucoup moins perturbé qu'on ne l'imagine, mais on sait aussi toute la polémique non seulement religieuse (ce qui se conçoit) mais imaginaire dans le groupe social sur de telles pratiques.

J. G.

A ce propos, il serait intéressant de séparer la notion d'adoption de la notion d'abandon. En effet, l'IAD permet un lieu « adoptif légitimé », donc une « filiation instituée », entre le père et l'enfant, alors que la mère est, elle, dans une filiation biologique... et « adultère », bien que ce soit dénié.

Ici, il n'a pas été nécessaire que l'enfant soit abandonné pour pouvoir être adopté par le père institué, qui, donc, fait acte, non de reconnaissance mais de paternité immédiate. Curieusement, ces pères adoptifs ne sont pas le lieu de projection des fantasmes plus ou moins persécuteurs engendrés par la situation d'adoption. Il est vrai que ce père-là est « propriétaire du champ et donc de ce qui va y pousser », c'est-à-dire du ventre de sa femme, comme me le disait joliment un patient, d'où que vienne la semence. Dans les groupes que nous avons animés avec les médecins d'IAD, *tous* les pères adoptifs apparaissent comme « bons » pour leurs enfants adoptés, quand l'enfant est né, même s'ils paraissaient « douteux » avant l'insémination... Le lien du sang, ici, ne paraît pas indispensable pour que les choses se passent bien, puisqu'il y a le ventre maternel qui, lui, est bien d'origine.

TOUS DES ARRACHÉS DU VENTRE MATERNEL

Donc la filiation « de corps à corps » est assurée, sans rupture, sans arrachement. (Ne sommes-nous pas tous des « arrachés » du ventre maternel ?) Cependant, on peut rappeler que, historiquement, il n'y a pas si longtemps qu'obligation est faite à la mère « porteuse » d'être, aussi, la mère « éleveuse ». Il n'est pas si vieux le temps où le nouveau-né *se devait* d'être « mis en nourrice » dans les familles riches ou, au champ, chez la grand-mère, dans les familles pauvres, avec la mère au travail, dans un temps où les crèches existaient encore moins que maintenant.

C'est une coutume encore très fréquente en Guadeloupe et Martinique où souvent la grand-mère élève, seule, le bébé jusqu'à sept ans ; il est alors envoyé en France rejoindre ses parents « de sang », mais ceux-ci étant pour lui de parfaits inconnus, il s'adapte bien difficilement. Les parents aussi ont bien de la peine pour « adopter » cet enfant lié si fort, corporellement, à la grand-mère nourricière. La voix du sang ne paraît pas d'un grand secours, malheureusement, et l'enfant risque bien, ne pouvant justement être adopté, d'être seulement et définitivement, le « mal aimé », nostalgique de cette grand-mère ou nounou, ou « bonne d'enfant », qui pourtant ne l'aura pas porté dans son sein, mais parfois nourri de son sein comme c'était le cas des nourrices de nos grands-parents (voir le livre d'Élisabeth Badinter sur le « sentiment maternel »[1]). Dans les cas dont je parle, il y a bien abandon et rupture, traumatique parfois, bien que ce soit par rapport à des liens nourriciers, non d'origine, mais dont on sait que ces liens d'*attachement* sont aussi des liens de corps à corps, aussi forts que la « voix du sang » qui me paraît un mythe assez redoutable parce que chargé d'anathème ; comme il était dit, autrefois, que seuls les aristocrates étaient « nés », les autres non !

Mais que l'attachement du premier âge soit déterminant, c'est certain, on le sait, à l'odeur reconnue par le bébé, de sa mère, ou de l'infirmière qui s'en occupe exclusivement s'il est prématuré... et les travaux de André Carrel, entre autres, ont montré combien il était problématique, après une séparation à la naissance, d'un mois ou plus, que la mère soit capable d'« adopter » son enfant, pourtant « de ses entrailles », comme il est dit dans la prière catholique : « Vierge Mère, le fruit de vos entrailles... » Il y a peut-être là une des sources des « projections méfiantes » que les pays latins et catholiques expriment autour de l'adoption, alors que c'est une situation si naturelle qu'elle est pratiquée couramment, sans avoir jamais eu besoin d'être légiférée, dans les pays musulmans, sous forme de don — ou bien l'enfant appartient plutôt à la communauté et ne risque donc pas d'être abandonné puisque élevé par le groupe, comme, par exemple, à Tahiti ou en Afrique.

VIE-MORT

Si l'on se situe dans la tradition biblique, l'accent est mis sur l'adoption de Moïse, par exemple, par la princesse d'Égypte mais on ne sait rien de son abandon. Cependant, Jonas est gardé trois jours dans le ventre de la baleine (mère adoptive ? mère porteuse ?) puis expulsé, né de nouveau, et nous voilà renvoyés, de gré ou de force, au destin humain, qu'une mère ne peut donner la vie à son enfant sans lui donner en même temps la mort, puisque, pour échapper à la mortalité, il faudrait en effet, ne pas être né... ainsi la mère adoptive, peut-être, échappe à ce destin de donner la Vie-Mort, puisqu'elle va élever, s'attacher à un enfant déjà né, on peut d'ailleurs penser que cette angoisse de devoir « donner la mort » en même temps que la vie est une des raisons de certaines stérilités, dites psychogènes...

Cette alternative, ou plutôt l'inexorable de la situation humaine issue du ventre maternel, est mise en scène de façon implacable dans la nouvelle de Gabriel Garcia Marquez *Chronique d'une mort annoncée*[2], où l'on voit la mère, pour protéger son fils contre l'assassinat, fermer la lourde porte de sa maison, croyant encore son fils à l'intérieur (du ventre...) alors qu'il est, hélas, à l'extérieur, écrasé contre la porte, définitivement fermée, ne pouvant, malgré un ultime effort désespéré, pénétrer dans cette maison, ce ventre à tout jamais fermé pour lui, incapable de le guérir d'être mortel. Donc, l'imago maternelle est, pour tout le monde, *clivée* entre « la bonne mère » qui donne la vie et la mauvaise mère qui donne la mort. On peut penser que l'adoption et, souvent, l'abandon qui permet l'adoption, vont être un lieu privilégié pour la projection de ces fantasmes archaïques, en tout ou rien, sur l'adopté et les adoptants, qui bien entendu, ont aussi leur propre fantasmagorie, plus ou moins persécutrice ; en tout cas, sollicitée très violemment par la situation de *stérilité* du couple, qui est particulièrement « mortifère » quant à la filiation ascendante et descendante. Les soignants qui s'identifient volontiers à des parents idéaux sont particulièrement vulnérables à ces clivages projectifs en Vie-Mort[3].

Le médecin est là pour « donner la vie » et non « donner la mort » ! Comme si l'« enfantement » était son fait ; mais l'« euthanasie », comme on sait, ou même l'« aide à mourir un peu moins mal » n'arrive pas à se mettre en place, si ce n'est individuellement, alors que curieusement, l'avortement, lui, a pu se légaliser — dans un rapproché assez hallucinant de vie-mort — donc, assumé apparemment, dans la mesure où l'on récupère la toute-puissance imaginaire de la « maîtrise ». On maîtrise la vie grâce à la pilule et on maîtrise la mort grâce à l'avortement.

Tout cela est parfaitement programmé, en apparence... Cependant, la stérilité (un dixième des couples) vient mettre en échec cette illusion de maîtrise de la vie et de la mort, ce qui fait que, depuis peu, on s'intéresse à la stérilité, qui auparavant, était plutôt du ressort des prières, des pèlerinages, de la magie ou du « mauvais œil », et assez peu de la réalité biologique (qui est d'ailleurs assez souvent encore déniée par les « psy... »). Quelquefois, ça marche, d'ailleurs... (Voir le pèlerinage à Marie-Madeleine, à la Sainte-Beaume).

En conclusion, il me paraît de plus en plus évident que l'attitude « soupçonneuse » ou « pessimiste » de notre société *bourgeoise* vis-à-vis des adoptants, ou des adoptés, reflète plus l'idée de propriété, de contrôle, et de production qu'une réalité psychologique. En effet je pense que le « mouvement adoptif » (pourrait-on parler de « pulsion adoptante » ? — je le crois) est la chose la plus naturelle du monde, aussi bien dans le monde animal, d'ailleurs, que chez les humains. Il serait peut-être intéressant de voir si, avant la Révolution française, l'adoption n'était pas chez nous une pratique beaucoup plus habituelle — c'est-à-dire avant l'avènement de la bourgeoisie et de ces impératifs si « industrieux ».

Je me suis laissé dire que la Révolution aurait mis fin à cette bien jolie pratique, qu'une fille-mère pouvait donner à son enfant le nom de l'homme de ses rêves, même si elle ne l'avait jamais rencontré...

M. A. de la B.

JEAN GUYOTAT
ET
- MARGUERITE AUDRAS DE LA BASTIE -

Jean Guyotat, professeur en psychiatrie à l'hôpital neurologique de Lyon. Auteur de *Mort, naissance et filiation*, Masson, 1978.
Marguerite Audras de la Bastie, neuropsychiatre, auteur de l'ouvrage cité en note 3.

---

1. E. Badinter, *L'amour en plus*, Flammarion, 1980.
2. Grasset, 1987.
3. M. Audras de la Bastie, « Familles nourricières, familles adoptives et familles soignantes chez les psychotiques », Psychanalyse à l'université, tome 7, n° 27, juin 1982.

MICHEL DUYME

HÉRÉDITÉ OU MILIEU : UN FAUX PROBLÈME

**LES ENFANTS ADOPTÉS RESSEMBLENT-ILS DAVANTAGE À LEURS PARENTS ADOPTIFS OU À LEURS PARENTS BIOLOGIQUES ?
TEL EST LE PROBLÈME MAINTES FOIS POSÉ QUAND IL S'AGIT D'ADOPTION.
CERTAINS ONT DES MANIÈRES PLUS « SCIENTIFIQUES » DE LE FORMULER : QUELLE EST L'INFLUENCE RESPECTIVE DE L'HÉRÉDITÉ OU DU MILIEU, DE L'INNÉ OU DE L'ACQUIS ?
TOUTES CES QUESTIONS N'ONT EN FAIT GUÈRE DE SENS POUR LES CHERCHEURS QUI TRAVAILLENT DANS LE CHAMP D'ÉTUDE DÉNOMMÉ « GÉNÉTIQUE ET COMPORTEMENT ». IL N'YA PAS D'UN CÔTÉ L'HÉRÉDITÉ ET D'UN AUTRE LE MILIEU, IL Y A AUSSI ET SURTOUT LES RELATIONS (COVARIATIONS ET INTERACTIONS) ENTRE LE GÉNOTYPE ET L'ENVIRONNEMENT. TOUT INDIVIDU EST LE PRODUIT DE SES CARACTÉRISTIQUES BIOLOGIQUES ET DES CARACTÉRISTIQUES DE SON MILIEU DE VIE.**

En ce qui concerne l'influence des facteurs génétiques sur les performances intellectuelles, certains parlent d'héritabilité du quotient intellectuel (QI) ou de l'intelligence. Comme l'indique A. Jacquard dans *L'Éloge de la différence* : « La plupart des déclarations que nous lisons actuellement sur ce sujet commencent par : "Il est scientifiquement démontré que..." ou "la grande majorité des savants admettent que...", et se poursuivent par "... l'intelligence est déterminée à 80 p. 100 par le patrimoine génétique et à 20 p. 100 par le milieu". Cette phrase a été répétée tant de fois qu'elle a acquis le statut de vérité première ; or, elle n'a rigoureusement aucun sens. » Indiquons tout d'abord que l'intelligence est une dimension humaine très complexe qui ne peut se réduire à ce que mesurent des tests mentaux comme le QI.

Le QI n'est, après tout, qu'une note globale qui sanctionne des réponses faites à des exercices très divers plus ou moins scolaires. En outre, dans les populations humaines, on peut rarement mesurer l'héritabilité d'un trait. Si dans certaines populations animales, les conditions expérimentales se trouvent requises pour la mesurer, dans les populations humaines, ces conditions sont plus difficiles à réaliser. L'importance de cette héritabilité a d'ailleurs varié. Dans les années 1960, les chiffres avancés étaient de 80 p. 100 ; aujourd'hui, ils sont de 30 p. 100 à 40 p. 100. Les travaux de Jenks ont montré que, selon le calcul employé ou la population étudiée, le chiffre variait de 35 p. 100 à 65 p. 100. Jusqu'à présent, il n'a pas été possible d'évaluer avec précision l'héritabilité du QI, et il est encore moins possible d'interpréter les résultats de ces calculs. Enfin, selon le généticien J. Hirsch, les estimations d'héritabilité du QI ne sont d'aucun intérêt dans les politiques éducative et sociale.

On objectera que ces dernières affirmations tenues par nombre de généticiens « noient le poisson ». Un enfant confié en vue d'adoption possède bien les gènes de ses deux parents biologiques. Cela doit bien avoir une influence sur son devenir. Certes, un enfant est le fruit des gènes de ses deux parents biologiques, qui se mélangent en une immense loterie au moment de la fécondation. Chaque personne est différente. Ces différences font la richesse d'une population.

Ces différences ne proviennent pas seulement des gènes, mais aussi de l'environnement ultérieur dans lequel vit un enfant. Dans le cas de l'adoption, l'influence du milieu, donc de la famille adoptive, est prépondérante. A l'évidence, une rose ne peut se développer si vous ne l'arrosez pas et si le soleil ne la caresse pas.

LE BOUILLON DE CULTURE

Quelle est l'influence de l'environnement sur les performances de QI ou les performances scolaires ? De combien peut-on augmenter les performances des enfants issus de la classe ouvrière ?

Ce sont, à mon avis, deux questions auxquelles on peut répondre avec beaucoup plus de précision. Deux études françaises ont montré que cette influence était très importance. La première (Schiff, Duyme et coll. 1978, 1981, 1982) démontre que des enfants d'ouvriers adoptés par des cadres ont les mêmes performances scolaires que des enfants de cadres élevés par leurs propres parents biologiques. La seconde (Duyme, 1981) met en évidence que des enfants issus de familles ouvrières ont les mêmes performances scolaires que des enfants de cadres quand ils sont adoptés par des cadres, et les mêmes que celles des enfants d'ouvriers quand ils sont adoptés par des ouvriers. Ces recherches ont été publiées sous forme de livres et d'articles en langue française et anglaise (voir bibliographie).

De ces travaux, il faut retenir la leçon suivante : les performances scolaires des enfants dépendent de l'environnement dans lequel ils sont élevés. Si l'on donnait à toutes les familles ouvrières les mêmes moyens que ceux dont disposent les familles plus privilégiées, si l'école compensait les disparités dues au milieu social, alors les échecs scolaires tendraient à diminuer. Plus de 80 p. 100 des enfants pourraient parvenir au baccalauréat.

Cette influence de l'environnement se manifeste très tôt dans la vie de l'enfant. Plusieurs travaux ont montré que les enfants adoptés tardivement avaient, plus tard, des performances de QI plus faibles et des troubles du comportement plus fréquents que ceux adoptés plus précocément. Les premières années de la vie de l'enfant demeurent importantes pour son développement ultérieur. Cette influence de l'environnement peut même avoir un impact durant la grossesse de la mère, au cours de l'embryogenèse. On sait, par exemple, que dans les milieux défavorisés le taux d'enfants prématurés est plus élevé que celui observé dans les milieux plus favorisés. Plutôt que de s'intéresser aux « gènes » des mères biologiques qui confient leur enfant en vue d'adoption, on ferait mieux de s'intéresser aux conditions de grossesse de ces mères. Elles se trouvent la plupart du temps dans des conditions économiques, sociales et affectives très défavorables. Il est étonnant que certains les jugent comme des mères indignes alors que c'est la société et ceux qui émettent de tels jugements qui sont « indignes » et indécents. La décence voudrait que l'on donne à ces mères des conditions de vie et de grossesse dignes d'une mère respectée. Depuis plusieurs années, les personnels de l'Action sociale, des œuvres privées d'adoption et de l'Aide sociale à l'enfance visent cet objectif. Il serait bon que l'ensemble de la population le comprenne et le soutienne, que l'on cesse par le biais des préjugés négatifs et les comportements de rejet de maltraiter ces mères et leurs enfants.

TOUT AVANT SIX ANS ?

Si l'environnement précoce est si important, est-ce à dire que tout se joue avant six ans ? Certes non. L'étude des enfants adoptés tardivement met en évidence des réversibilités importantes. Ces enfants peuvent avoir des bonnes performances scolaires et une adaptation sociale satisfaisante. Cependant l'ampleur de cette réversibilité est souvent dépendante de la gravité des déficits antérieurs à l'adoption. Une étude américaine a également montré que des enfants adoptés présentant un très faible poids à la naissance et dont les mères avaient subi des malnutritions très importantes pendant la grossesse avaient ultérieurement des performances de QI supérieures à la moyenne. Tout n'est donc pas joué avant six ans, mais tout doit être mis en œuvre avant six ans pour donner aux enfants des conditions de vie favorables à leur développement.

De nos jours, les adoptions d'enfants issus de pays étrangers sont de plus en plus nombreuses. Certains se posent la question de l'incidence de la « race » sur le développement ultérieur de l'enfant. Dans leur esprit, la « race » se définit par la couleur de la peau. Indiquons simplement que les travaux effectués en génétique humaine nous apprennent que la couleur de la peau ne peut définir une race. De ce point de vue, la question de son incidence est une absurdité. Il n'y a donc pas lieu d'en parler davantage.

Je conclurai en citant un texte du généticien américain J. Hirsch : (in *Psychologie française*, tome 31, 1986, p. 280) :

« ... On peut se demander, en terminant, pourquoi le monde de la science est en général si crédule. Peut-être parce que, comme l'a dit Tocqueville à propos du marché des idées, une idée fausse mais simple a plus de chance de réussir qu'une idée vraie mais complexe. L'idée d'une transmission héréditaire des comportements (du QI en particulier) est tellement simple. Celle d'une différence entre classes, races ou familles associée à cette transmission héréditaire est également simple. La signification mathématique, les limitations de l'héritabilité reposent en revanche sur un jeu complexe de notions. Qu'un test mental ne mesure pas des aptitudes génétiquement fixes n'est pas non plus une idée simple. »

BIBLIOGRAPHIE EN LANGUE FRANÇAISE

A. Jacquard, *Éloge de la différence*, Paris, Seuil, 1978.
J. Hirsch et J. Belkhir, *Défroquer les charlatans*, Paris, Science libre, 1987.
M. Schiff, *L'intelligence gaspillée*, Paris, Seuil, 1982.

MICHEL DUYME

Chargé de recherche au CNRS, UER biomédicale des Saints-Pères, laboratoire génétique, neurogénétique et comportement.
Auteur de *Les enfants abandonnés, rôle des familles adoptives et des familles d'accueil*, CNRS, 1981 ; « L'apport des études sur les enfants adoptés » *in* Évelyne Laurent, *L'intelligence est-elle héréditaire ?*, Éditions sociales françaises, 1981 ; « Génétique et mobilité sociale *in* J. Hirsch et J. Belkhir, *op. cit.*

SIMON D. KIPMAN

LE RÊVE DE CENDRILLON

RELIRE CENDRILLON POUR COMPRENDRE QUE LE ROMAN FAMILIAL DE L'ENFANT ADOPTÉ NE S'ÉDIFIE PAS AUTREMENT QUE CELUI DE N'IMPORTE QUEL ENFANT

Sans doute vaut-il mieux commencer par un truisme : les enfants adoptés sont des enfants comme les autres, qui ont les mêmes fantasmes et les mêmes idées. Ils grandissent, évoluent et se situent par rapport à leurs parents, c'est-à-dire ceux qui s'occupent d'eux avec toute leur affection et leur amour. C'est à partir d'eux qu'ils se construisent une *image parentale* en se servant des caractéristiques perceptibles de ces adultes, passées au crible des possibilités intégratives de l'enfant et de ses besoins affectifs et matériels du moment.

Ce qu'ils savent ou ne savent pas de leur histoire antérieure à l'adoption n'est qu'un des multiples éléments de cette construction.

Plutôt que de raconter l'histoire, toujours déformée, de tel ou tel enfant, ou de tel ou tel analysant rencontré après coup (histoires, faut-il le rappeler, toujours couvertes par le secret professionnel, et la conviction qu'elles ne sont jamais qu'une reconstruction possible), mieux vaut encore se livrer à ce jeu — sérieux — sur une histoire connue de tous. Si celle de Cendrillon est, au niveau des événements, fixée définitivement, chacun peut l'interpréter à sa manière (comme chaque enfant va interpréter son histoire et donner *sa* ou *ses* versions des faits).

FÉE AIMANTE ET GOUROU THÉRAPEUTE

Cendrillon a été adoptée, recueillie par une femme qui a déjà deux filles. La situation de la pauvre princesse — car, malgré les apparences, c'en est une — est bien difficile, car elle se trouve à la traîne de deux grandes sœurs, dont elle est bien naturellement jalouse. De plus, comment pourrait-elle ne pas se sentir hostile à cette belle-mère qui lui a ravi son père, et qui, dans son fantasme, est plus ou moins responsable de sa mort ?

Elle n'a pas de grands appuis dans ce délicat combat qui doit la mener à assumer sa situation et à devenir une adulte, femme épanouie.

Elle sait qu'elle a eu une mère biologique, qu'elle n'a pas connue. Mais celle-ci a disparu, laissant sa fille sans défense.

La gentille mère n'est plus là ; la méchante est bien là. Pour échapper à cette situation intenable, elle s'invente une histoire, où tous les personnages sont dédoublés :
— La mère est à la fois bonne et mauvaise, forte et faible, morte et vivante. Mais les deux (aspects) sont aussi invisibles l'un que l'autre. La mère faible est morte depuis longtemps ; la mère forte est une idée dotée de pouvoirs surnaturels, et qui se conduit comme une mère aimante, ou du moins comme la mère aimante que s'imaginent les adolescents : celle qui donne la permission de sortir le soir, mais pas trop tard, sans quoi ce ne serait pas aussi délicieux.
— Le père faible est mort lui aussi, absent. La fée va permettre le rapprochement avec un homme aux pouvoirs étendus : il est prince, et mobilise tout le monde pour sa passion. Il y a du paternel chez ce prince-là. Et il va reconnaître entre toutes sa fille-femme unique, Cendrillon.

A peu de chose près, on pourrait en dire autant d'Œdipe, dont il est évidemment question dans ce numéro. Lui aussi fut un enfant adopté très jeune par une famille sans enfant. La situation est bien banale.

Ayant rencontré un psychothérapeute amateur qui se prenait pour un gourou (il y en avait beaucoup à cette époque-là), celui-ci fit ce qu'on appelle une interprétation sauvage. Il dévoile au jeune homme comme une réalité de comportement, comme un fait historique (futur), ses fantasmes inconscients. Il en voulait à son père qui cherchait à lui inculquer de bons principes afin que le jeune homme fût mieux élevé qu'il ne l'était lui-même ; et il adorait sa mère qui, longtemps frustrée de maternité, était prête à lui pardonner toutes ses frasques. Horrifié par cette révélation, il voulut protéger ses parents, qu'il aimait aussi beaucoup, et s'enfuit...

Fugitif et révolté, gâté et caractériel, il lui arriva maintes aventures sur lesquelles je peux passer.

Bien plus tard, un autre thérapeute gourou crut arranger les choses en donnant une explication, plutôt abracadabrante, de toute l'histoire : « Ce que tu crains de faire, ne t'en inquiète plus. C'est déjà fait. » Rassuré et ébloui par la lumineuse simplicité du raisonnement, Œdipe devint à son tour thérapeute-gourou. A travers ses deux maîtres, que l'on jugerait aujourd'hui bien maladroits, il avait trouvé des modèles identificatoires, relais qui lui permirent de dépasser l'image paternelle, roi gentil et médiocre, incapable de faire un enfant à la mère adorée. Ces modèles relais en valent bien d'autres, politiques, musicaux, ou de voisinage qu'utilisent encore les adolescents actuels.

A LA SOURCE DU ROMAN FAMILIAL : L'HISTOIRE DES ORIGINES

Dans tous les cas, tous les enfants sont amenés à (obligés de) se construire un *roman familial.* Dans toute vie, on rencontre des moments difficiles, des conflits sans solution meilleure, voire sans solution du tout, auxquels on tente d'échapper par l'imagination. Ces imaginations ne se font pas au hasard. Leur construction est rigoureusement soumise aux nécessités inconscientes qui cherchent, par le biais de fantasmes — dont une part seulement peut accéder, par les rêves ou les histoires, à la conscience — à modifier les liens, ou le vécu des liens avec les parents.

Bien entendu, l'origine de tels fantasmes se retrouve toujours dans les insurmontables difficultés de la situation œdipienne.

Pour construire la partie visible de l'iceberg des fantasmes, l'enfant utilise ce qu'il sait de lui-même, de son histoire, de ses parents. Le portrait qu'il brosse alors est bien peu réaliste, plus inspiré, en général, des traits négatifs que des traits positifs.

Un des matériaux favoris pour cette vie sans cesse réinventée en fonction des besoins et des connaissances du moment est puisé dans l'histoire des origines. Cette histoire des origines est bien souvent l'histoire racontée par la famille, et mise en scène par l'enfant. Cette partie-là manque chez les petits adoptés. Au mieux il en persiste des bribes informes. Un enfant, grandi dans une famille parisienne, s'entend raconter par elle le pays d'Amérique du Sud dont il est originaire. Mais que raconte-t-elle, si ce n'est un pays de rêve, inventé à partir des dépliants touristiques, d'expériences limitées de ce qu'elle aurait aimé y voir ? Quel abîme entre ce récit et ce qu'aurait pu être l'expérience de l'enfant ! Non pas l'expérience de la misère ou du soleil, mais celle d'un environnement pur, connu tel, et d'une rupture. Pourtant c'est à partir du récit (largement imaginaire) que cet enfant va rêver d'ancêtres conquistadores, va vouloir apprendre l'espagnol et rêver de retourner à ses sources. Mais ce sont des sources rêvées, sans commune mesure avec la réalité. Un autre enfant, originaire du Sud-Est asiatique, s'est vu privé de toute son histoire par ses parents. Il a perdu son prénom, est un champion de « nos ancêtres les Gaulois », vit comme si de rien n'était. On s'aperçoit vite que sa passion pour les soldats américains, les vêtements de surplus, les films de guerre (bien incompatibles avec l'éducation morale, religieuse et conformiste qui lui est inculquée) cache son rêve, en négatif : par ce biais, il s'oppose à sa famille en se rêvant guerrier ; en se passionnant pour la guerre du Viet-nam, il se rapproche de ce qu'il imagine être ses origines.

L'AMNÉSIE INFANTILE

Mais cette partie de la vie est couverte pour chacun d'entre nous, adopté ou non, par l'*amnésie infantile.* Les souvenirs que l'enfant met en avant sont bien souvent des souvenirs-écran.

Tout enfant sait, ou sent, qu'il est le support de sentiments parentaux ambivalents : il est dans le même temps, dans le même mouvement, aimé et élu, exaspérant et rejeté.

Cette ambiguïté, cette violence des sentiments, que l'enfant pressent sans pouvoir y échapper, il faut qu'il s'en défende. Il invente alors des histoires plus conformes à ses intérêts, où il est le seul élu. Enfant unique en son genre, issu de parents illustres, mais choisi ou trouvé par ceux qui existent et dont il dépend.

Il importe que ces histoires restent ce qu'elles sont : des histoires mobiles et réfutables, modifiables autant qu'il est besoin. Il ne faut surtout pas qu'elles prennent corps. La réalité serait alors trop extraordinaire, de l'ordre de la folie. Le roman familial doit rester un roman ; ce n'est pas un reportage.

Le roman familial est un formidable moyen d'échapper à moindre frais aux désagréments de la réalité, *sans remettre en question* cette réalité elle-même, car elle est importante pour les apprentissages et la structuration mentale en train de se faire. Consciemment, le roman familial peut être enrichi par les jeux de l'imagination, relancé par les rumeurs, les apports culturels, etc. Il ne restera jamais qu'un beau rêve. Mais parfois le rêve se fige, se prend en masse : il devient réalité.

Le roman familial des enfants adoptés a une particularité, une seule : il a un point d'ancrage réaliste. Les enfants adoptés savent qu'un moment de leur histoire non seulement leur échappe (c'est le problème de l'amnésie infantile), mais échappe aussi à leurs parents. Il reste donc une période mystérieuse, aussi courte soit-elle, où ils avaient d'autres parents, mais lesquels ?

La majorité des adoptés n'en a cure, se construisant, comme tout le monde, leur roman familial à partir des éléments familiers de leur famille d'adoption et de cœur. Mais quelques-uns, s'appuyant sur cet élément de réalité en creux, véritable aspiration aux fantasmes les plus échevelés et les plus banals, cherchent à les concrétiser. Ils oublient que nul n'imagine ses parents (biologiques ou pas) comme tout le monde : reine ou putain, malfrat ou grand seigneur, les parents jouissent toujours d'une image superlative, qu'ils aient été imaginés victimes ou responsables de l'abandon initial. Aussi, quand, pour des raisons multiples, ils ont couru après leur rêve et ont réussi à le rattraper, le réveil des enfants est-il brutal. Brusquement, ils se trouvent confrontés à la réalité, à la pauvreté, à la médiocrité des parents biologiques. Jamais plus ceux-là ne seront porteurs d'*imago parentale*. Ce sont ceux qui les ont élevés, et ceux-là seulement, qui seront investis comme parents, avec tous les ajouts et modifications que l'on veut. Les autres doivent rester là où ils sont, dans les rêves et non dans les regrets.

Le roman familial, on le sait, est nécessaire à l'équilibre d'un enfant en évolution constante. Nous avons besoin de rêver pour avancer. Le rêve des enfants adoptés a beau avoir un petit air réaliste pour nous qui le voyons de l'extérieur, ce n'est pas son *contenu* qui importe, c'est sa *fonction*.

SIMON D. KIPMAN

Psychiatre agréé par la DDASS, psychanalyste. Auteur de *L'Enfant, les Sortilèges et la Maladie*, Stock, 1981 ; « Le Scandale le plus grand », in *La Mort à vivre*, éd. Autrement, février 1987.

DAVID THONON

UN COLLOQUE SUR L'ADOPTION VU PAR UN ADOPTÉ

A l'occasion d'un colloque sur l'adoption[1], j'ai eu l'occasion d'écouter des juristes éminents, des psychologues avertis et des sociologues « branchés » disserter longuement sur la question ; débat fort intéressant, constructif, souvent empreint de tolérance et de générosité, axé sur un désir sincère et profond d'améliorer et de peaufiner un statut de l'adoption à la lumière d'une plus grande justice et d'une réalité plus immédiate dans les faits. Et pourtant, étant moi-même « apprenti-juriste » et surtout adopté depuis ma naissance, toute cette généreuse énergie, tous ces débats savants m'ont laissé sur ma faim. Ils étaient tellement éloignés de ma réalité quotidienne que je n'ai pu, en fin de congrès, m'empêcher de prendre la parole, pour exprimer ce que je ressentais comme étant le « langage intérieur » de l'adoption.

L'usage abusif de l'expression « mère d'origine, mère biologique » m'avait beaucoup frappé. Cette appellation va à l'encontre de tout mon vécu. Et qu'est-ce qu'une mère ?

Est-ce celle qui porte un enfant pendant neuf mois (mère porteuse ?) ou celle sur qui il peut compter en toute circonstance, à tout moment, en tout lieu ? Peut-on qualifier de « mère » une femme dont l'enfant ne connaît ni le visage ni le nom ?

Ce mot « mère » ayant acquis pour moi un sens principalement affectif, je proposerais de remplacer l'appellation « mère d'origine » par celle de « génitrice », bien qu'à l'heure actuelle (mais les choses peuvent changer) ce terme fait une connotation quelque peu péjorative. Le mot « géniteur » (qui lui, se trouve dans le *Robert* !) n'a, en effet qu'une connotation strictement biologique.

Il me semble, en effet, essentiel d'opérer un distinguo entre le simple acte de procréation, parfois purement accidentel, et la ferme détermination d'un couple qui, souvent, a choisi de dépasser sa stérilité pour consacrer sa vie et son amour à un enfant. « L'adoption est un acte de vie, un acte qui donne la vie. »

Un autre expression abusive est celle d'enfant « abandonné », que l'on devrait cesser d'utiliser en tout cas pour les enfants adoptés quelques heures ou quelques jours après leur naissance.

Ayant toujours vécu avec mes parents, et ce depuis les tout premiers jours de ma vie, je n'ai jamais ressenti le moindre soupçon d'abandon et j'estime que cette expression ne devrait pas non plus s'appliquer à ceux qui sont adoptés avant l'âge de la première prise de conscience de soi.

De plus, cette expression est inutilement traumatisante pour la « génitrice », inutilement mélodramatique pour l'enfant ; et injuste, à la lumière de l'acte subséquent d'adoption, essentiellement positif, constructif et généreux.

SAVOIR QUE L'ON PEUT SAVOIR

Outre ces deux points d'aspect sémantique et terminologique mais aux connotations émotionnelles certaines, un problème a fait l'objet de discussions passionnées. C'est celui de l'opportunité de révéler à l'enfant adopté un certain nombre d'informations sur ses « géniteurs ». Si tout le monde est d'accord sur la nécessité de « révéler » à l'enfant son état adopté, je voudrais ici, sur la base de mon expérience personnelle, insister sur le fait qu'en l'occurrence, *toute* la vérité ne doit pas nécessairement être dite.

Vers l'âge de douze ans, j'ai exprimé à mes parents (adoptifs) mon désir d'en savoir plus sur mes origines. Ceux-ci m'ont alors mis en contact avec le président de la Famille adoptive belge, qui avait été en son temps l'artisan de mon adoption. Celui-ci m'a reçu en tête à tête. D'abord étonné par ma démarche (il n'avait connu qu'un cas similaire auparavant), il m'a interrogé sur mes motivations, ce qui l'a amené à me comprendre. Il s'est alors engagé à en savoir plus.

Huit jours plus tard, il m'a envoyé une lettre m'invitant à passer chez lui pour me communiquer le fruit de ses recherches.

J'ai déchiré la lettre. Puis lui ai téléphoné pour le remercier et lui dire que je ne désirais pas en savoir davantage. Ma réaction étonna tous ceux qui connaissaient ma démarche.

Savoir que je pouvais savoir m'avait suffi.

Aujourd'hui avec une dizaine d'années de recul, je me rends compte que ma réaction fut la plus sage car toute démarche supplémentaire aurait immanquablement marqué ma famille.

En effet, le but de l'adoption n'est-il pas de rendre des parents heureux en leur donnant un enfant et, surtout, d'assurer le bonheur de l'enfant en lui donnant des parents, et de constituer ainsi une famille unie ?

Dès lors qu'une jeune femme accepte de renoncer à son nourrisson et qu'un couple aspire à devenir parents de ce bébé, l'adoption a pleinement lieu, moyennant le respect de certaines formalités.

Peut-on, au nom de la liberté de *tout* savoir, prendre le risque de déchirer cette famille ? Toute intrusion du « géniteur biologique » aurait inévitablement pour effet de menacer la stabilité de l'enfant, de sa famille et même des géniteurs.

Le juridique a donc bien du mal à cerner dans sa totalité la psychologie de l'adoption.

Puisse cependant cette difficulté ne pas décourager législateurs, juristes et autres psychologues, en souhaitant toutefois qu'ils s'informent davantage auprès des premiers intéressés !

1. Colloque sur « La réforme de l'adoption » en droit belge, les 2 et 3 octobre 1987 à l'université catholique de Louvain.

DAVID THONON

Étudiant en droit, université catholique de Louvain.

L'OBSESSION DES RACINES

« De ma petite enfance, je n'ai gardé que des souvenirs d'hiver, pas un seul été... Depuis, j'ai la phobie de la neige. Jusqu'à mon adoption à six ans, j'ai été bringuebalée de nourrice en nourrice. Je revois des visages, des lieux, mais je ne peux partager ce passé avec personne, et faire la part du réel et de l'imaginaire. Ma vie est comme morcelée, découpée... Elle s'est déroulée dans plusieurs espaces et temps différents.

Mon adoption n'a pas été très heureuse non plus. J'étais physiquement et par tempérament trop radicalement différente de mes parents adoptifs. Ils ont tout fait pourtant pour annihiler cette différence. Je m'appelle Joanna, ils m'ont appelée Janine. Désormais il y avait Janine et Joanna. Je me suis construit un univers imaginaire. Je m'inventais des mères et des frères fantastiques. Je ne me reconnaissais plus. Depuis j'ai "tué" Janine et je suis redevenue Joanna.

Je me souvenais de mon nom et du fait que ma mère habitait Genève au moment de mon abandon. J'ai écrit aux quinze personnes de la ville portant le même nom. Finalement, j'ai reçu une réponse d'un de mes frères et je suis partie sur l'heure. Nous nous sommes spontanément reconnus à la gare. Depuis nous essayons de rattraper le temps perdu. Nous avons des relations merveilleuses. Ma mère, hélas ! venait de mourir, mais elle a reçu ma lettre. Elle a su que je ne la haïssais pas... C'est formidable pour moi. »

« J'ai été adoptée à trois ans par une femme très dure. A ses yeux, nous n'existons plus. Quand nous étions enfants, elle en parlait à voix basse aux autres et c'est ainsi que je l'ai su. Il fallait que je retrouve mon origine. Auprès de la DDASS, j'ai finalement reçu une fraction de mon dossier. Ayant le nom de la clinique, j'ai pu rencontrer la sage-femme qui avait assisté à ma naissance. Ma mère avait quinze ans. Sa propre mère et sa grand-mère l'accompagnaient. Je l'imagine, pauvre gosse, jouet de sa famille. J'y pense à chaque fête. Comme elle a dû souffrir ! Pour moi, c'est très dur de ne ressembler à personne.

Je suis restée aussi longtemps que possible auprès de ma mère adoptive. Je me l'étais promis étant enfant. Je ne voulais pas m'avouer que je n'étais pas aimée comme j'aurais dû l'être. En revanche, je crois sincèrement que nous sommes des mères formidables pour nos propres enfants, affectueuses sans être trop possessives. »

(Propos recueillis par Véronique Motte.)

PIERRE VERDIER

LE SECRET DES SECRETS

IL N'Y A PAS D'EXISTENCE SANS LIEN. C'EST-À-DIRE SANS POSSIBILITÉ DE SE SITUER PAR RAPPORT À UN PASSÉ, À UNE HISTOIRE, À UN DÉSIR, À UN PROJET. SANS POSSIBILITÉ DE SE RÉCLAMER D'UNE FILIATION, QU'ELLE SOIT BIOLOGIQUE, SOCIALE OU AFFECTIVE. CELA FONDE MA LÉGITIMITÉ MAIS AUSSI MON IDENTITÉ ET MA POSSIBILITÉ DE CONSTRUIRE : L'ARBRE QUI N'A PAS DE RACINES NE PEUT PORTER DE FRUITS.

OR IL EXISTE AUJOURD'HUI ENCORE, EN FRANCE, DES MILLIERS D'ENFANTS POUR QUI TOUT UN PAN DE L'HISTOIRE EST SECRET : ILS IGNORENT LE NOM DE LEUR MÈRE. ILS NE SAVENT PAS S'ILS ONT UN PÈRE — OU UN FRÈRE OU UNE SŒUR. PARFOIS, ILS NE CONNAISSENT PAS MÊME LEUR NOM.

Le secret, c'est un savoir caché à autrui. Ce que l'on coupe et ce que l'on ampute dans une relation. Secret commercial, secret militaire, secret de famille, il a toujours pour but de protéger. En ce qui concerne le secret qui entoure l'histoire des pupilles de l'Etat, il avait pour but de protéger la mère qui avait fauté et qui désirait remettre l'enfant ; et par là même de sauver l'enfant de la mort en évitant infanticide ou dépôt en des lieux solitaires : bâtard et abandonné, c'était l'enfant d'une double transgression. Et cette peur de la mort n'est pas un mythe, comme le montraient les vieilles chroniques, et encore aujourd'hui l'actualité.

C'est pour assurer leur survie que l'Église d'abord, l'État ensuite organisaient le recueil : tel est le but du tour, sorte de tourniquet placé dans le mur de l'hospice, qu'un décret impérial de 1811 rendra obligatoire.

Le tour sera supprimé par la grande loi de 1905 sur l'assistance à l'enfance, et remplacé par le bureau des abandons devenu en 1966 bureau des admissions.

LE SECRET AUJOURD'HUI

Il revêt plusieurs formes : c'est le secret de la naissance et c'est le secret du dossier.

Le secret de la naissance peut résulter de deux comportements : l'accouchement anonyme ou la demande de secret. Depuis une loi de 1941, toute mère peut demander à ce que son anonymat soit respecté lors d'un accouchement. Dans le jargon socio-administratif, on appelle cela « l'accouchement sous X ». La loi en parle peu sinon pour régler le problème de la prise en charge financière (article 47 du Code de la famille et de l'aide sociale).

L'enfant sera inscrit sur le registre de l'état civil sous trois prénoms. Jadis on lui donnait un nom de dérision ou décrivant un défaut physique : Legros, Vilain. Il y en a 700 par an en France. Deux chaque jour qui resteront dans la nuit.

Mais même si l'accouchement n'est pas anonyme, une mère peut remettre l'enfant, volontairement et définitivement, à l'Aide sociale à l'enfance et demander le secret de l'état civil. L'acte de naissance sera secret et un nouvel acte établi pour brouiller les pistes d'éventuelles recherches. Il y en a 300 par an — un par jour.

Et puis, il y a tous les anciens qui recherchent désespérément à reconstruire leur histoire. Parole ancienne mais longtemps bâillonnée qui essaie aujourd'hui de se faire entendre. La loi du 17 juillet 1978 leur permet de consulter leur dossier, mais y parviendront-ils ? Ainsi cet homme de plus de soixante-dix ans qui me téléphonait récemment : « A ma majorité, j'ai demandé à savoir. Le secrétaire administratif m'a donné de vagues indications et m'a dit :

"On ne t'a pas dit que tu avais une sœur ? On aurait pu te le dire." Timide, je n'ai pas osé en demander plus. Plusieurs années après j'ai écrit pour demander plus de renseignements. Le préfet m'a répondu qu'il n'y avait pas de dossier à mon nom. J'étais bouleversé : je n'existais pas ? Après bien d'autres années, j'ai vu un ministre parler d'adoption de façon humaine, j'ai écrit de nouveau. J'ai eu l'adresse de ma sœur. Et le nom de ma mère morte depuis deux ans. »

LE POIDS DU SECRET

Car le secret c'est toujours un poids que l'on porte. Pour la mère, une volonté de nier, de cacher, d'oublier. De tuer symboliquement cet enfant « non reconnu ». Mort-né dira-t-elle si on lui en parle, pour faire taire toute question.

Et c'est bien ainsi que le vit l'enfant : comme une blessure narcissique, comme un trouble de l'identité, comme une injustice dont il est victime.

Ainsi Chantal qui me disait : « Je voudrais comprendre. Une mère n'abandonne pas. Ce n'est pas possible... Vous êtes sûr qu'elle n'a jamais demandé après moi ? »

Ainsi Françoise à qui la DDASS avait longtemps opposé un secret absolu. Je lui ai donné tout son dossier. Elle a su le nom de sa mère, son âge, son adresse au moment de sa naissance. On a fait des recherches : en vain. Mais elle est revenue me dire : « Je vous remercie. Maintenant je sais qui je suis. »

Car qu'est-ce que l'identité d'une personne, sinon la possibilité de se situer, par rapport à une filiation, à une appartenance, à un lignage, à un désir ? J'existe parce que je suis reconnu. Et nommé par quelqu'un qui a qualité pour le faire. Pas par la DDASS : « Ça n'est pas mon nom : c'est un nom qu'on m'a donné », disent-ils.

Mais il y a un autre aspect du secret qui tient à la relation à l'institution qui détient l'information et qui en refuse l'accès. Ce qui est inacceptable pour l'enfant, ce n'est pas seulement de ne pas savoir, mais c'est de ne pas savoir quelque chose que les autres savent. « Ce n'est pas juste... c'est une mauvaise loi... c'est honteux, ça ne devrait pas être permis », nous disent-ils.

Parfois on donne à l'enfant des renseignements sur l'âge de sa mère, sa nationalité en cachant jalousement son nom, puisque le secret est promis. Cela ne fait que reculer les questions car, comme disait l'un d'entre eux : « C'est comme si on me montrait les mains et les pieds de ma mère et qu'on me disait : pour la tête, tu n'as pas le droit. »

LA PEUR DE L'ORACLE

Ce secret, dont nous avons évoqué l'origine historique, les bases légales et le poids, est de plus en plus remis en question par ceux-là même qu'il est censé protéger.

De plus en plus nombreux sont ceux qui cherchent ; et parfois qui trouvent. Tel André venu, après de nombreuses hésitations et rendez-vous manqués, demander à consulter son dossier, et qui disait : « Je pense au pire et je pense au plus beau. » Je lui ai dit le nom de sa mère. Peu de jours après, il revint bouleversé : il l'avait retrouvée. Elle lui a dit : « Ils n'auraient pas dû. — Qu'est-ce que ça fait ? Comme ça on est tranquille tous les deux, on ne se posera plus ces questions sans réponse... »

Car n'y a-t-il pas dans le secret un besoin de protection illusoire ? la France est le seul pays où le secret de la naissance existe : aucun autre peuple ne le connaît, et les infanticides n'y sont pas plus nombreux. N'est-il pas la survivance, aujourd'hui dépassée, d'une vieille crainte qui avait fait dire à l'oracle de Delphes : « Si vous ne tuez pas cet enfant, c'est lui qui vous tuera. »

Pour notre part, nous pensons que des aménagements sont possibles. Et qu'il n'y a pas là menace pour l'adoption mais une chance nouvelle, car ce serait un moyen de restaurer une pleine dignité de l'enfant en lui reconnaissant le droit à connaître ses racines.

PIERRE VERDIER

GISA LLOBREGA

LA RÉVÉLATION

SI, DANS L'HISTOIRE D'UNE ADOPTION, LA DÉMARCHE DE LA RÉVÉLATION À L'ADOPTÉ S'IMPOSE COMME UNE NÉCESSITÉ, VOIRE UN « DEVOIR » POUR L'ADOPTANT DE DÉVOILER À L'ENFANT SON IDENTITÉ, LUI DONNANT LE DROIT À SA PROPRE INTIMITÉ D'ÊTRE, L'INFLATION DU TERME « RÉVÉLATION » MONTRE BIEN QU'IL INSPIRE UN GOÛT DE SECRET GARDÉ, DE DISSIMULATION POSSIBLE, DE CHOSE CACHÉE. LES COMPORTEMENTS DE « DÉFILEMENTS », DE RETENUES, D'AGRESSIVITÉ AUXQUELS J'AI ÉTÉ CONFRONTÉE EN DONNANT LA PAROLE AUX ADOPTANTS ET ADOPTÉS SOULIGNENT À QUEL POINT L'ADOPTION DEMEURE ENCORE UN VÉRITABLE TABOU, UNE PROVOCATION À L'ADRESSE DE LA VOIE « NORMALE », BIOLOGIQUE, UNE POSITION DE HONTE.

COMMENT DANS CE CAS LE PROBLÈME DE LA « RÉVÉLATION » TROUVE-T-IL À SE RÉSOUDRE NATURELLEMENT ?... NÉANMOINS, JUSQU'À QUEL POINT NE DÉPEND-IL PAS D'UNE CONFRONTATION INTIME CHEZ L'ADOPTANT : SA RELATION SINGULIÈRE À CE MODE DE FILIATION QU'EST L'ADOPTION.

« C'était un dimanche de juillet. Rue du Pas-de-la-Mule. Je m'en souviens comme si c'était hier. J'avais sept ou huit ans peut-être... J'ai embrassé la main de ma mère adoptive qui tenait la mienne. J'ai vu la couleur de ma peau, un peu trop mate touchant celle de ma mère, blanche, blanche. Je ne sais pas comment je peux raconter ça... ce qui s'est passé en moi. Comme un souvenir oublié, complètement oublié qui en un instant m'a fait revenir à moi. Je venais de naître — pour moi, une adoption bien vécue, c'est une seconde naissance. Je crois que j'ai pensé : "La voilà la preuve visible... ma mère c'est elle." Bien sûr mes parents m'ont révélé la vérité vers trois ans je crois, à travers l'histoire de deux enfants esquimaux abandonnés... Mais c'est ce jour-là que j'ai à la fois pris conscience de mon identité d'"étrangère", mais aussi de l'amour entre nous trois. Nous nous sommes assis sur un banc du square, place des Vosges, et je leur ai dit : "Surtout promettez-moi de ne pas m'emmener voir ma mère au pays où je suis née..." J'ai toujours su que mon histoire commençait avec eux. J'ai toujours refusé d'en savoir plus sur mes origines. »

Cette parole de Catherine, dix-neuf ans, autour de la révélation de son adoption, si claire et si bien ajustée à son désir et à sa vie, ce premier témoignage recueilli ne pouvait me laisser présager des difficultés que j'allai rencontrer par la suite en contactant de jeunes adoptés, en particulier des adolescents. « Ça ne se dit pas ! » « C'est une histoire intime, à fleur de peau »... « Ça ne vous regarde pas. », etc.

La révélation à l'enfant de sa qualité d'adopté doit se faire le plus tôt possible. Associations de familles adoptives, spécialistes de la question s'accordent à répondre qu'elle est une phase essentielle à l'ouverture du dialogue entre les parents et l'enfant au fur et à mesure qu'il grandira. La découverte précoce chez l'enfant de cette vérité remet d'ailleurs en cause le terme inadéquat de « révélation », qui ne se dit que pour permettre de transformer, comme en photographie, l'image latente en image visible.

« Il n'y a pas à révéler quoi que ce soit à un enfant auquel on a toujours dit la vérité. »

Cette vérité faut-il la dire toute ? A quel âge ? Est-il nécessaire d'en parler souvent ? En quelles occasions raconter à l'enfant son histoire ? Jusqu'où les limites de la « révélation » ?

AU FIL DES INTERROGATIONS

Madame P. a adopté trois enfants de souche française à l'âge de six mois. Fabien a aujourd'hui dix ans, Brigitte, huit ans et Yves six ans. A l'annonce de ma venue, Madame P. leur a demandé s'ils voulaient répondre eux-mêmes à mes questions. Brigitte était absente ! Fabien et Yves ont refusé mais ils ont occupé l'espace assez bruyamment durant tout l'entretien tout en laissant, malgré ces parasites, la communication s'établir.

Madame P. — Mes trois enfants ont été très vite au courant de leur adoption puisque dès l'âge de un an nous avons fêté leur anniversaire d'adoption. Au même moment pour chacun d'eux. Pour bien savoir ce que cela représentait, et pour eux et pour nous.

L'aîné n'en a jamais parlé, sauf quand sa sœur a, elle, vers quatre ans, commencé à en parler. A l'école d'abord, puis à la maison, où elle nous a posé des questions précises sur sa maman de naissance. Alors Fabien a commencé à imaginer : « Moi, j'aime bien l'anglais. Je suis sûr que ma mère de naissance était anglaise », sur le modèle de sa sœur qui, elle, disait : « Je suis sûre que ma mère de naissance s'appelle Christine. » Le prénom qu'elle avait choisi, curieusement, était celui d'une de mes belles-sœurs qui ressemble d'ailleurs physiquement à Brigitte et qu'elle aime beaucoup.

Jamais nous ne sommes allés au-devant des questions mais nous avons toujours suivi le fil de leurs propres interrogations. Contrairement à Brigitte, les garçons ne nous ont posé aucune question sur les éléments biographiques que nous aurions pu avoir concernant leur mère biologique. S'ils n'en ont pas besoin, ils n'en ont pas besoin !

Nous avons simplement jugé bon de leur dire qu'ils ne connaîtront jamais l'état civil de leur mère biologique puisqu'elle les a abandonnés sous X.

— Faut-il dire à tout prix ?

— C'est important pour l'enfant qui a besoin de fixer une histoire sur ses parents d'origine. Ce n'est pas tant l'état civil qu'ils recherchent mais au moins avoir de quoi fixer leur imagination. Par exemple si elle est noire, savoir si elle est antillaise...

— Faut-il le soutenir s'il décide d'entreprendre des recherches ?

— Les enfants n'ont pas tous besoin de connaître leur origine. Ils ont besoin d'avoir des points de repère ; mais retrouver leurs parents, ce n'est pas prouvé du tout en ce qui concerne les adoptés qui ont une nouvelle famille, de nouvelles racines. Pour eux les parents ce sont nous, leurs grands-parents sont nos parents. Quand mes enfants dessinent leur arbre généalogique, ils s'inscrivent bien dans leur famille adoptive. C'est leur famille.

Il peut y avoir une recherche, mais qui n'ira pas systématiquement jusqu'à la rencontre.

C'est Brigitte qui a vraiment révélé ce besoin de savoir qui était sa mère de naissance. Elle en parlait beaucoup, souvent, surtout à partir de six ans. Dans des moments de grande tendresse avec moi, elle disait : « J'aimerais voir ma maman d'origine... Combien de mamans y a-t-il sur terre ? » Elle était prête à écrire au monde entier pour essayer de la retrouver. A ce moment-là a eu lieu une émission de télévision autour de l'adoption, à laquelle étaient invités des enfants, autour d'un anniversaire d'adoption. J'ai demandé à mes trois enfants mais il n'y a que Brigitte qui a saisi cela comme une occasion de faire la démarche qui lui tenait tant à cœur. Autant Fabien disait « je ne veux pas qu'on sache que je suis adopté », autant Brigitte était insistante : « Comme ça, ma mère me verra. Elle me fera signe et on se retrouvera. » Là, il a fallu que nous lui démontrions que sa maman ne pourrait pas la reconnaître. A partir de ce moment, je pourrais dire que son problème a été réglé. Ça l'a rassurée. Elle avait fait sa démarche elle-même. Ce qui ne l'empêche pas d'en parler de temps en temps.

UNE MÈRE À PARTAGER

Jean V. trente-cinq ans — Je suis arrivé à l'âge de trois semaines chez les sœurs. Ma mère était fille-mère. Un couple est venu un jour chercher quelqu'un qui aiderait à l'entretien de leur maison. Elle est partie lorsque j'avais quatre ans, m'abandonnant à ce couple qui pour moi était déjà mes vrais parents. J'étais content. Je voulais rester où j'étais, complètement intégré à mes futurs parents.

Ma mère de naissance est revenue me voir lorsque j'avais six ans. Entre-temps, j'allais la voir tous les dimanches. Elle habitait en banlieue avec son mari. Ça me plaisait parce que je retrouvais mes cousins avec qui je jouais mais aujourd'hui je me dis que c'est tout ce temps que je n'ai pas passé avec mon père adoptif...

En fait j'ai toujours été en contact avec ma mère de naissance, et c'est aussi important pour moi.

— Qui appeliez-vous maman ?

— Avec ma mère biologique c'est le mot que j'évite maintenant. Je m'arrange pour ne pas la nommer. J'appelais mon père et ma mère adoptive mamou et papou. Il est vrai que je n'avais pas de père — ce qui a toujours fait bondir ma mère adoptive c'est que je n'aie pas eu envie de le rechercher — ça ne m'intéressait pas dans la mesure où j'en avais trouvé un génial. Il était artiste peintre. Malheureusement il est mort à soixante ans lorsque j'avais quinze ans. C'est à ce moment-là que mon adoption officielle s'est faite. En réalité ils m'avaient adopté et je les avais depuis longtemps adoptés. C'est ma mère adoptive qui l'a réalisé avec l'accord de ma mère de naissance. J'ai toujours eu deux mères, en quelque sorte. J'avais des copains au lycée qui connaissaient les deux et lorsque je parlais d'elles en les nommant « ma mère », certains étaient perdus.

— À quel âge avez-vous intégré votre adoption ?

— Le problème de la révélation ne s'est jamais posé. C'était naturel. Et à l'âge où j'ai réfléchi, j'ai compris que ma véritable mère c'était ma mère adoptive. C'est elle qui m'a élevé. J'ai un attachement plus grand pour elle que pour ma mère naturelle. Je ne vois plus personne de sa famille. Il est vrai que, entre le milieu social défavorisé dans lequel elle vivait et celui auquel appartenaient mes parents adoptifs, mon choix était facile à faire et je lui suis reconnaissant de m'avoir laissé là.

Aujourd'hui, elle vient de temps en temps aider ma mère adoptive qui a quatre-vingt-trois ans et garde ma fille (que j'ai adoptée). On peut dire que c'est fou !

Une mère biologique ne peut pas dire à son enfant : « Tu n'es pas mon fils. » C'est difficile. C'est une parole qui peut échapper à une mère adoptive. Dans un moment de colère elle peut le dire et ça peut faire très mal. Je l'ai souvent dit à ma mère qui un jour m'a lancé : « Tu ne seras jamais un V... »

Propos recueillis par

GISA LLOBREGA

REPÈRES BIBLIOGRAPHIQUES

Sur l'enfance abandonnée

AUBRY J., *Enfance abandonnée*, Scarabée et compagnie/A.M. Métailié, 1983.
DOLTO F., RAPOPORT D., THIS B., *Enfants en souffrance*, Stock/Laurence Pernoud, 1986.
DUPOUX A, *Sur les pas de Monsieur Vincent*, Revue de l'Assistance Publique à Paris, 1958.
DUYME M., *Les enfants abandonnés : rôle des familles adoptives et des assistantes maternelles*, Éd. du CNRS, 1981.
PELTIER N., *Femmes en détresse, enfants en souffrance*, Balland, 1986.
SANDRIN J., *Enfants trouvés, enfants ouvriers, XVIIe et XIXe siècles*, Aubin, 1982.
VERDIER P., *L'Enfant en miettes*, Privat, 1986.
VERDIER P., *Nouveau guide de l'Aide sociale à l'enfance*, Paidos/Le Centurion, 1987.
VERDIER P., SOULE M., *Le secret sur les origines*, ESF, 1986.

Sur l'adoption

ADLER J., *L'adoption vécue*, Seuil, 1978.
Autrement, « Un enfant ? », n° 35, nov. 1981 ; « Objectif bébé », n° 72, sept. 1985 ; « La mère », n° 90, mai 1987.
FOYER J., LABRUSSE-RIOU C., *L'adoption d'enfants étrangers*, Économica, 1986.
GRANGE D., *Je t'ai trouvé au bout du monde*, Stock/Laurence Pernoud, 1987.
LAUNAY C., SOULE M., VEIL S., *L'adoption : données médicales, psychologiques et sociales*, ESF, 1978.
« Lieux de l'enfance », *L'adoption*, n° 1, 2, Privat, 1985.
MORIN M., DUMAS J.-P., *L'adoption*, Répertoire du notariat Defrénois, 1986.
OZOUX TEFFAINE, *L'adoption tardive*, Stock/Pernoud, 1987.
VERDIER P., *L'adoption aujourd'hui*, Paidos/Le Centurion, 1985.

L'Institut de l'enfance et de la famille a sorti un dossier sur l'adoption sous forme de fiches, fév. 1987.

Si vous désirez adopter un enfant adressez-vous à la DDASS de votre département (demandez l'adresse à la mairie ou à la préfecture) ou à une œuvre (liste

ASSOCIATIONS AUTORISÉES POUR SERVIR D'INTERMÉDIAIRE POUR LE PLACEMENT D'ENFANTS EN VUE DE LEUR ADOPTION

DPT	*NOM ET RESPONSABLE*	*ADRESSE ET TÉLÉPHONE*	*AUTORISATION POUR LE PLACEMENT D'ENFANTS*
06	Le rayon de soleil Monsieur Vivne	39, av. Amiral-Wemys, 06150 Cannes-la-Bocca 93.47.31.46	Français
13	Œuvre de l'adoption Madame Simmig	12, rue Bel-Air, 13006 Marseille 91.48.97.67	Français, étrangers
16	Adoption et parrainage de la Charente Madame Mesnard	9, av. du Général-Leclerc, 16100 Cognac 45.35.24.25	Français, étrangers : Colombie, Brésil
30	Accueil aux Enfants du Monde Madame Régine Boudon	110, route de la Camargue, 30920 Codognan	Français, étrangers : Inde, Madagascar
31	Œuvre de l'adoption Madame de Montgrenier	55, rue Labat-de-Savignac, 31500 Toulouse 61.54.03.33	Français
34	Accueil sans frontières Madame Austruy	8, rue M. Doret, 34500 Béziers 67.76.19.24	Étrangers : Colombie, Haïti, Madagascar, Rwanda, Côte-d'Ivoire, Sénégal
35	Les enfants avant-tout Madame Blais	La Fontaine Roux, 35120 Dol-de-Bretagne 99.48.13.09	Étrangers : Inde.
44	Œuvre d'adoption du Docteur Lerat Docteur Lerat	Centre Hospitalier Régional, quai Moncousu, 44035 Nantes Cedex 40.48.33.33	Français
45	S.O.S. Enfants sans frontières, secteur « Accueil à vie » Madame Marie-Odile Leguet	5, venelle des Beaumonts, 45000 Orléans 38.62.74.46	Français, étrangers
49	Emmanuel Monsieur et Madame Jean Alingrin	Mont Joie Clefs, 49150 Baugé 41.89.15.40 (futur 41.32.15.62)	Français, étrangers : Djibouti, Inde
50	Association pour l'accueil à l'enfance Docteur Ancelin	Village Grimouville, 50112 Reuneville sur-mer 33.45.10.72	Étrangers : Haïti
53	Association Française Solidarité et Fraternité Monsieur Jacques Lulu	53, rue de Laubinière, 53800 Remazé 43.06.40.84	Étrangers : Haiti
59	Adoption des Tout-petits Monsieur Leverd	2, rue de la Chambre-des-Comptes, 59800 Lille 20.40.25.50	Français, étrangers : Corée, Colombie, Brésil

suit) et il peut être très utile de contacter Enfance et Familles d'adoption, Fédération nationale des associations de foyers adoptifs, 28, place Saint-Georges, 75009 Paris, tél. : 45.26.90.73.

59	Les Amis des Enfants du Monde	11, rue Jean-Moulin, 59000 Lille 20.57.42.43	Français, étrangers
59	Association des Œuvres de Saint-Charles Madame Jeanine de Roo	6, rue E.-Branly, 59250 Halluin 20.23.77.06	Étrangers : Inde
59	Association des enfants du Monde Madame Ducroux	126, bd Vauban, 59000 Lille 20.57.42.43	Étrangers : Inde
59	Accueil et Vie Nord	109, rue du Docteur-Calmette, 59120 Loos 20.38.16.88	Étrangers
67	Enfants, Espoir du Monde Madame A.-L. Garcin	3, place d'Athènes, 67000 Strasbourg 88.61.52.70	Étrangers : Inde
67	Le Trait d'Union Monsieur Robert Meyer	1, rue René-Hirschler, 67000 Strasbourg 88.35.30.71	Français, étrangers
69	Œuvre adoptive lyonnaise Madame Gloria	33, place Bellecour, 69002 Lyon 78.37.23.13	Français, étrangers : Colombie
75	Diaphanie Monsieur Daniel Trotoux	134 bis, rue de Vaugirard, 75015 Paris	Étrangers : Brésil, Madagascar
75	Les Nids de Paris Monsieur T. Marin	83, av. de Saint-Mandé, 75012 Paris 43.43.25.38	Français d'origine magrébine ou métis noire
77	Les Enfants du Dodo Madame Margot Redeker	26, rue d'Esbly, 77240 Cesson 60.63.28.14	Étrangers : Île Maurice
78	La Cause Madame Rose-Marie Durrleman	69, av. Ernest-Jolly, Carrière-sous-Poissy, 78300 Poissy 39.70.60.52	Français, étrangers : Corée
82	Foyer des Tout-petits Chanoine André Deldebat	100, faubourg Lacapelle, 82000 Montauban 63.20.07.92	Français, étrangers : Colombie, Pologne.
83	L'Eau de Vie Madame Cécile Barjon	Le Thoronet, 83340 Le Luc-en-Provence	Enfants handicapés
91	Les Amis des Enfants du Monde Madame Gallozzi	Siège social : 22, rue A.-Dumas, 91600 Savigny-sur-Orne ; Bureau : 9, rue Delerue, 92120 Montrouge 42.53.98.16	Étrangers : Corée, Madagascar, Guatemala, Inde du Sud, Philippines, Brésil
92	Famille Adoptive Française Madame Simone Chalon	90, rue de Paris, 92100 Boulogne 48.25.61.86	Français, étrangers : Colombie, Inde.

SÉRIE MUTATIONS

N. 7	La fête, cette hantise	65 F
N. 15	Panseurs de douleurs	89 F
N. 21	Jeunes 16/25 ans cherchent	60 F
N. 29	Les révolutions minuscules	60 F
N. 30	L'explosion du biologique	60 F
N. 37	Informatique, matin, midi et soir !	70 F
N. 40	Sauve qui peut, la crise ?	55 F
N. 43	Thérapies de l'âme	95 F
N. 50	Avoir 20 ans et entreprendre	60 F
N. 51	Fous de danse	95 F
N. 53	La pub	95 F
N. 55	La bombe	99 F
N. 57	Intelligence, intelligences...	95 F
N. 59	Les héros de l'économie	70 F
N. 61	Père et Fils	95 F
N. 67	École Plus	149 F
N. 68	Les Médecins	70 F
N. 70	Acteurs	89 F
N. 71	Opéra	95 F
N. 72	Objectif bébé	95 F
N. 73	Armes	80 F
N. 74	Technopolis	75 F
N. 75	La scène catholique	75 F
N. 76	L'ère du faux	95 F
N. 77	L'espace superstar	80 F
N. 78	La culture des camarades	80 F
N. 79	Europe-Hollywood et Retour	80 F
N. 80	L'Amour foot	80 F
N. 81	L'intime	95 F
N. 82	La science et ses doubles	80 F
N. 83	Villes en guerre	80 F
N. 84	Création d'images	80 F
N. 85	Autres médecines, autres mœurs	95 F
N. 86	L'Excellence	95 F
N. 87	La mort à vivre	95 F
N. 90	La Mère	95 F
N. 91	Fatale beauté	89 F
N. 92	Odeurs	95 F
N. 93	L'éthique corps et âme	80 F
N. 94	La délation	80 F
N. 95	Islam	95 F
N. 96	Abandon et adoption	95 F
N. 97	L'enfant lecteur	95 F
N. 98	Faits divers	85 F
N. 99	L'orchestre	95 F
N.100	Le culte de l'entreprise	89 F
N.102	À quoi pensent les philosophes ?	89 F
N.103	L'ère des médiums	89 F
N.104	Obsession sécurité	89 F
N.105	Mariage, Mariages	89 F
N.106	L'Esprit des drogues	89 F
N.107	Dimanche	89 F
N.108	Nourritures	89 F
N.109	L'Hôpital à vif	89 F
N.110	Demain, un emploi ?	89 F
N.111	Les Vacances	89 F
N.112	Des sœurs, des frères	89 F
N.113	Info-révolution	149 F
N.114	La maternelle	95 F
N.115	Hauts lieux	89 F
N.116	Habiter, habité	89 F
N.117	Œdipe et neurones	89 F
N.118	École et entreprises	95 F
N.119	Dormir	95 F
N.120	Le défi bioéthique	95 F
N.121	La Bibliothèque	95 F
N.122	Faire la politique	95 F
N.123	Les 10-13 ans	95 F

SÉRIE MONDE

EUROPE

HS.38	Andalousie	95 F
	Barcelone Création	149 F
HS.01	Berlin	95 F
HS.57	Berlin Capitale	98 F
HS.34	Budapest	95 F
HS.44	Campagne anglaise	89 F
HS.33	Écosse	95 F
HS.51	Europe centrale	95 F
HS.39	Grèce	89 F
HS.23	Irlande	95 F
HS.29	Istanbul	95 F
HS.30	Lisbonne	95 F
HS.06	Londres	95 F
	Londres Création	120 F
HS.24	Madrid	95 F
HS.36	Marseille	89 F
HS.40	Moscou	89 F
HS.19	Munich	95 F
	Paris Arts on Seine	140 F
	Paris Création	140 F
	Paris en Marche	98 F
HS.50	Pays baltes	95 F
HS.47	Pologne	89 F
HS.46	Prague	95 F
HS.F2	Riviera	85 F
HS.32	Rome	95 F
HS.25	Des Villes en Suisse	95 F
HS.31	Toscane	95 F
HS.14	Venise	95 F
HS.53	Vienne	95 F

AMÉRIQUES

HS.49	Amazonie	95 F
HS.41	Antilles	95 F
N.44	Brésil	95 F
HS.22	Buenos Aires	95 F
N.31	Californie	95 F
HS.35	Cuba	95 F
HS.55	Mayas	95 F
HS.18	Mexico	95 F
N.39	New York	95 F
	New York Création	99 F
HS.42	Rio de Janeiro	89 F
HS.20	Texas	85 F
HS.54	Terre indienne	95 F

ASIE/PROCHE-ORIENT

HS.52	Bornéo	95 F
HS.28	Himalayas	95 F
HS.03	Hong Kong	95 F
HS.13	Inde	95 F
HS.04	Jérusalem	95 F
HS.17	Pékin	89 F
HS.26	Shanghaï	89 F
HS.27	Téhéran	89 F
HS.08	Tokyo	95 F
HS.43	Thaïlande	89 F
HS.16	Transsibéries	95 F

AFRIQUE

HS.45	Afrique australe	119 F
HS.15	Afrique du Sud	95 F
N.38	Algérie	95 F
HS.09	Capitales de la couleur	89 F
HS.21	Corne de l'Afrique	89 F
HS.05	Désert	95 F
HS.12	Le Caire	95 F
HS.48	Maroc	89 F
HS.11	Marrakech	95 F

OCÉANIE/PACIFIQUE

HS.07	Australie	95 F
HS.37	Australie Noire : les Aborigènes	89 F

Tous ces ouvrages sont disponibles en librairie (diffusion Le Seuil)

Directeur de la publication : Henry Dougier, revue publiée par Autrement
Comm. par. 55778. Corlet, Imp. S.A., 14110 Condé-sur-Noireau.
N° 3287. Précédent dépôt : février 1989. Dépôt légal : janvier 1992
ISSN : 0751-0144 - ISBN : 2-86260-252-3. *Imprimé en France*